MENTOR ABITUR-HILFE

Band 690

Biologie
Oberstufe

Zellbiologie

Struktur und Funktion zellulärer Systeme

Mit ausführlichem Lösungsteil

Mit Lerntipps!

Reiner Kleinert
Wolfgang Ruppert
Franz X. Stratil

Mentor Verlag München

Über die Autoren:
Reiner Kleinert, Studienrat für Biologie
Wolfgang Ruppert, Studienrat für Biologie
Franz X. Stratil, Studienrat für Biologie

Lerntipps:
Alexander Geist, staatlicher Schulpsychologe an einem Gymnasium

Redaktion: Dr. Brigitte Abel

Illustrationen: Udo Kipper, Hanau

Layout: Barbara Slowik, München

Titelgestaltung: Iris Steiner, München

Umwelthinweis: Gedruckt auf chlorfrei gebleichtem Papier.

Auflage:	5.	4.	3.	2.	1.	letzte Zahlen
Jahr:	2001	2000	1999	98	97	maßgeblich

Druck: Druckhaus Thomas Müntzer, Bad Langensalza
Printed in Germany • ISBN 3-580-63690-1

Inhalt

Seite

Vorwort 5

A. Die Struktur der Zelle 7

1. Die Entwicklung der Cytologie und die Zelle als kleinste Einheit des Organismus 7

2. Das lichtmikroskopische Bild der Zelle 10
   - 2.1 Die Grundstruktur der Zelle 10
   - 2.2 Pflanzen- und Tierzelle im Vergleich 12

3. Das elektronenmikroskopische Bild der Zelle 15
   - 3.1 Pflanzliche und tierische Zellen 15
   - 3.2 Bau und Funktion der Zellorganellen 17
   - 3.2.1 Zellkern 17
   - 3.2.2 Mitochondrien 18
   - 3.2.3 Plastiden 18
   - 3.2.4 Endoplasmatisches Retikulum (ER) 19
   - 3.2.5 Ribosomen 19
   - 3.2.6 Dictyosomen/GOLGI-Apparat 20
   - 3.2.7 Lysosomen 20
   - 3.2.8 Mikrotubuli/Centriolen 22
   - 3.2.9 Zellskelett 24
   - 3.3 Der Struktur-Funktions-Aspekt 26
   - 3.4 Zusammenfassung 30

4. Prokaryonten – Eukaryonten 31

B. Zellwachstum und Zellteilung 33

1. Der Zellzyklus 33
   - 1.1 Die Abschnitte der Interphase 34
   - 1.2 Regelung des Zellzyklus 36
   - 1.3 Zellalterung 36

2. Die Mechanik der Zellteilung – Mitose 36
   - 2.1 Der Mitoseablauf 38
   - 2.1.1 Prophase 38
   - 2.1.2 Prometaphase 39
   - 2.1.3 Metaphase 39
   - 2.1.4 Anaphase 39
   - 2.1.5 Telophase 40
   - 2.2 Die Cytokinese 41
   - 2.2.1 Furchung 41
   - 2.2.2 Zellwandbildung bei Pflanzen 41
   - 2.2.3 Inäquale Cytokinesen 42
   - 2.3 Theorien zur Chromosomenbewegung 42
   - 2.3.1 Der Spindelfaserapparat 42
   - 2.3.2 Chromosomentrennung 43

3. **Zelldifferenzierung** **44**
3.1 Differenzierung pflanzlicher Zellen 45
3.2 Differenzierung tierischer Zellen 46
4. **Zusammenfassung** **47**

C. Die Organsysteme der Höheren Pflanzen **49**
1. **Das Blatt** **49**
2. **Die Sprossachse** **51**
3. **Die Wurzel** **53**

D. Chemie der Bau- und Inhaltsstoffe **56**
1. **Grundlagen der Chemie der Zelle** **56**
2. **Zucker – die Nährstoffmoleküle der Zelle** **57**
3. **Fettsäuren – die Baustoffe für Membranen** **59**
4. **Aminosäuren – die Bausteine der Proteine** **60**

E. Biomembranen **67**
1. **Diffusion, Osmose und Semipermeabilität** **67**
2. **Plasmolyse – die Zelle als osmotisches System** **74**
3. **Eigenschaften von Biomembranen** **77**
4. **Zusammenfassung** **78**
5. **Theorie der Biomembran** **79**
5.1 Die Lipiddoppelschicht 80
5.2 Membranproteine 84
5.3 Transportmechanismen für kleine Moleküle und Ionen 87
5.4 Membrantransport von Makromolekülen und Partikeln 95

F. Einzeller – Kriterien des Lebens **100**
1. **Einzeller** **100**
1.1 Die Rhizopoden 100
1.2 Die Flagellaten 101
1.3 Die Ciliaten 101
2. **Kriterien des Lebens** **102**

G. Das Mikroskop als Analyseinstrument **104**
1. **Die Lichtmikroskopie: Auge, Lupe und Mikroskop – Einfache physikalische Grundlagen** **104**
2. **Die Elektronenmikroskopie** **109**
3. **Die Güte von Lichtmikroskopen – Der Kauf eines Lichtmikroskops** **112**

Lerntipps **114**
Quellenverzeichnis **122**
Literaturverzeichnis **121**
Lösungen zu den Übungsaufgaben **123**
Glossar **131**
Stichwortverzeichnis **133**

Vorwort

Woraus bestehen Lebewesen? Diese Frage ist so alt wie die Biologie selbst und beschäftigt die Naturforscher schon seit Jahrtausenden.

> „... OUR MICROSCOPE INFORMS US THAT THE SUBSTANCE OF CORK IS ALTOGETHER FILLED WITH AIR, AND THAT THE AIR IS PERFECTLY ENCLOSED IN LITTLE BOXES OR **CELLS** DISTINCT FROM ONE ANOTHER ...
>
> ... THESE WERE THE FIRST MICROSCOPICAL PORES, THAT WERE EVER SEEN."
>
> R. Hooke 1667 in Micrographia

Der vorliegende Band unserer Abiturhilfenreihe beschäftigt sich im wesentlichen mit der grundlegenden Einheit der Biologie, der **Zelle**.

Die Zelle wird als anatomisch-morphologische Struktur beschrieben und im wahrsten Sinn des Wortes unter die Lupe genommen.

Die Autoren legen auch diesmal wieder ihren Schwerpunkt darauf, Wissen nicht in lehrbuchhafter oder lexikalischer Form zu präsentieren, sondern den **Leser** – den Abiturienten ebenso wie den interessierten Laien – **an die Hand zu nehmen** und durch praxisnahe, einfach nachvollziehbare Gedankengänge auch durch diesen hier vorgestellten Bereich der Biologie zu geleiten.

Bei allen Lebensprozessen spielen zellbiologische Vorgänge eine bedeutsame Rolle. Beispiele hierfür sind Wachstum und Regeneration ebenso wie Stoffwechsel und Altern. Die mikroskopische und submikroskopische Dimension auch des eigenen Körpers kennenzulernen, ist ein überaus interessantes Feld.

Der gesamte Bereich der Molekularbiologie und Biotechnik beruht auf Kenntnissen aus der **Zellbiologie**. Somit steht die **Zellbiologie** stellvertretend für wesentliche Inhalte der modernen Biologie. An ihr können **Prinzipien und Kennzeichen von lebenden Systemen** dargestellt und verdeutlicht werden.

Entsprechend wird sie als Grundlage für alle weiteren Inhalte der Biologie in den Jahrgangsstufen der Gymnasialen Oberstufe gesehen und dient förmlich als **Tür zur Oberstufenbiologie** schlechthin.

Ausgehend von der **Betrachtung der Zelle** in immer feineren Dimensionen werden **Zusammenhänge zwischen Morphologie und Funktion** erarbeitet.

Besondere Aufmerksamkeit wird der Behandlung der **Biomembran** gewidmet, da ganz besonders sie immer größere Bedeutung gewinnt.

Die beiden Bände **„Zellbiologie"** (690) und **„Stoffwechselbiologie"** (691) verstehen sich als **Einheit**. Wesentliche Funktionen der Zelle – so die abbauenden (Zellatmung) und aufbauenden (Photosynthese) Stoffwechselprozesse – werden wegen ihrer eigenen Komplexität erst im Band „Stoffwechsel" behandelt; er stellt mithin eine **ideale Ergänzung**, Erweiterung und Vertiefung des vorliegenden Buches dar.

Auch diesmal geht es uns natürlich wieder um den **Spaß beim Lernen**! Es kommt uns viel mehr darauf an, dass am Ende **grundsätzliche biologische Zusammenhänge** erkannt und bekannt sind, und es geht uns weniger darum, in jedem Detail den absolut neuesten Stand einer sich blitzartig entwickelnden Wissenschaft zu repräsentieren.

Hier verweisen wir gerne auf entsprechende Spezialliteratur (vgl. Literaturverzeichnis) und sind vollauf damit zufrieden, wenn wir mit diesem Buch das Interesse geweckt und die Grundlagen zum Verständnis gelegt haben.

Übrigens: Die Rechtschreibung dieses Bandes entspricht den Regelungen der Reform.

Der PINGO soll durch das Buch begleiten, auf besondere Probleme hinweisen und die Aufgabenstellungen signalisieren; er soll eine optische Auflockerung und ein Augenschmaus sein und helfen, über die eine oder andere Hürde und Durststrecke hinwegzukommen.

Viel Spaß und Erfolg beim Lesen, Lernen, Experimentieren, Durchstöbern oder auch nur Nachschlagen wünschen

Reiner R. Kleinert,
Wolfgang Ruppert und
Franz X. Stratil.

Aus dem Inhalt des themenverwandten Bandes „Stoffwechselbiologie" (ML 691):

Abbauende Stoffwechselprozesse: Enzyme im Stoffwechsel der Zellen, Energieumwandlung, Transport der Atemgase, Glukoseabbau, Fettsäure-Oxidation, Aminosäuren als Brennstoffe, Energiespeicherung, Regulation des Energiestoffwechsels

Aufbauende Stoffwechselprozesse: Bedeutung der Photosynthese, Experimente dazu, Abhängigkeit von äußeren Faktoren, Photosynthesemechanismus, Sonderformen der CO_2-Verwertung, Stickstoff-Fixierung, Chemosynthese

A Die Struktur der Zelle

1. Die Entwicklung der Cytologie und die Zelle als kleinste Einheit des Organismus

Die **Zellbiologie** oder **Cytologie** ist im engeren Sinne keine eigenständige wissenschaftliche Disziplin der Biologie wie z.B. die Genetik, die Ökologie oder die Ethologie.
Sie liefert allerdings Ergebnisse für ein besseres Verständnis vom Leben der Organismen insgesamt.
Ihre Ergebnisse und Erkenntnisse stehen in einem direkten Bezug zur Entwicklung immer leistungsfähigerer „Apparate", mit deren Hilfe man immer kleinere Dinge groß und sichtbar abbilden kann, den **Mikroskopen.**
Da ist es nicht verwunderlich, dass der Begriff Zelle selbst sich auf diese historische Bedingtheit zurückführen läßt:

1665 untersuchte der englische Physiker ROBERT HOOKE Flaschenkork, also die Rinde von Korkeichen, und konnte mit dem gerade erst erfundenen Mikroskop kästchenförmige Strukturen erkennen.
Da diese große Ähnlichkeit mit Bienenwaben aufwiesen, prägte er den Begriff **Zellen***.
Wichtig war, dass er das Mikroskop nicht nur zur Untersuchung biologischer Objekte benutzte, sondern auch seine Ergebnisse und Beobachtungen in Form von Zeichnungen und Skizzen festhielt und damit einer Diskussion zugänglich machte.
In den folgenden ca. 200 Jahren führten weitere Verbesserungen der optischen und mechanischen Eigenschaften der Mikroskope zu einer Vielzahl von Entdeckungen, die immer wieder darin mündeten, dass die untersuchten biologischen Objekte aus einzelnen Zellen aufgebaut waren.

Diese Erkenntnis führte SCHLEIDEN und SCHWANN 1838/39 zur Aufstellung der allgemeinen **Zelltheorie**, die besagt, dass alle Tiere und Pflanzen aus Zellen zusammengesetzt sind und damit die **Zelle** die **Grundeinheit aller Lebewesen** darstellt.

Diese Theorie wurde 1855 durch VIRCHOW erweitert, der erstmals **Zellteilungen** beobachtete und dabei feststellte, dass alle Zellen immer nur aus schon vorhandenen Zellen entstehen *(vgl. Kap. B)*.

Hatte man sich bis zu diesem Zeitpunkt hauptsächlich mit dem äußeren Bauplan von Zellen unterschiedlichster Organismen beschäftigt, gelang es in der Folgezeit – verbunden mit weiteren Verbesserungen der mikroskopischen Geräte –, auch einen Einblick in die **Innenstruktur** einzelner Zellen zu gewinnen.
Wesentliche Erkenntnis war hierbei, dass auch der **Grundbauplan** der einzelnen Zellen bei allen Lebewesen übereinstimmte, egal ob es

Zellwand	**1665**
Chloroplasten	**1700**
Nukleus (Zellkern)	**1831**
Nukleolus	**1831**
Cytoplasma	**1875**
Zellsaftvakuole	**1875**
Mitochondrien	**1910**
GOLGI-Apparat	**1910**

Tab. 1
Die Zellorganellen und ihre ungefähre Entdeckungszeit

sich um Einzeller oder um Zellen von mehrzelligen Lebewesen handelte.
Neben dem **Bau** – die klassische Cytologie analysierte alle Systeme auf der Basis der mikroskopisch sichtbaren Strukturen – rückte nun mehr und mehr die **Funktion** der einzelnen Teile in den Blickpunkt des Interesses der Forscher.
Ein vorerst letzter bedeutender Einschnitt für die Entwicklung der Zellbiologie war die „Erfindung" des **Elektronenmikroskopes:** 1931 wurde das erste brauchbare Elektronenmikroskop durch KNOLL und RUSKA gebaut.
Mit seiner Hilfe gelang es, den **Feinbau** der Zellen zu untersuchen und eine Vielzahl kleinster Zellstrukturen zu entdecken.

Die von HOOKE zunächst noch als weitgehend unstrukturiert beschriebene Korkeichenrindenzelle entpuppte sich im Laufe der skizzierten 300 Jahre als ein immer komplexeres Gebilde.
Wir können uns diese Entwicklung am Hausbau verdeutlichen, wo der Rohbau im Laufe der Bauzeit zu einem ausgesprochen komfortabel eingerichteten Wohnhaus wird, mit einer ausgeklügelten Elektro- und Wasserinstallation, einer Zentralheizung, einem übergeordneten Steuer- und Sicherungssystem, diversen Türen, Fenstern und Gängen sowie den unterschiedlichsten Möbeln und Gebrauchsgegenständen.

Bevor wir uns nun aber dem mikroskopisch Kleinen zuwenden, wollen wir uns die Einordnung der Zellen in den **Gesamtorganismus** vergegenwärtigen. Zu schnell vergisst man bei all der Fülle an neuen Inhalten, in welchem „Gesamtgebäude" unsere Zellen stehen. Schnell erscheint uns die einzelne Zelle riesengroß – wie sollten sonst auch all die Strukturen in ihr untergebracht sein?!

Die Organismen, die uns normalerweise „begegnen", sind **Mehrzeller**; sie bestehen aus einer ungeheuren Vielzahl von unterschiedlichsten Zelltypen, die in ihrer Gesamtheit den **Organismus** darstellen.

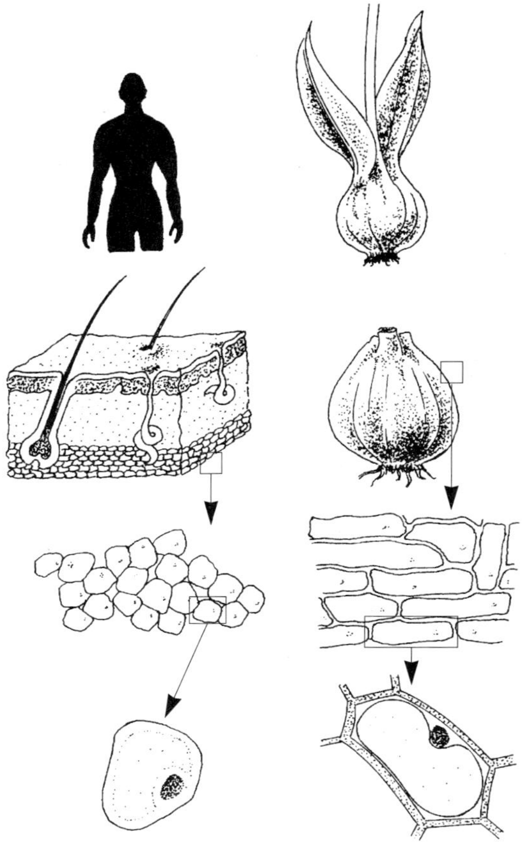

Abb. 1
Der Aufbau des Organismus

Schauen wir uns diesen Organismus etwas genauer an, so stellen wir fest, dass er aus einer begrenzten Anzahl von **Organsystemen** aufgebaut ist:
- bei **tierischen** Organismen aus dem Kreislaufsystem, dem Verdauungssystem und dem Fortpflanzungssystem, um die wichtigsten zu nennen,
- bei **pflanzlichen** Organismen aus Wurzel, Sprossachse und Blättern.

Untersucht man nun ein solches Organsystem genauer, so erkennt man leicht, dass es selbst wieder aus unterschiedlichen Teilen besteht, den einzelnen **Organen**: Beim Verdauungssystem sind dies z.B. im Wesentlichen die Zähne, die Speicheldrüsen im Mundraum, die Speiseröhre, der Magen, die Bauchspeicheldrüse, die Leber, der Dünndarm und der Dickdarm. Gemeinsam sind sie für eine übergeordnete Aufgabe verantwortlich: die Versorgung des Gesamtorganismus mit Bau- und Brennstoffen.

Gehen wir nun noch mehr ins Detail, so verlassen wir schon fast den makroskopischen Bereich.
Bei der Analyse eines Organs können wir oft unterschiedliche **Zellverbände** entdecken, die aus überwiegend gleichartigen Zellen bestehen und eine bestimmte Funktion erfüllen. Diese Bereiche/Teile nennt man **Gewebe**.
Der Zusammenschluss unterschiedlicher Gewebe zu Organen führt dann erst zu deren spezifischen Leistungen.
Grundbaustein aller Gewebe wiederum ist die Zelle. Ihr haben wir uns hier genähert, indem wir den Blick vom Größeren zum Kleineren gelenkt haben.

Dass alle Organismen selbst wieder zu **Systemen höherer Ordnung** gehören, die sich ihrerseits zu Familien, Gruppen, Verbänden usw. zusammenschließen, dass sie eingebettet sind in die unterschiedlichsten ökologischen Bezüge (ökologische Nischen, Biozönosen, Biotope), kann und soll die Winzigkeit der Zelle, mit der wir uns auf den folgenden Seiten beschäftigen wollen, in einem noch deutlicheren Licht erscheinen lassen – wir sollten nie den Maßstab aus den Augen verlieren!

Die Entwicklung der Zellbiologie ist eng verknüpft mit der Verbesserung der Mikroskope.

Alle Organismen bestehen aus **Zellen**, auch wenn diese noch so unterschiedlich gebaut sind.
Die Erkenntnis, dass **alle Organismen zellulär organisiert** sind, führte zur **allgemeinen Zelltheorie** von SCHLEIDEN und SCHWANN (1840).

Der Grundbauplan aller Zellen ist gleich, ihre Innenstrukturen werden als **Zellorganellen** bezeichnet.

Gleichartige Zellen sind zu Zellverbänden, den **Geweben**, zusammengeschlossen, die eine bestimmte Funktion erfüllen. Gewebe schließen sich zu Systemen höherer Ordnung zusammen, den **Organen**.
Diese bilden wiederum mit anderen Organen **Organsysteme** aus.
Alle Einzelfunktionen sind im Organismus zu einer Gesamteinheit verbunden.

2. Das lichtmikroskopische Bild der Zelle

a)

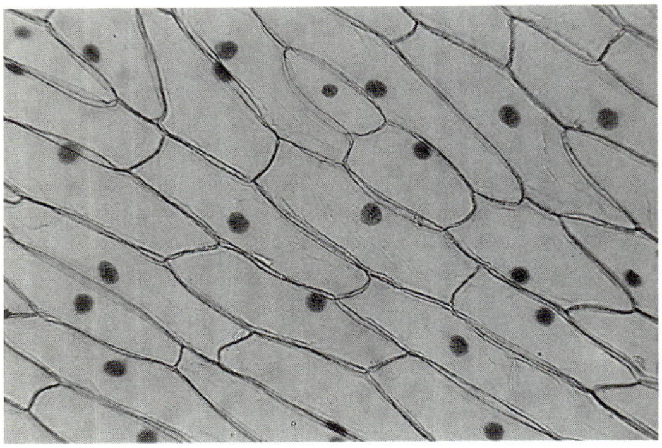

b)

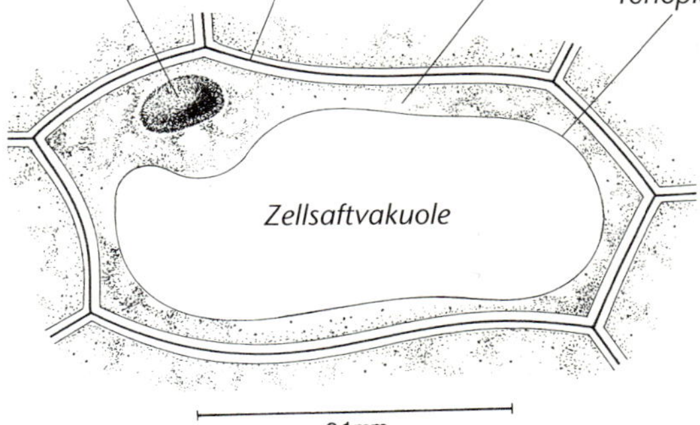

Abb. 2
Zellen der Zwiebelschuppenepidermis: a) Übersicht (Mikrofoto); b) Ausschnitt einer einzelnen Zelle (400-fach)

2.1 Die Grundstruktur der Zelle

Für erste Einsichten in den Grundbauplan von Zellen ist im Biologieunterricht ein Präparat der Zwiebelschuppenepidermis beliebt *(vgl. Kap. G)*:
Schon in der Übersicht fällt uns die **gekammerte Struktur** des Gewebestückchens auf, die einer Natursteinmauer ähnelt.
Mit der 400-fachen Vergrößerung können wir deutlich die Zellgrenzen erkennen, die **Zellwände**.
Das Innere der Zellen erscheint meist relativ strukturlos, höchstens leicht **granuliert** (gekörnt).
Häufig lässt sich in der Nähe der Zellwand ein meist rundlicher, etwas dunklerer, stärker granulierter Körper entdecken. Dies ist der **Zellkern**.
Schaut man sich das mikroskopische Bild der Zwiebelschuppenepidermis einer **roten** Küchenzwiebel an, so findet man das Innere rötlich angefärbt und kann bei geeigneter Ausschnittswahl einen ungefärbten **Zwischenraum** zwischen Zellwand und rot gefärbtem Innenraum feststellen.
Der gefärbte Innenraum entspricht einer nur für die ausgewachsenen pflanzlichen Zellen typischen Struktur, der **Zellsaftvakuole**.
Sie enthält eine wässrige Lösung, in der verschiedene organische und anorganische Stoffe gelöst sind – in unserem speziellen Fall einer roten Küchenzwiebel auch den roten Farbstoff.
Die Zellsaftvakuole ist durch ein **Häutchen,** die sogenannte **Tonoplastmembran**, vom restlichen Zellinnenraum getrennt und von granuliertem **Zellplasma** umgeben, in dem sich auch der Zellkern befindet.

Nachdem wir uns mit Hilfe der Zwiebelschuppenepidermis einen grundsätzlichen Einblick in die Struktur der pflanzlichen Zelle verschafft haben, wollen wir eine **Zelle der menschlichen Mundschleimhaut** betrachten. Ihre Grundstruktur entspricht der von tierischen Zellen.

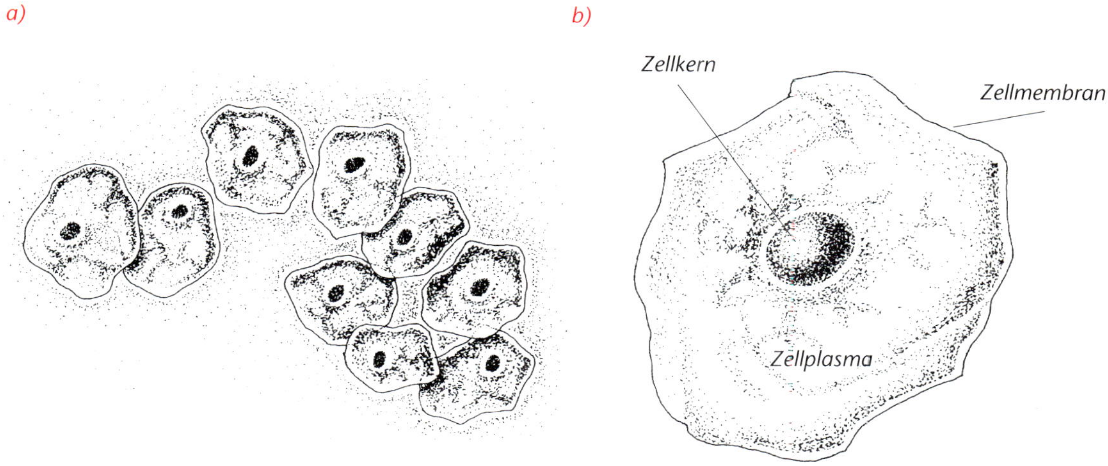

Abb. 3
Epithelzellen der Mundschleimhaut: a) Übersicht (100-fach); b) Zelle (400-fach)

Bei der Analyse der Abbildung der Mundschleimhautepithelzellen fällt zunächst auf, dass ihre äußere Form viel unregelmäßiger verläuft und die Zellgrenzen viel undeutlicher ausfallen als bei den vorher betrachteten pflanzlichen Zellen.

Die tierischen Zellen scheinen nur durch ein äußerst feines Häutchen, die **Zellmembran,** begrenzt zu werden; eine deutliche Zellwand kommt nicht vor.
Das Innere ist fein granuliert, es stellt auch hier das **Zellplasma** dar. Meist erkennt man einen zentral gelegenen, dunkleren, stärker granulierten Körper: den **Zellkern**.
Die einzeln oder in kleinen Gruppen liegenden Zellen sind in der intakten Mundschleimhaut zu einem geschlossenen Gewebeverband – dem **Plattenepithel** – verbunden.

Die grundsätzlichen **Gemeinsamkeiten** im Aufbau von pflanzlicher und tierischer Zelle aus begrenzender Zellmembran, einem lichtmikroskopisch strukturlos erscheinenden Zellplasma und dem deutlich hervortretenden Zellkern kann man an den beiden bisher behandelten Beispielen gut erkennen.

Ebenso auffällig sind die **Unterschiede:** Bei pflanzlichen Zellen existieren zusätzlich eine Zellwand und die Zellsaftvakuole. Anhand weiterer Beispiele wollen wir nun einen etwas tieferen Einblick in die Struktur der pflanzlichen Zelle gewinnen.

Die **Wasserpest** *(Elodea canadensis)* ist eine häufige Pflanze in Süßwasseraquarien und Tümpeln; sicher hat sie jeder schon einmal gesehen *(vgl. Abb. 4)*.

Betrachtet man ein einzelnes Blättchen unter dem Lichtmikroskop, so wird zunächst der typische Aufbau eines pflanzlichen Gewebes sichtbar: Kammerstruktur, deutlich erkennbare Zellwände. Auffällig sind allerdings kleine grüne Körper, die sich in großer Zahl im Innern der Zellen befinden, die so genannten **Blattgrünkörper** oder **Chloroplasten***, die zur Gruppe der **Plastiden** gehören.

Abb. 4
Wasserpest
(Elodea canadensis)

a)

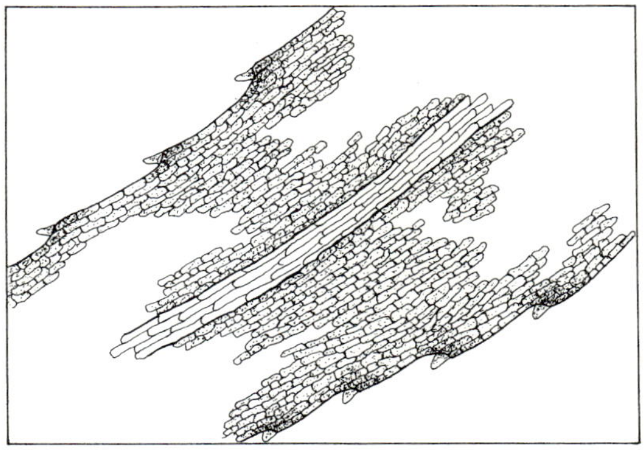

b)

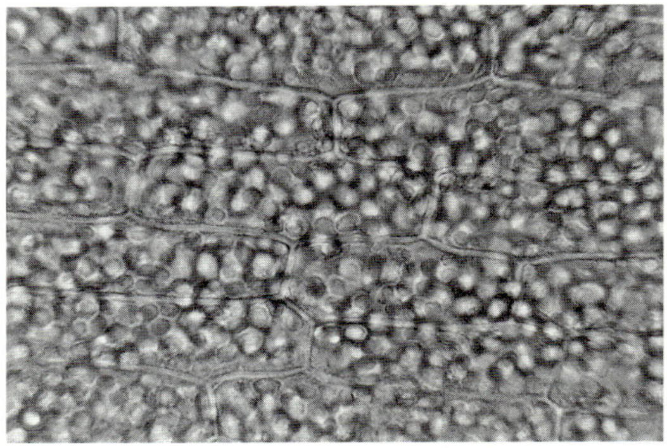

Abb. 5
Zellen der Wasserpest:
a) Gesamtübersicht (30-fach)
b) Ausschnitt (Mikrofoto, ca. 400-fach)

Die Chloroplasten haben eine besondere Bedeutung im Zusammenhang mit der **Photosynthese** *(vgl. Mentor Abiturhilfe Stoffwechsel)*. Im Lichtmikroskop sehen sie wie kleine ovale Körnchen aus *(vgl. Kap. A.3.3)*.

2.2 Pflanzen- und Tierzelle im Vergleich

Stellen wir unsere Kenntnisse über Gemeinsamkeiten und Unterschiede von Pflanzen- und Tierzellen in einer Tabelle gegenüber, so ergibt sich folgendes Bild:

Bei Betrachtung der pflanzlichen Zelle fällt als Erstes ihre deutliche Zellgrenze auf.

Diese **Zellwand** gibt den pflanzlichen Zellen eine relativ feste und unveränderbare Form; sie fehlt den tierischen Zellen vollständig.

Mit dem Lichtmikroskop nicht eindeutig erkennbar ist die **Zellmembran**, die den Abschluss des fast durchsichtigen, leicht granulierten **Zellplasmas** nach außen hin bildet. Sie stellt die einzige Begrenzung der tierischen Zelle dar und existiert auch bei allen pflanzli-

Pflanzliche Zelle	Tierische Zelle
Zellwand	–
Zellmembran	Zellmembran
Zellplasma	Zellplasma
Zellkern	Zellkern
Plastiden (Chloroplasten)	–
Zellsaftvakuole (bei ausgewachsenen Pflanzenzellen)	–
Tonoplastmembran	–

Tab. 2
Gemeinsamkeiten und Unterschiede von Pflanzen- und Tierzellen im lichtmikroskopischen Bild

chen Zellen, dort allerdings als der Zellwand direkt anliegendes Häutchen.

Bei beiden Zellarten erkennt man den **Zellkern** als einen deutlich stärker granulierten, kugelförmigen Bereich.

Ausschließlich die pflanzliche Zelle verfügt über kleine ovale Körperchen, die **Plastiden**.

Je nachdem, welche Stoffe in ihnen lokalisiert sind, handelt es sich entweder um **Chromoplasten***, also Farbstoffträger, oder **Leukoplasten*,** farblose Plastiden.

Bei den Chromoplasten spielen die grünen **Chloroplasten** eine besondere Rolle, denn sie sind die **Hauptorte der Photosynthese.**

Eine weitere Besonderheit unterscheidet die Pflanzenzelle von der tierischen Zelle:

Der raummäßig größte Anteil einer ausdifferenzierten („ausgewachsenen") Zelle wird von der oder den **Zellsaftvakuole(n)** ausgefüllt.

Diese Vakuole ist durch eine weitere Membran, die **Tonoplastmembran**, vom übrigen Plasma getrennt und enthält eine wässrige Lösung mit verschiedenen organischen und anorganischen Stoffen, z.B. auch Farbstoffen (vgl. die rote Küchenzwiebel).

Sie ist für jede einzelne Zelle und auch für den gesamten pflanzlichen Organismus von großer Bedeutung, da sie für den **Zelldruck** (**Turgor**) und damit für die Festigkeit des gesamten Pflanzenkörpers mitverantwortlich ist. Ebenso erfüllt sie Aufgaben bei der Stoffaufnahme und -ausscheidung. *(Vgl. Kap. C.2 – Auf die Funktionen der anderen beschriebenen Teile werden wir in Kap. A.3.3 ausführlich zurückkommen.)*

Fassen wir unsere bisherigen Ergebnisse zusammen, so erhalten wir folgende Vorstellung vom lichtmikroskopischen Bild einer Pflanzen- bzw. Tierzelle:

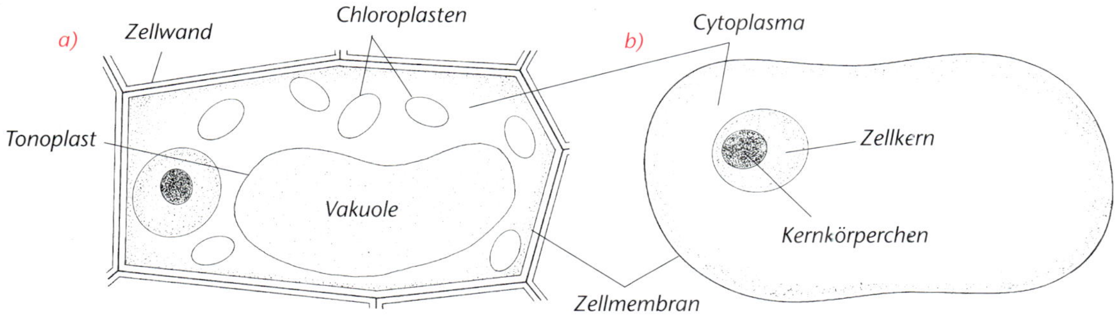

Abb. 6
Schematische Darstellung des lichtmikroskopischen Bildes a) der pflanzlichen und b) der tierischen Zelle (Zellkerne mit Kernkörperchen dargestellt)

Exkurs: Der Aspekt der Dreidimensionalität

Auf einen Aspekt wollen wir noch eingehen, bevor wir uns der Elektronenmikroskopie und damit einem weitaus differenzierteren Bild der Zelle zuwenden. Es handelt sich um den Aspekt der **Dreidimensionalität**:

Ähnlich wie bei der Fotografie nehmen wir bei der Mikroskopie die Abbildungen unserer Objekte nur zweidimensional wahr.

Nun wissen wir bei der Fotografie allerdings, dass der abgebildete Mensch oder Gegenstand eine Räumlichkeit, Tiefe hat, was wir bei den hauchdünnen Objekten mikroskopischer Bilder oftmals vergessen.

VERSUCH 1

Die folgende „**Hilfskonstruktion**" kann dazu beitragen, diese Problematik zumindest erfahrbar zu machen; wir benötigen dazu einen **Tageslichtprojektor** (OH-Projektor), unterschiedliche Legosteine und/oder andere kleine Gegenstände, ein Glasaquarium und durchsichtige Plastiktüten.

Ein OH-Projektor ist ideal dazu geeignet, Abbildungen, Graphen, Skizzen oder kurze Texte entsprechend vergrößert an einer hellen Wand abzubilden – wir alle haben ihn in dieser Funktion schon erlebt.

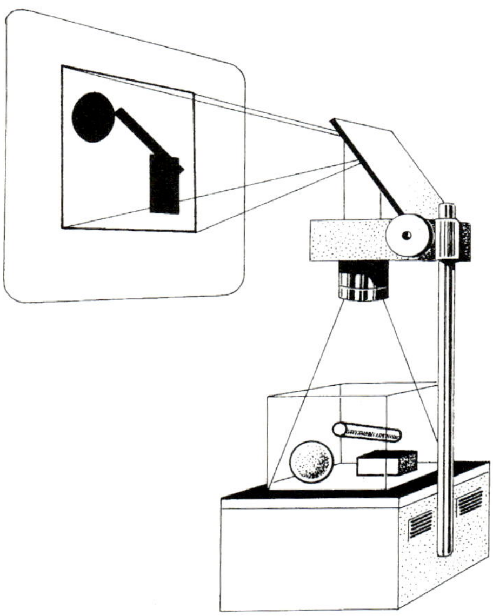

Abb. 7
Zellmodell am OH-Projektor, Erläuterungen im Text

Stellen wir nun, wie es in Abb. 7 skizziert ist, zunächst ein Glasaquarium auf seine Projektionsplatte, so bildet sich an der Wand schemenhaft eine rechteckige Begrenzung ab.

Wenn wir in dieses Glasaquarium z.B. einen roten Legostein legen, erscheint an der Wand eine dunkle, rechteckige Fläche. Eine bunte Kugel wird als dunkler Kreis, ein Rohr als längliches Rechteck abgebildet, eine durchsichtige und mit Wasser gefüllte Tüte ist kaum sichtbar.

Ein grüner Legostein lässt sich im Abbild vom roten nicht unterscheiden. Steht er auf der Kante, so erhält er durch seine jetzt im Abbild sichtbaren Noppen plötzlich eine neue und ganz andere Gestalt.

Verändern wir die **Schärfenebene**, werden die vormals scharfen Abbildungen unscharf und formlos oder verschwinden ganz.

Wir können mit dem OH-Projektor also viele Aspekte simulieren, die besonders bei der Lichtmikroskopie eine Rolle spielen.
Für uns ist es dabei wichtig, zu erkennen, dass

- dreidimensionale Strukturen grundsätzlich nur zweidimensional abgebildet werden,
- die gleiche dreidimensionale Struktur je nach Lage im zweidimensionalen Bild unterschiedlich aussehen kann,
- farbliche Unterschiede oft nicht reproduziert werden,
- Strukturen, die in etwa den gleichen Brechungsindex wie das umgebende Medium aufweisen, also durchsichtig sind, überhaupt nicht abgebildet werden,
- nur diejenigen Strukturen (scharf) abgebildet werden, die sich in der Schärfeebene befinden,
- und damit immer nur ein Ausschnitt (eine Scheibe) sichtbar wird.

Vergegenwärtigt man sich alle diese Überlegungen, so gewinnt man eine Vorstellung von der **Dreidimensionalität** der Zellgestalt:
Auch die **Dimensionalität** (Maßstabsproblematik) können wir anhand des OH-Projektors direkt erlebbar machen: Wird doch ein kleiner Gegenstand bei entsprechend großem Abstand zur Projektionswand riesengroß abgebildet. Mit einem durchsichtigen Lineal können wir den Effekt abmessen.
Gerade das Begreifen der unglaublichen Winzigkeit wird uns im nun folgenden Kapitel vor fast unlösbare Probleme stellen.

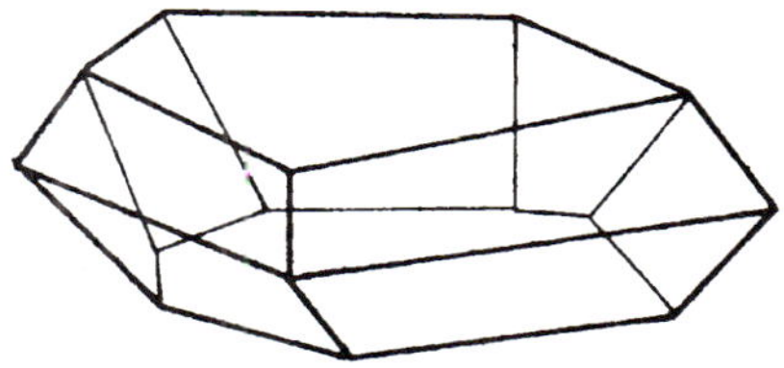

Abb. 8
Dreidimensionale Gestalt einer Pflanzenzelle

Aufgabe **A/1**

A/1 Welche Strukturen sind nur für die pflanzliche Zelle typisch?

3. Das elektronenmikroskopische Bild der Zelle

Im **Lichtmikroskop** konnten wir bisher nur den Zellkern, die Zellwand, die Plastiden und die Zellsaftvakuole als charakteristische Strukturen erkennen. Das Zellplasma blieb für uns eine relativ unstrukturierte, leicht granulierte Flüssigkeit.
Das **Elektronenmikroskop** bringt uns nun wesentliche Erkenntnisse über die Strukturen in diesem **sublichtmikroskopischen** (lichtmikroskopisch nicht mehr zu erschließenden) Bereich.

In einem ersten Schritt werden wir anhand bekannter Strukturen bei relativ geringer elektronenmikroskopischer Vergrößerung **elektronenmikroskopische Abbildungen** kennen lernen und das **Analyseverfahren** einüben.

3.1 Pflanzliche und tierische Zellen

Betrachten wir Abbildung 9, so fallen auf Anhieb **Ähnlichkeiten** mit unseren lichtmikroskopischen Pflanzenzellbildern auf: Deutlich ist die Zellgrenze erkennbar; große Teile des Innenraumes erscheinen auch im elektronenmikroskopischen Bild unstrukturiert und leer, es handelt sich hier um die Bereiche der Zellsaftvakuole.
Das Zellplasma ist allerdings deutlich granuliert und gegenüber den Vakuolenbereichen abgegrenzt.
Auffällig sind mehrere große Körper, die eine charakteristische Innenstruktur aufweisen; es handelt sich um die auch im Lichtmikroskop sichtbaren, grünlichen Chloroplasten.

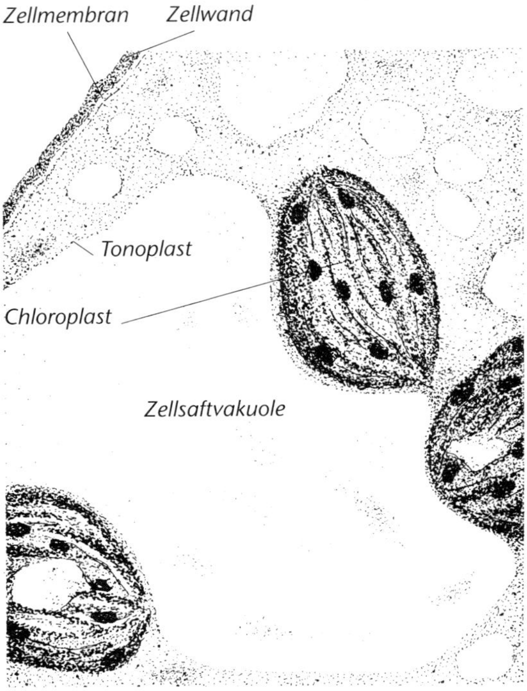

Abb. 9
Ultradünnschnittaufnahme einer typischen (ausdifferenzierten) Pflanzenzelle mit Chloroplasten und Zellsaftvakuole (Ausschnitt; Zellkern nicht getroffen)

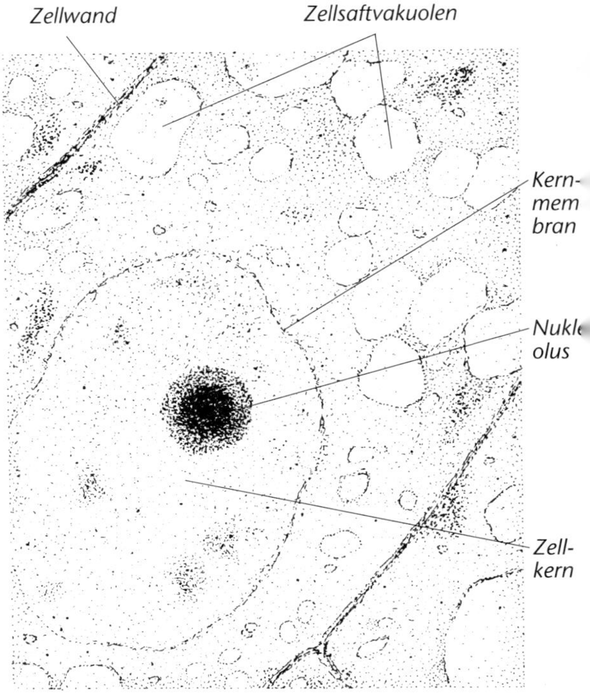

Abb. 10
Ultradünnschnittaufnahme einer jungen Pflanzenzelle (Ausschnitt)

Der relativ große Zellsaftvakuolenbereich sowie die deutlich ausdifferenzierte Innenstruktur der Chloroplasten weisen auf eine **ausgewachsene (ausdifferenzierte)** Pflanzenzelle hin.

Vergleichen wir hiermit Abbildung 10, so treten neben Gemeinsamkeiten auch **Unterschiede** auf:
Die deutlich zu erkennende Zellwand und die kammerartige Form weisen eindeutig auf eine Pflanzenzelle hin.
Im Zentrum der Zelle befindet sich ein durch eine Linie klar abgegrenzter, einheitlich granulierter Bereich mit einem extrem dunklen Fleck. Das ist der **Zellkern** (**Nukleus**) mit dem so genannten **Kernkörperchen** (**Nukleolus**). Das Zellplasma ist allerdings nicht einheitlich, es zeigt deutlich unterschiedliche Strukturelemente.

Auch ein großer Zellsaftraum existiert nicht, sondern nur kleine, unstrukturierte, leer erscheinende Kugeln.
Diese Punkte deuten auf eine noch **junge, wenig ausdifferenzierte Pflanzenzelle** hin:

- Der Zellkern wirkt im Verhältnis zum Plasma ausgesprochen voluminös (**Kern-Plasma-Relation**).
- Die Plastiden und auch die restlichen Zellorganellen zeigen noch keine deutliche Innenstruktur; das Zellplasma selbst ist wenig strukturiert.
- Der Zellsaftraum besteht noch aus einer Vielzahl kleiner, einzelner Vakuolen, die nur einen geringen Anteil an der Gesamtzelle ausmachen.

Hier nun die elektronenmikroskopische Abbildung einer **tierischen Zelle:**

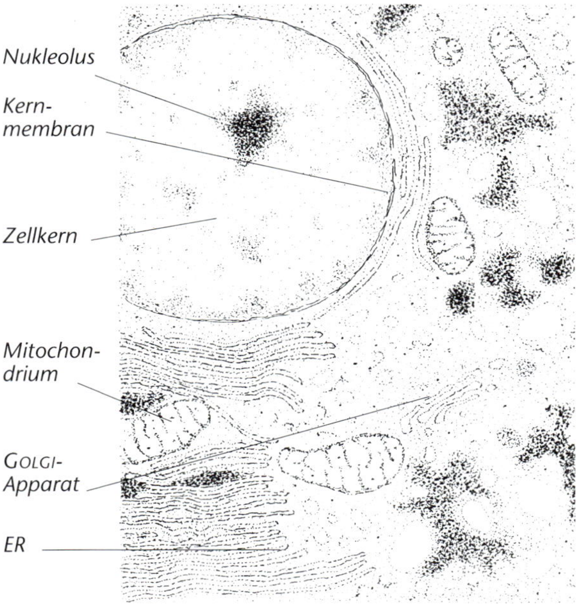

Abb. 11
Ultradünnschnittaufnahme einer tierischen Zelle aus der Leber (Ausschnitt)

Versuchen wir uns nun zu orientieren, indem wir nach bekannten Strukturen Ausschau halten, so fällt zunächst der relativ einheitlich stärker granulierte, fast kugelige Bereich mit dunklem Fleck und einer eindeutigen Abgrenzung auf: der **Zellkern** mit **Kernkörperchen**.
Im Zellplasma treten zwei Strukturen deutlich hervor:

- röhrenartige Teile, die das gesamte Plasma teils dicht, teils weniger dicht durchziehen, das sogenannte **endoplasmatische Retikulum*** (kurz: **ER**)

und

- kugelige bis länglich ovale Körper mit deutlicher Innenstruktur, die **Mitochondrien**.

Während das ER ein **zelleigenes Kanalsystem** darstellt, haben die Mitochondrien Aufgaben im Bereich des abbauenden Stoffwechsels zu erfüllen; dies gilt für pflanzliche und tierische Zellen gleichermaßen (*vgl. Mentor Abiturhilfe Stoffwechselbiologie*).

3.2 Bau und Funktion der Zellorganellen

3.2.1 Zellkern

Der **Zellkern** *(vgl. Abb. 12)* kommt in allen Zellen vor (Ausnahme: ausgereifte rote Blutkörperchen der Höheren Wirbeltiere). Seine Form ist meist kugelig.
Allerdings kann sich seine Gestalt und damit sein Grundbauplan extrem verändern, wenn er sich in Teilung befindet.
Der Innenraum des Zellkerns wird als **Karyoplasma** bezeichnet; er enthält das so genannte **Chromatingerüst,** das u.a. aus der DNA, dem Träger der Erbinformation, aufgebaut ist.

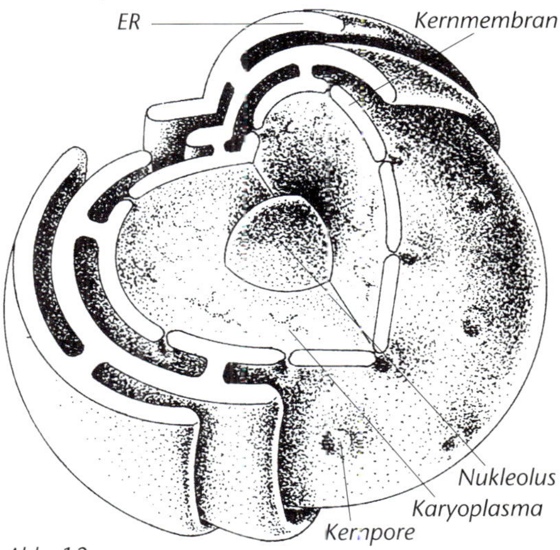

Abb. 12
Räumliche Darstellung des Zellkerns und von Teilen des ER nach elektronenmikroskopischen Aufnahmen (aufgeschnitten)

Der **Zellkern (Nukleus)** ist das wichtigste Element bei der Steuerung und Regelung des gesamten Zellstoffwechsels.

Bei allen Zellen mit „echtem Zellkern" (Eukaryonten) ist er von einer **doppelten Membran,** der **Kernmembran**, umgeben und steht über so genannte **Kernporen** mit dem übrigen Zellplasma **in Stoffaustausch.**

Oft besitzt er ein oder mehrere **Kernkörperchen** oder **Nukleoli**, die hauptsächlich RNA enthalten. *(Seine molekulare Architektur sowie seine Funktionen und Veränderungen sind im Genetik-Band ausführlich beschrieben.)*

3.2.2 Mitochondrien

Auch die **Mitochondrien*** sind im elektronenmikroskopischen Bild auffällige Zellorganellen, die in allen Zellen vorkommen; sie erscheinen wurstförmig. Wie der Zellkern sind sie von einer **Doppelmembran** umgeben *(vgl. Abb. 13).*

Die **Außenmembran** umhüllt das gesamte Mitochondrium straff wie eine Wursthaut. Die **Innenmembran** ist demgegenüber stark gefaltet. Ihre Einstülpungen in den Innenraum des Mitochondriums werden **Cristae*** genannt. Sie vergrößern die Fläche der Innenmembran so sehr, dass sie beispielsweise bei Leberzellen rund ein Drittel der gesamten Membranfläche der Zelle ausmacht. Diese **Oberflächenvergrößerung** steht in engem Zusammenhang mit den **Energieversorgungsvorgängen,** die an der inneren Mitochondrienmembran ablaufen; denn hier sind u.a. die Enzyme der Atmungskette gebunden. *(Hierauf wird im Stoffwechsel-Band näher eingegangen.)*

3.2.3 Plastiden

Die Plastiden (Chromo-, Chloro- und Leukoplasten) finden sich **nur in den pflanzlichen Zellen.**

Während sie bei den Niederen Pflanzen ausgesprochen vielgestaltig sind, ist ihre Form bei den Höheren Pflanzen sehr einheitlich. Oft sehen sie im elektronenmikroskopischen Bild wie Kaffeebohnen aus *(vgl. Abb. 14).*

Wie die beiden vorher besprochenen Zellorganellen sind auch sie von einer **Doppelmembran** umhüllt.

Die **innere Membran** ist ähnlich wie bei den Mitochondrien eingestülpt und bildet sogenannte **Thylakoide**, die an manchen Stellen geldrollenartig dicht übereinander gestapelt vorliegen und als **Grana** bezeichnet werden. Das **Innere** wird als **Stroma** bezeichnet.

Die unterschiedlichen Plastidentypen gehen durch Ausdifferenzierung aus den relativ wenig strukturierten **Proplastiden** hervor und wandeln sich erst im Verlaufe der Entwicklung der Blattzellen zu den grünen Chloroplasten um.

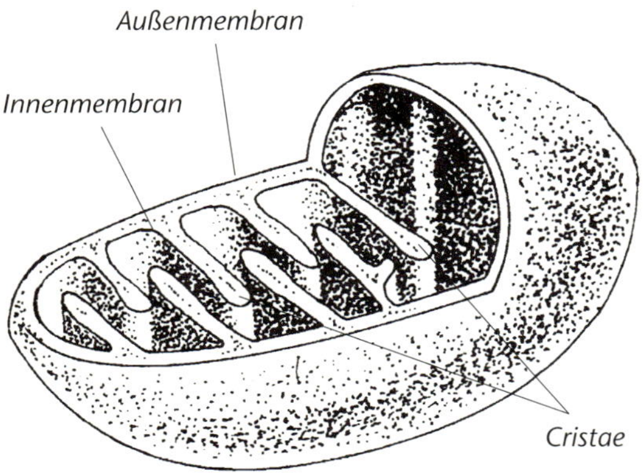

Abb. 13
Räumliche Darstellung eines Mitochondriums nach elektronenmikroskopischen Aufnahmen (aufgeschnitten)

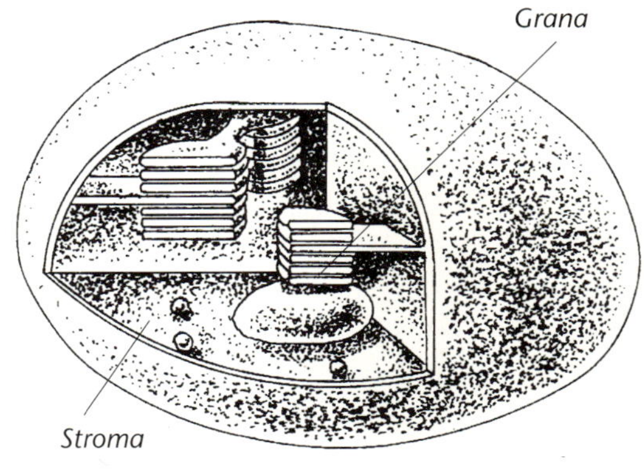

Abb. 14
Räumliche Darstellung eines Chloroplasten nach elektronenmikroskopischen Aufnahmen (aufgeschnitten)

Auch bei ihnen hat durch die Einstülpung eine enorme **Oberflächenvergrößerung** bei gleichzeitiger **Kompartimentierung** stattgefunden. Ihre Funktion ist eng an die Prozesse der **Photosynthese** geknüpft. *(Eine genaue Beschreibung erfolgt im Stoffwechsel-Band.)*

Zellkern, Mitochondrien und Plastiden weisen – wie eben dargestellt – eine **Doppelmembran** als Grenzschicht zum umgebenden Plasma auf.
Im Gegensatz dazu verfügen die nachfolgend beschriebenen Zellorganellen nur über eine **einfache Membranabgrenzung.**

Im Prinzip ist das lichtmikroskopisch homogen erscheinende **Zellplasma** (Cytoplasma) im elektronenmikroskopischen Bild nach den Prinzipien von Oberflächenvergrößerung und Kompartimentierung strukturiert *(vgl. Kap. A.3.3)*.
Die beiden wesentlichen **Membransysteme,** die es strukturieren, sind das **endoplasmatische Retikulum (ER)** und die **Dictyosomen.** Die Dictyosomen werden in ihrer Gesamtheit auch als **GOLGI-Apparat** bezeichnet.

3.2.4 Endoplasmatisches Retikulum (ER)

Das ER besteht aus einem ausgesprochen vielgestaltigen und variablen System von Röhren, Kanälen, Bläschen etc.
Dadurch werden unterschiedliche Reaktionsräume geschaffen, an deren riesigen Oberflächen die verschiedensten **enzymatischen Reaktionen** ablaufen können.
Zusätzlich dient es der Beförderung der unterschiedlichsten Stoffe innerhalb der Zelle.

Zwei **Formen** lassen sich unterscheiden:
– das **agranuläre (glatte) ER**
und
– das **granuläre (raue) ER.**

Das glatte ER weist relativ „glattwandige", meist stark verzweigte Röhren und Kanäle auf und spielt eine wesentliche Rolle beim Auf- und Abbau von z.B. Lipiden.
In den Leberzellen werden von ihm speziell toxische (giftige) Stoffe abgebaut.
Das raue ER ist dadurch gekennzeichnet, dass seine Membranen mit einer Vielzahl kleiner „Körnchen", den **Ribosomen**, behaftet sind.

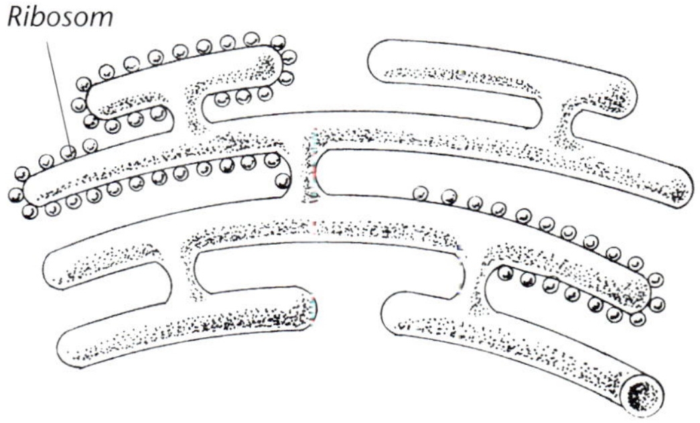

Abb. 15
Räumliche Darstellung von endoplasmatischem Retikulum (ER) nach elektronenmikroskopischen Aufnahmen; die Ribosomen sind im Verhältnis größer dargestellt

3.2.5 Ribosomen

Ribosomen sind winzige Körnchen, die entweder am ER anliegen (= raues ER) oder sich frei im Cytoplasma befinden. Sie sind maßgeblich an der **Produktion** von Proteinen und damit von **Sekreten und Enzymen beteiligt.**
Treten sie eng nebeneinander liegend quasi als „Kette" auf, wird ihre Gesamtheit **Polysom** genannt.
Bei extrem starken Vergrößerungen wird sichtbar, dass die einzelnen Ribosomen sich aus **zwei komplementären Untereinheiten** zusammensetzen, die zusammen ein rundliches Körperchen bilden. Bei Bakterien z.B. bestehen diese aus 55 unterschiedlichen Proteinen und 3 verschiedenen RNA-Molekülen.
Ribosomen sind nicht von einer Membran zum Zellplasma hin abgegrenzt.
(Ihre Funktion bei der Proteinbiosynthese ist im Genetik-Band ausführlich dargestellt.)

3.2.6 Dictyosomen/GOLGI-Apparat

Die Dictyosomen, in ihrer Gesamtheit nach ihrem Entdecker, dem Italiener GOLGI, als **GOLGI-Apparat** bezeichnet, bestehen aus einem Stapel von drei und mehr aufeinander liegenden flachen Scheibchen (**Cisternen**), die am Rand in kleine **Bläschen,** die **GOLGI-Vesikel,** „auslaufen".

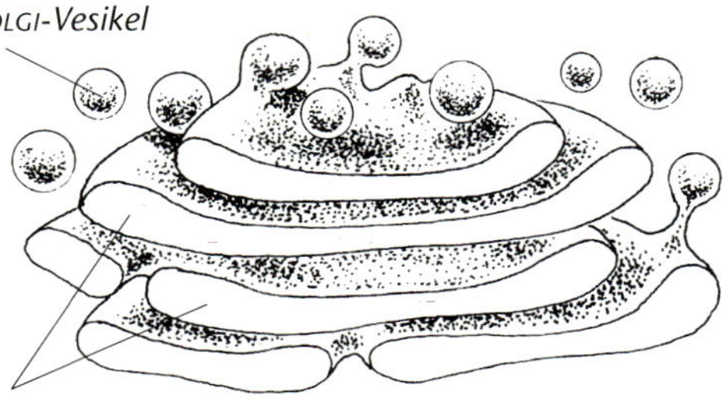

Abb. 16
Räumliche Darstellung von Teilen des GOLGI-Apparates nach elektronenmikroskopischen Aufnahmen (aufgeschnitten)

Dass man sie gehäuft in Drüsenzellen vorfindet, deutet auf ihre Funktion als **Sekretlagerstätten** und ihre **Ausscheidungsfunktion** hin. Im Prinzip stellen die **Ribosomen,** das **ER** und der **GOLGI-Apparat** sowie die noch zu besprechenden **Lysosomen** ein „gemeinsam arbeitendes" **System** in der Zelle dar:

- Proteine, die an den Ribosomen am rauen ER gebildet werden, werden von diesem in Transportvakuolen „verpackt" ① und zu den Dictyosomen transportiert ②, mit denen sie verschmelzen ③.
- So werden die vorhandenen Cisternen immer größer, und es entstehen fortwährend neue.
- Die Cisternen schnüren nun ihrerseits Vakuolen ab ④, die GOLGI-Vesikel, die dann zur Zellmembran wandern können, um dort nach außen entleert zu werden ⑤.
- Hierbei verschmilzt das Sekretbläschen mit der Zellmembran und gibt seinen proteinhaltigen Sekretstoff nach außen ab *(vgl. Abb. 17)*.

Da die **Zellmembran** somit selbst an diesen Prozessen teilnimmt, entsteht eine **indirekte Verbindung** zwischen **Zellkerninformation** und den an der Zellmembran ablaufenden Prozessen *(vgl. Kap. E.5)*.

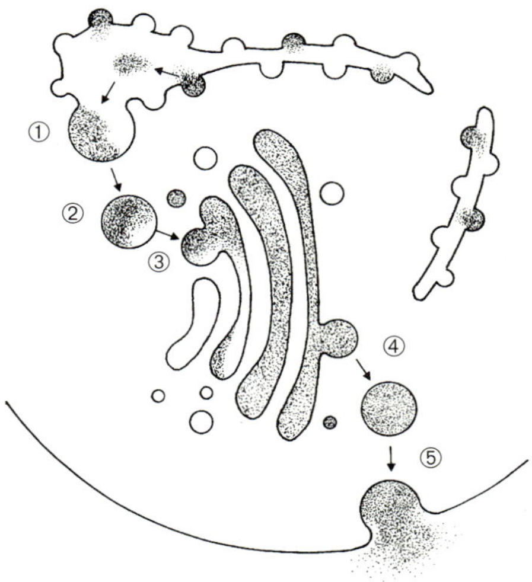

Abb. 17
Schema zum Sekrettransport, Erläuterungen im Text

Es besteht also quasi ein **„Membran-Kommunikations- und Verbundsystem"**, zu dem weitere zahlreiche kleine Vakuolen und Bläschen gehören, die meist über unterschiedliche Enzymausstattungen verfügen und im Rahmen des Zellstoffwechsels ihre Bedeutung haben.

3.2.7 Lysosomen

Im Normalfall beginnt das Studium von Zellorganellen mit morphologischen Untersuchungen, z.B. der Analyse von elektronenmikroskopischen Aufnahmen, und danach folgt die Isolierung und anschließende biochemische Untersuchung. Die **Erforschung** der Lysosomen verlief bezeichnenderweise genau umgekehrt.

Zunächst wurden auf biochemischem Weg **lytische* Enzyme*** nachgewiesen, die sich in einem membranumschlossenen „Körperchen" von ca. 0,4 µm Durchmesser befinden mußten. Anschließende elektronenmikroskopische Untersuchungen konnten tatsächlich diese Einschlüsse nachweisen.

Folgende **Untersuchungsmethodik** hatte zu diesen Ergebnissen geführt:
Mit Hilfe von **Ultrazentrifugen** lassen sich Zellbestandteile oder auch größere Moleküle entsprechend ihrer unterschiedlichen **Sedimentationsgeschwindigkeit** unterteilen (fraktionieren).

Das bedeutet, dass die einzelnen Bestandteile entsprechend ihrer Größe, Dichte, Oberflächenbeschaffenheit und Masse bei der Zentrifugation unterschiedlich schnell „wandern" und sich dadurch in unterschiedlichen Bereichen absetzen – je größer die Masse eines Teilchens ist, desto schneller wandert (sedimentiert) es.

Abbildung 18 demonstriert, wie man einzelne Zellbestandteile durch **Homogenisieren*** gewinnt:
Ein Gemisch solcher Zellbestandteile wird in ein Zentrifugenglas mit einer Flüssigkeit gefüllt, deren Dichte von oben nach unten zunimmt. Man sagt auch, diese Flüssigkeit verfügt über einen **Dichtegradienten.**

Nach längerem **Zentrifugieren** – bis zu 48 Std. bei 40 000 Umdrehungen/Minute – sammeln sich die einzelnen Zellbestandteile in denjenigen Bereichen an, die ihrer eigenen Dichte entsprechen und bilden deutlich sichtbare „Banden":
Die Banden können entnommen und weiteren Untersuchungen zugeführt werden.
Aus den Sedimentationseigenschaften leitete man für die Lysosomen eine Größe von ca. 0,4 µm Durchmesser ab.

a)

Abb. 18 a
Gewinnen einzelner Zellbestandteile durch Homogenisieren, Erläuterungen im Text

b)

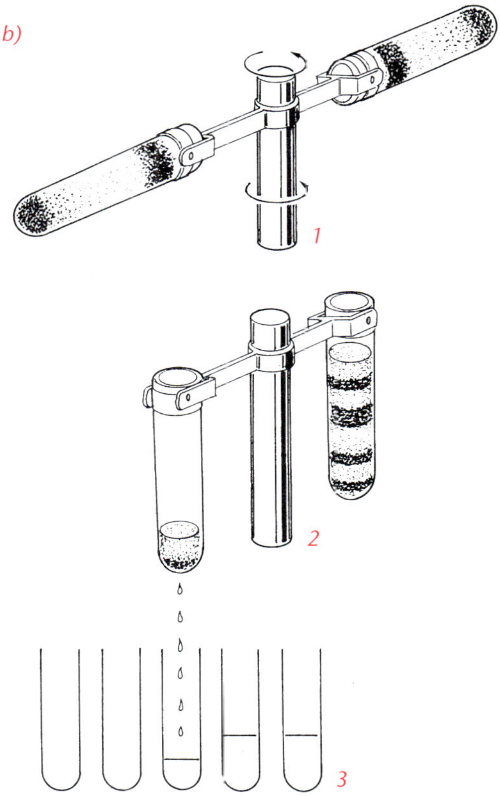

Abb. 18 b
Zonenzentrifugation, Dichtegradienten-Zentrifugation:
1) Beginn der Zentrifugation;
2) Bandenbildung;
3) Gewinnen der einzelnen Fraktionen durch Anbohren und Abtropfen

Wenden wir uns abschließend der **Funktion** der Lysosomen zu:
Ihnen kommen im **Zellstoffwechsel** zwei Aufgaben zu. Einerseits müssen sie von außen aufgenommene Stoffe abbauen ①, andererseits „verbrauchte Teile" der Zelle (cytoplasmatische Strukturen, die nicht mehr funktionsfähig sind) umschließen, abbauen und ausscheiden ②.

Der letztgenannte Prozeß wird **Autophagocytose*** genannt und macht einen wesentlichen Teil der „gesunden Zelle" aus. Denn indem sie ihre cytologische Ausstattung umbaut und verändert, erneuert sie sich ständig selbst und kann sich so an unterschiedliche Bedingungen anpassen.

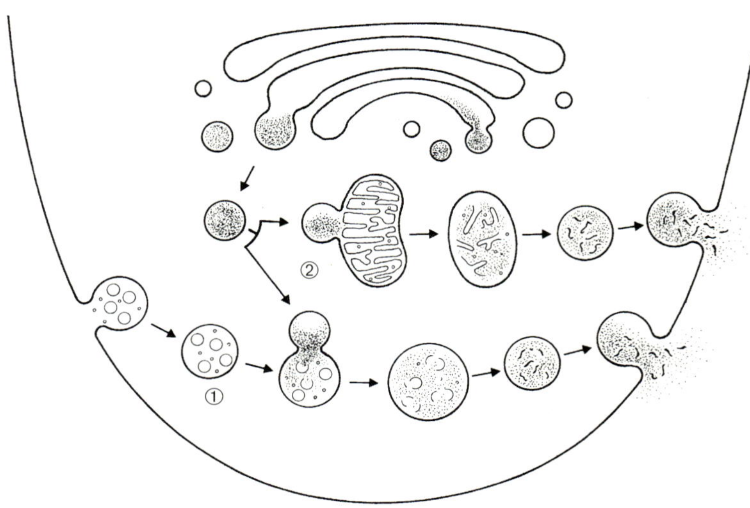

Abb. 19
Funktionsschema zur Wirkungsweise der Lysosomen

3.2.8 Mikrotubuli/Centriolen

Zum Abschluss wollen wir uns noch mit einer Gruppe von „Zellorganellen" beschäftigen, die
- nicht von einer Membran umgrenzt sind,
- besonders gehäuft in all jenen Teilen der Zelle auftreten, die speziell der **Bewegung** dienen (Wimpern, Geißel) und
- eine wesentliche Rolle bei der **Zellteilung** (**Spindelfaserapparat**) spielen *(vgl. Kap. B)*.

Es handelt sich um die so genannten **Mikrotubuli**. Diese **fibrillären,** d.h. faserigen Strukturen sind aus kugelförmigen Untereinheiten aufgebaut, den **Tubulin-Molekülen**. Tausende von Tubulin-Molekülen bilden aneinander gereiht ein lineares Protofilament. 13 solcher Protofilamente sind in einem Mikrotubulus Seite an Seite um einen Zentralbereich angeordnet, der elektronenoptisch leer erscheint *(vgl. Abb. 20)*.

Ein solcher Mikrotubulus ist ein **polares** Gebilde mit einem schnell wachsenden **Plus-Ende** und einem immer wieder zerfallenden und daher langsam wachsenden **Minus-Ende**.

Oft liegen die Mikrotubuli nicht einzeln im Cytoplasma, sondern sind **in Gruppen** geordnet und stellen so das Grundgerüst von langgestreckten „Auswüchsen" der Zelle dar.
Oder sie befinden sich in charakteristischen **9er-Strukturen** angeordnet in den Wimpern (Cilien) der Wimpertierchen, der Geißel (Flagellum) der Geißeltierchen genauso wie in dem Schwanzstück von tierischen und menschlichen Spermien *(vgl. Abb. 21)*.

Die Vorstellung, dass sie im Wesentlichen bei Vorgängen der **Zellbewegung** von Bedeutung sind, muß wohl kaum noch weiter begründet werden.

Neben dieser Bewegungsfunktion scheint ihnen auch bei der Regulierung und Aufrechterhaltung der Zellgestalt in Form eines **Zellskelettes** eine entscheidende Rolle zuzukommen. Denn sie kommen gehäuft in denjenigen Plasmabereichen vor, die eine gelartige (feste) Konsistenz besitzen.

Derzeit erhärten sich auch die Vorstellungen, dass sie als Röhren und Kanäle am innerzellularen Stofftransport beteiligt sind.

Abb. 20
Räumliche Darstellung eines Mikrotubulus

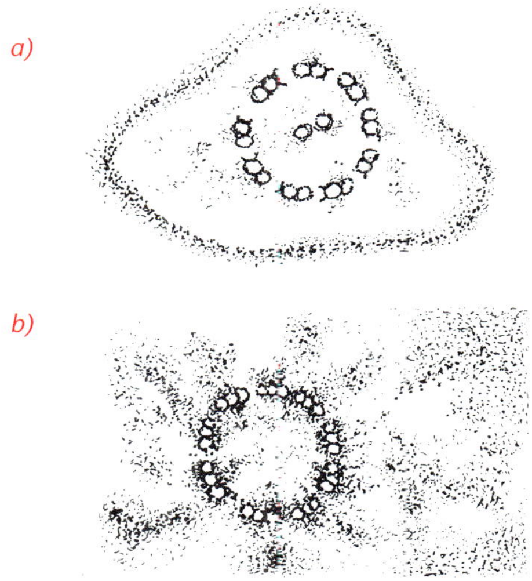

Abb. 21
a) Querschnitt durch die Geißel eines Geißeltierchens mit 9x2+2-Struktur;
b) Querschnitt durch ein Centriol eines Säugetiers mit 9x3-Struktur; nach elektronenmikroskopischen Aufnahmen

Oft findet man speziell in tierischen Zellen Mikrotubuli zu einem charakteristischen Gebilde vereint, dem **Centriol**. Dieses besteht aus **jeweils 9 mal 3** eng zusammenhängenden „Gebilden" (**Mikrotubulisträngen**), die zylinderförmig angeordnet sind. Je zwei Centriolen sind im rechten Winkel zueinander (T-förmig) angeordnet; sie bilden zusammen ein **Centrosom** *(vgl. Kap. B)*. Eine Bedeutung im Zusammenhang mit der Zellbewegung sowie bei der Zellteilung wird angenommen *(vgl. Kap. B)*.

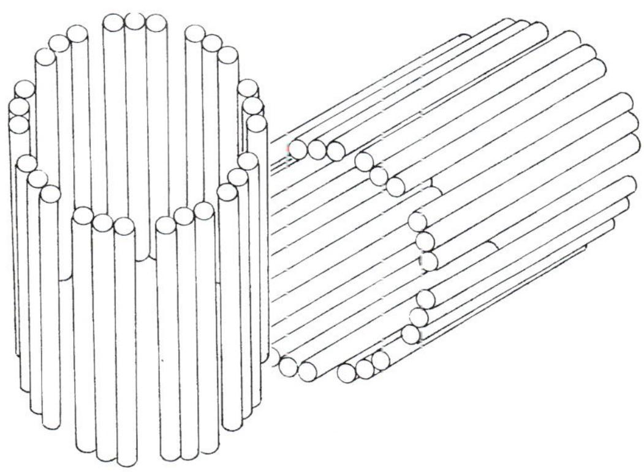

Abb. 22 Räumliche Darstellung eines Centriolenpaars

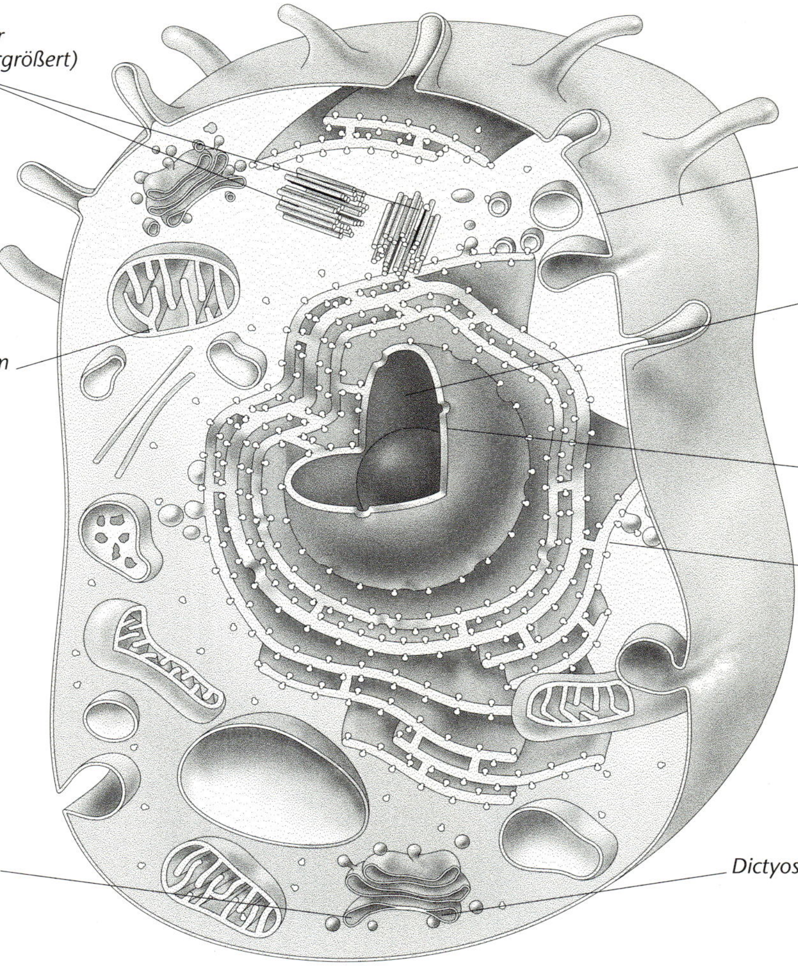

Abb. 23
Zellmodell einer tierischen Zelle, dreidimensional

3.2.9 Zellskelett

Vervollständigt wird dieses schon jetzt kaum noch zu überschauende Gebilde der Zelle von einem als **Zellskelett** wirkenden System unterschiedlichster Röhren, den **Mikrotrabekeln***.

Untersuchungen machen immer deutlicher, dass selbst das noch übrig gebliebene „Rest-Cytoplasma" keinen unstrukturierten, flüssigen Raum darstellt.

Es wird von einem unregelmäßigen, dreidimensionalen **Gitterwerk aus feinsten Fäden** durchzogen, das als **Mikrotrabekel-Gitter** bezeichnet wird.

An diesen Fäden scheinen die vorher beschriebenen Zellstrukturen förmlich aufgehängt zu sein:

- Die Existenz des Mikrotrabekel-Gitters erklärt, weshalb es innerhalb der Zelle Bereiche gibt, die einmal mehr oder einmal weniger flüssig sind: Wir müssen uns seine Struktur nur mehr oder weniger dicht vorstellen.
- Das Mikrotrabekel-Gitter kann dazu beitragen, die Aktivitäten der im Plasma verteilten **Enzyme** zu **koordinieren.**

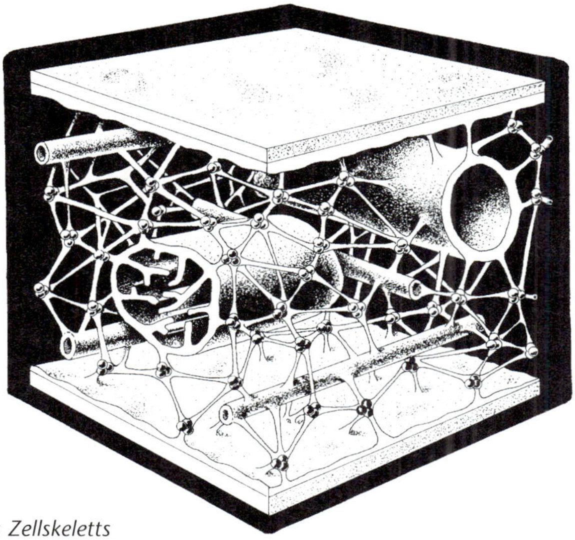

Abb. 24
Räumliche Darstellung des Zellskeletts

Das **Mikrotrabekel-Gitter** ist somit das verbindende Glied, das die verschiedenen Strukturen des Cytoplasmas zu einer **übergeordneten Struktur- und Funktionseinheit**, dem so genannten **Cytoplasten**, verbindet.

Die spezifisch biologischen Prinzipien von **Oberflächenvergrößerung**, **Kompartimentierung** und **enzymatischer Katalyse** und ihr geordnetes Zusammenwirken werden dadurch erklärbar.

Unterschiedlichste Prozesse können auf engstem Raum getrennt und geordnet ablaufen. Erst dieses komplexe Modell wird damit den beobachtbaren Leistungen der Zelle einigermaßen gerecht.

Aufgaben **A/2-A/6**

A/2 Was versteht man unter der **Zonenzentrifugation** und wozu dient sie?

A/3 Welche Zellorganellen weisen eine charakteristische **Doppelmembran** auf?

A/4 a) Beschreibe die **Feinstruktur** der Mitochondrien.
b) Wodurch unterscheiden sich **granuläres** und **agranuläres ER**?
c) Was ist ein **GOLGI-Apparat**?
d) Wie ist ein **Ribosom** aufgebaut?
e) Was sind **Centriolen**?

A/5 Fertige eine **Tabelle** an, in der die einzelnen Zellorganellen skizziert sind und ihnen ihre wichtigste Funktion exemplarisch zugeordnet ist.

A/6 Bezeichne die in Abb. 25 mit Ziffern ausgewiesenen Strukturen einer tierischen und pflanzlichen Zelle.

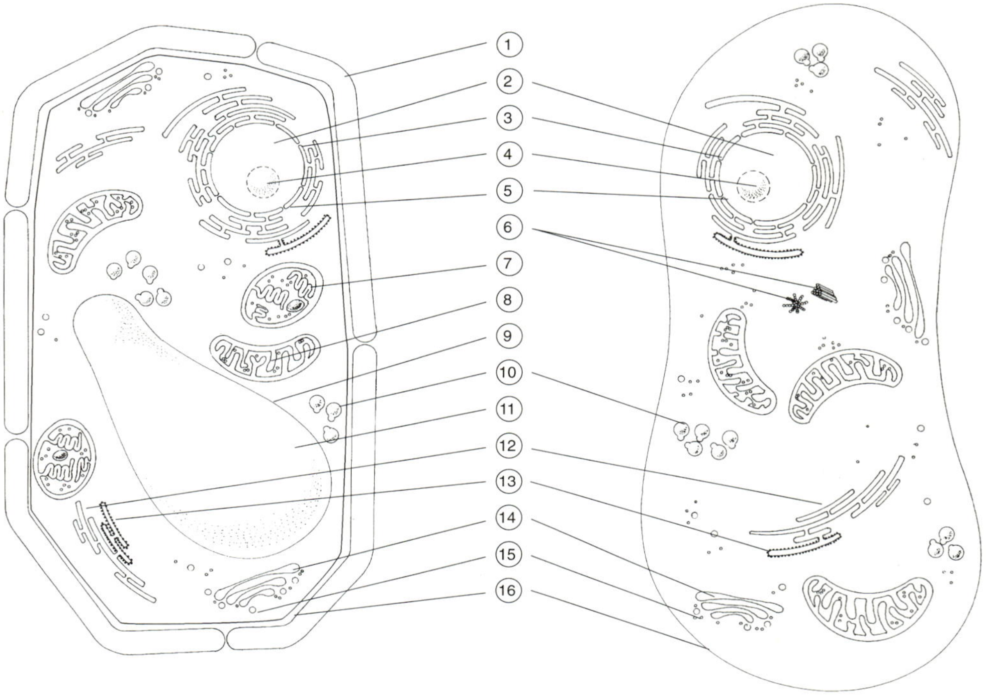

Abb. 25
Schematischer Bau von Tier- und Pflanzenzelle; Ribosomen zusätzlich vergrößert

3.3 Der Struktur-Funktions-Aspekt

Der **Struktur-Funktions-Aspekt** stellt eines der wichtigsten Arbeitskonzepte der Biologie dar.
Er beschreibt den einsichtigen Gedanken, dass eine direkte Beziehung zwischen den vorhandenen **Strukturen** (Bauelementen/Baueigentümlichkeiten) und deren **Funktion** (Aufgaben/Leistungen) besteht.

Lässt sich dieses Prinzip schon in der Technik überall aufzeigen, wie viel wichtiger ist es dann in einem Organismus, der es sich unter keinen Umständen „leisten" kann, unöko-

nomisch zu arbeiten, Energien zu „verschwenden", unnötige Strukturen aufzubauen und/oder „mitzuschleppen".
Anhand der Abbildungen 26 und 27 wollen wir uns dieses Prinzip verdeutlichen, es einüben und gleichzeitig unsere Kenntnisse vom Aufbau der Zelle vertiefen und erweitern.

Zur Analyse der elektronenmikroskopischen Aufnahmen und zur Lösung der Aufgabe A/7 benötigen wir neben einem Stift und Papier möglichst OH-Folien (oder aufgeschnittene Klarsichthüllen), Folienstifte und kariertes (Millimeter-)Papier.

Aufgabe A/7

A/7 Berechne die **Flächenanteile** von ausgewählten Zellorganellen bei Zellen unterschiedlicher tierischer Gewebe.
Vergleiche die **prozentualen Häufigkeiten der Zellorganellen** und versuche auf die jeweilige **Funktion** der Zellen zu schließen.

Arbeitsanweisung:
Lege je einen Teil der Folie nacheinander über die Abbildungen 26 und 27 und übertrage die Grenzen der gesamten auszuwertenden Fläche.
Nun kennzeichne durch großzügiges Umkreisen die folgenden Teilflächen möglichst mit verschiedenfarbigen Folienstiften:
- **Mitochondrien (rot);**
- **Endoplasmatisches Retikulum,** ER (blau).

Bestimme nun die Flächenanteile der einzelnen Zellorganellen mit Hilfe des karierten Papieres und ebenso die Gesamtfläche. Als Einheit gilt ein Quadrat (Karo).
Errechne die prozentualen Anteile der Zellorganellen von der Gesamtfläche und trage die Ergebnisse in die nachfolgende Tabelle ein. Vergleiche abschließend die prozentualen Häufigkeiten miteinander. Beachte auch die Unterschiede bezüglich der Zellmembran.

Abbildung	untersuchte Gesamtfläche		Mitochondrien		ER	
	Anzahl der Quadrate	%	Anzahl der Quadrate	%	Anzahl der Quadrate	%
Abb. 26 β-Zelle aus der Bauchspeicheldrüse		**100**				
Abb. 27 Belegzelle aus dem Magen		**100**				

Tab.3
Flächenanteile von ausgewählten Zellorganellen; Erklärungen in der Aufgabenstellung A/7

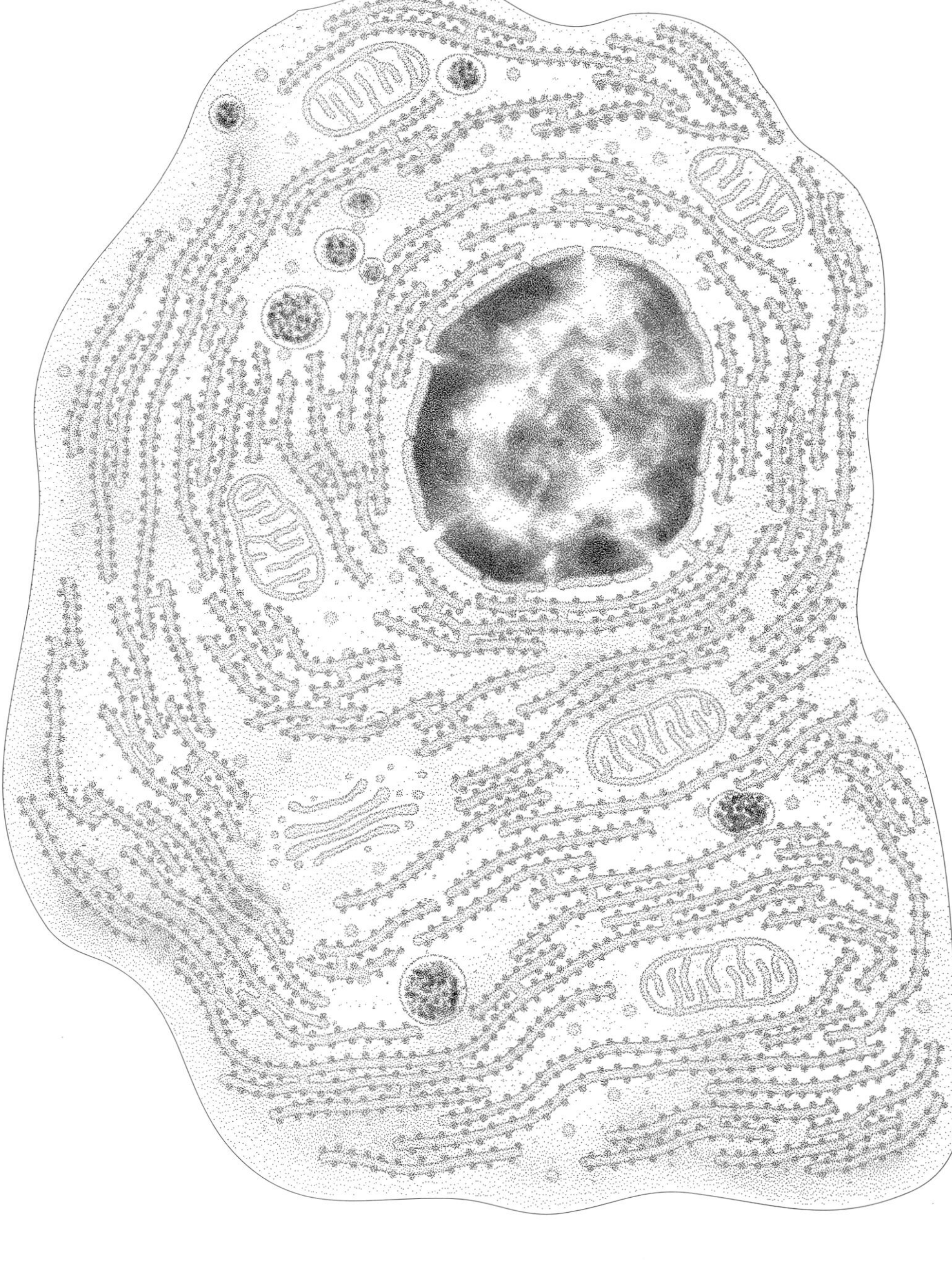

Abb. 26
β-Zelle aus der Bauchspeicheldrüse, nach elektronenmikroskopischen Aufnahmen

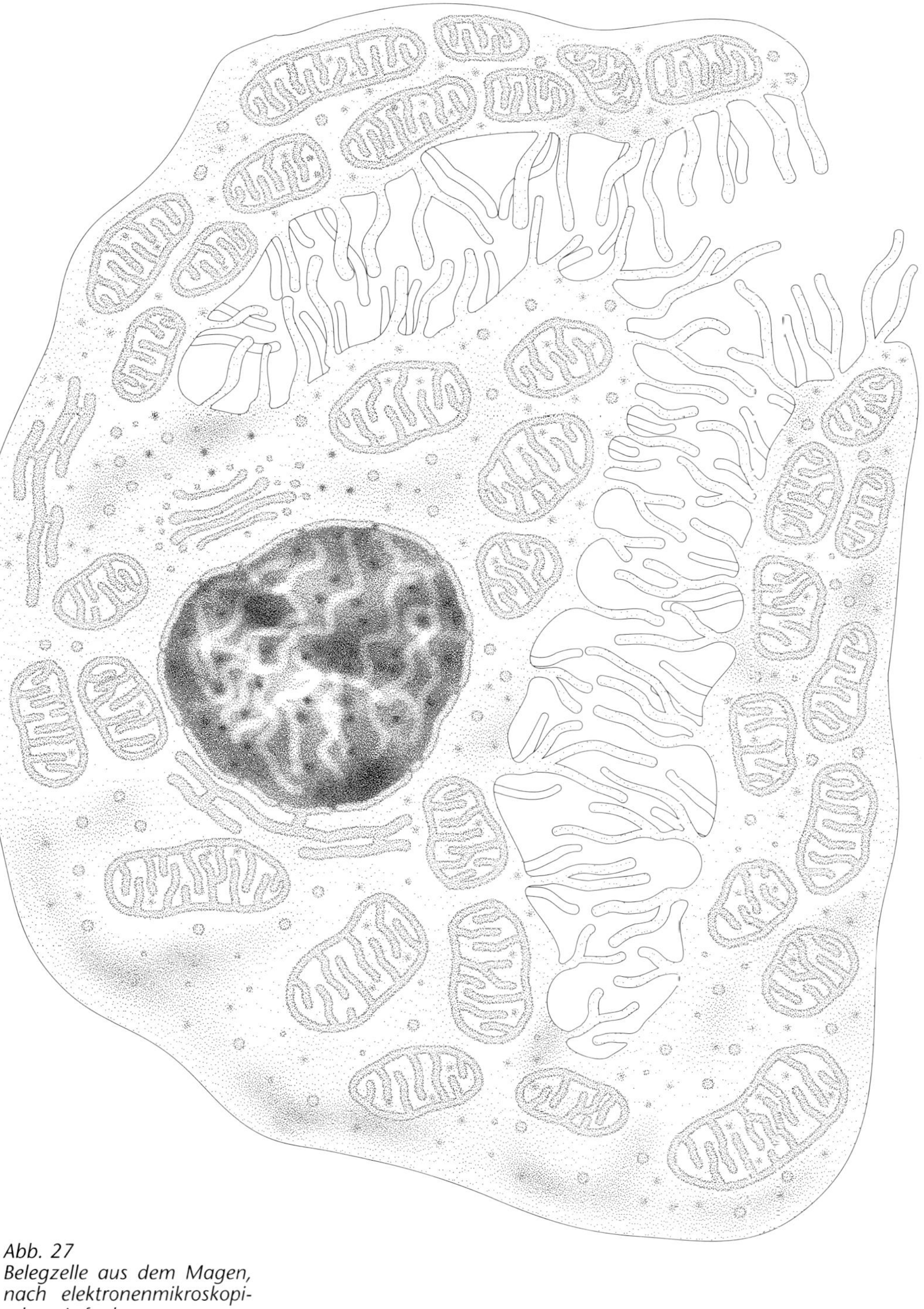

Abb. 27
Belegzelle aus dem Magen, nach elektronenmikroskopischen Aufnahmen

Wir wollen nun nach der Berechnung der prozentualen Häufigkeit bestimmter Zellorganellen, die zur Bestimmung der besonderen **Strukturmerkmale** diente, den Bezug zur besonderen **Funktion** der ausgewählten Zellen herstellen.

Dieser Zusammenhang liegt beim **rauen ER (ER mit Ribosomen)** förmlich auf der Hand: Hier werden in großen Mengen Proteine hergestellt und in den Röhren und Kanälen des ER innerhalb der Zelle transportiert, um schließlich ausgeschleust zu werden. Die β-Zellen der Bauchspeicheldrüse sind auf die **Herstellung von Insulin** spezialisiert, einem Hormon, das an der Regulation des Blutzuckerspiegels beteiligt ist. *(Genaueres dazu enthält die Mentor Lernhilfe Humanbiologie.)*

Auch bei den **Mitochondrien** fällt die Erklärung nicht schwer: Sie sind für die Energieversorgung der Zelle zuständig. Tatsächlich benötigen die Belegzellen der Magenwand sehr viel Energie für den **aktiven Transport von Salzsäure** ins Mageninnere. Diesem Zweck dient auch die gewaltige Oberflächenvergrößerung der Zellmembran zur Magenseite hin.

Abschließend wenden wir uns nun noch der Frage zu, wozu die Aufteilung des Zellinneren durch Membranen dient. Bei allen Prozessen im Stoffwechsel müssen die unterschiedlichsten Reaktionen auf engstem Raum nebeneinander ablaufen, ohne sich gegenseitig zu stören.

Das ist nur möglich, wenn lauter kleine, einzelne „Kammern" nebeneinander existieren, sogenannte **Reaktionsräume**, in denen bestimmte Reaktionen ungestört ablaufen können und deren Vor-, Zwischen- und Endprodukte direkt weitergereicht werden können.

Dies ist z. B. durch den **Innenaufbau** der Mitochondrien, ihre **Kompartimentierung***, optimal verwirklicht, sodass auch bei ihnen der Struktur-Funktions-Zusammenhang Gültigkeit hat.

Desgleichen ist die **gesamte Zelle** durch die unterschiedlichen Zellorganellen **in Kompartimente gegliedert** und kann dadurch ihren vielfältigen Aufgaben in idealer Weise gerecht werden.

3.4 Zusammenfassung

Die Zelle ist ein höchst komplexes System, dessen Innenraum auf das Komplizierteste und Vielgestaltigste strukturiert ist.

Nach außen ist sie durch die **Zellmembran** abgegrenzt; in ihrem Inneren befinden sich membranumgrenzte Strukturen, die in Anlehnung an die funktionale Einheit von Organen im vielzelligen Organismus als **Zellorganellen** bezeichnet werden.

Von einer **doppelten Membran** sind **Zellkern**, **Mitochondrien** und **Plastiden** umschlossen. Die innere der beiden Membranen ist bei Plastiden und Mitochondrien vielfach eingestülpt und deutet schon damit auf die relative Eigenständigkeit und die besondere Stellung dieser Zellorganellen im Zellstoffwechsel hin. Ihre Eigenständigkeit wird noch dadurch unterstrichen, dass sie über **eigenes genetisches Material** verfügen und als sogenannte **Selbstteilungskörper** durch Zweiteilung aus schon vorhandenen Organellen hervorgehen.

Diese drei ausgesprochen „individuellen" Organellen sind in ein reich strukturiertes, vielfach gekammertes und stark kompartimentiertes **Membransystem** eingebettet. Dessen Bestandteile stehen miteinander in einer vielfältigen Wechselbeziehung. Im Wesentlichen gehören dazu: ▶

- das **Endoplasmatische Retikulum (ER)**
und
- die **Dictyosomen (GOLGI-Apparat).**

Dem **granulären ER** sind die „Eiweißfabriken“ in der Zelle angelagert, die **Ribosomen.**
Weitere membranumschlossene Partikel, die hauptsächlich durch die „Übernahme“ spezieller Funktionen charakterisiert sind, gehen indirekt aus dem ER bzw. den Dictyosomen hervor, z.B. die **Lysosomen.**
Eine Spezialität der **Pflanzenzellen,** die im Wesentlichen durch die besonderen Anforderungen erklärbar sind, die der pflanzliche Organismus stellt, sind die **Zellsaftvakuole** und die **Zellwand.** Beide gehören jedoch genau genommen zur „Außenwelt“ der Zellen.

4. Prokaryonten – Eukaryonten

Bisher haben wir uns ausschließlich mit der so genannten **Eucyte** beschäftigt: Sie ist dadurch charakterisiert, dass ihre Zellen einen **„echten Zellkern“** besitzen, der durch eine **Biomembran** vom übrigen Zellplasma getrennt ist.
Abschließend werfen wir noch einen kurzen Blick auf die so genannte **Protocyte** der **Bakterien** und **Cyanobakterien** (früher: Blaualgen).
Sowohl bei den Zellen der Bakterien als auch bei denjenigen der Cyanobakterien lassen sich **keine Zellkerne** nachweisen.
Sie enthalten allerdings sehr wohl Erbmaterial in Form von **DNA*** sowie **Ribosomen** und sind durch eine **Zellmembran** nach außen abgeschlossen.
Ihr **Erbmaterial** besteht ausschließlich aus einem **ringförmigen DNA-Strang** („**Kernäquivalent**“). Lebewesen, die eine solche Protocyte besitzen, bezeichnet man als **Prokaryonten***.
Da ihre Struktur wesentlich einfacher ist als die Zellstruktur der **Eukaryonten***, geht man davon aus, dass sie die **ursprünglichere, ältere Lebensform** darstellen *(vgl. Mentor Abiturhilfe Evolutionsbiologie).*
Bakterienzellen erreichen meist nur eine Länge von ca. 0,5 bis 10 µm und sind damit deutlich kleiner als die Zellen der Eukaryonten, die zwischen 10 und 100 µm groß sind

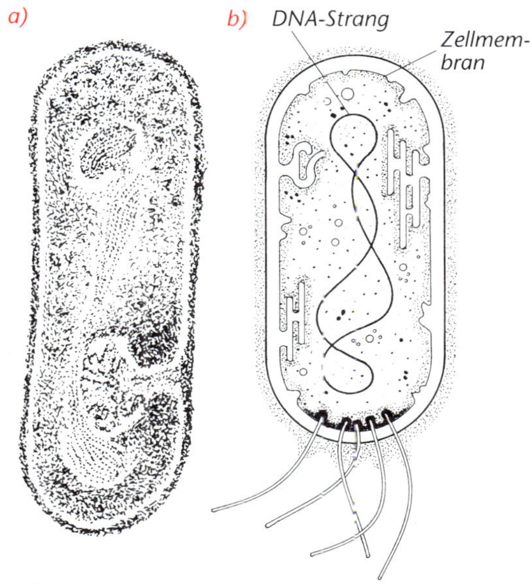

Abb. 28
a) Graphische Darstellung eines Bakteriums (Bacillus subtilis) nach elektronenmikroskopischen Aufnahmen;
b) schematische Darstellung

und deren Zellorganellen im Dimensionsbereich der Protocyte liegen (Mitochondrien ca. 10 µm).
Die Unterschiede zwischen pflanzlichen und tierischen Zellen sind wesentlich geringer als zwischen Zellen, die auf der Organisationsstufe der Protocyte stehen und denjenigen, die die Stufe der Eucyte erreicht haben.

Eine Einteilung der Lebewesen in Prokaryonten und Eukaryonten ist also wesentlich fundamentaler als eine in Pflanzen und Tiere.

Aufgabe A/8

A/8 Beschreibe kurz die wesentlichen **Unterschiede** zwischen Eucyte und Protocyte.

B Zellwachstum und Zellteilung

Jeder Mensch besteht im erwachsenen Zustand aus rund 60 Billionen Zellen. Diese Zellen eines menschlichen Körpers sind durch **Zellteilungen** aus einer einzigen Eizelle hervorgegangen. Aber auch im Erwachsenenstadium sind ständig weitere Zellteilungen erforderlich, um den natürlichen Verschleiß zu ersetzen. Das gilt für alle vielzelligen Organismen.

Aufgabe **B/1**

B/1 Bei einem erwachsenen Menschen sterben täglich ca. 2 % der Zellen ab und müssen wieder ersetzt werden. Berechne die Zahl der Zellteilungen pro Sekunde!

Die Teilungshäufigkeit verschiedenartiger Zelltypen ist dabei unterschiedlich. Nerven- und Skelettmuskelzellen vermehren sich überhaupt nicht mehr; ihr Verschleiß ist sehr gering. Leberzellen erneuern sich normalerweise ein- bis zweimal pro Jahr, manche Darmepithelzellen verdoppeln sich sogar mehrmals pro Tag, um so für die ständige Erneuerung der Darminnenwand zu sorgen. Andere Zellen liegen in ihrem Teilungsverhalten irgendwo zwischen diesen Extremen, können allerdings durch innere Faktoren (Hormone) und äußere Einflüsse zu erhöhten Teilungsfolgen gebracht werden. So löst zum Beispiel Blutverlust eine extreme Vermehrung der Erythrocyten aus.
Kommt die Zellteilung eines Lebewesens z. B. durch hohe Dosen ionisierender Strahlen (Radioaktivität) vollständig zum Erliegen, stirbt der Organismus innerhalb weniger Tage. Die Fähigkeit und Durchführung von Zellteilungen stellt damit bei höheren Lebensformen ein Kriterium für „Lebendig sein" dar.

1. Der Zellzyklus

Da alle vielzelligen Lebewesen ursprünglich aus jeweils einer einzigen befruchteten Eizelle (**Zygote***) hervorgegangen sind, muss es einen Mechanismus geben, der die **Vermehrung** der Zellen und damit **Wachstum** ermöglicht.
Die einzelne Zelle löst dieses Problem auf scheinbar sehr einfache Weise, „sie teilt sich" in zwei **Tochterzellen**. Dieser Vorgang lässt sich bei **Einzellern** gut beobachten: Diese teilen sich „einfach in der Mitte durch" und haben sich damit verdoppelt (*vgl. Kap. F*).
Die Verdopplung der meisten Zellbestandteile bedarf keiner genauen Steuerung. Wenn es von Zellorganellen oder bestimmten Mole-

külen eine große Anzahl gibt, reicht es in der Regel aus, wenn sich ihre Zahl in jedem Teilungszyklus annähernd verdoppelt und der Zellinhalt bei der Durchtrennung in zwei etwa gleich große Tochterzellen aufgeteilt wird. Das Problem besteht darin, dass die neu gebildeten Zellen auch wirklich das **gleiche Erbgut** wie die Mutterzelle besitzen, also **genetisch identisch** sind.

Deshalb muss die Erbsubstanz (DNA) exakt verdoppelt werden, um genau auf die beiden neuen Zellen aufgeteilt werden zu können (*vgl. Mentor Abiturhilfe Genetik*). Um dies zu bewirken, ist ein spezieller Mechanismus erforderlich.

Betrachtet man das Leben einer Zelle als eine Abfolge von immer wiederkehrenden Vorgängen, so kann man zwei Zyklen unterscheiden: den **cytoplasmatischen Zyklus** und den **Chromosomenzyklus**.

Der cytoplasmatische Zyklus besteht aus dem **Zellwachstum** – der Vermehrung aller cytoplasmatischen Strukturen – und der **Cytokinese** – der Durchtrennung der Zelle bei der Teilung. Der Chromosomenzyklus besteht aus der **Synthesephase** – in ihr wird das Erbgut, die DNA, verdoppelt – und der **Mitose*** – sie entspricht dem Vorgang, der letztlich zur Auftrennung und Verteilung des Erbgutes auf die beiden Tochterzellen führt.

Wie wir bereits wissen, ist der Zellkern als deutlich abgegrenzte Struktur im Innern der Zellen schon mit dem Lichtmikroskop gut zu erkennen (*vgl. Kap. A. 3.2.1*). Auch die Zellteilung läßt sich lichtmikroskopisch gut verfolgen; sie stellt ein beeindruckendes Schauspiel dar (*vgl. Abb. 29*).

In der Mitose wird die Struktur des Erbgutes sichtbar; der Zellkerninhalt verdichtet sich und kondensiert zu den so genannten **Chromosomen*** (*vgl. Abb. 35*). Durch einen koordinierten Bewegungsablauf wird das Erbgut exakt auf die beiden neu entstandenen Tochterzellen verteilt. Normalerweise schließt sich an diese Verteilung der Chromosomen die **Cytokinese** direkt an; es entstehen zwei neue Zellen.

Abb. 29
Zellen in verschiedenen Mitosestadien (schematisch)

Im Lebenszyklus einer Zelle stellen Mitose und Cytokinese meist nur einen sehr kurzen Abschnitt dar: die **M-Phase (Mitose-Phase).**

Die weitaus längste Zeit befindet sich die Zelle im Stadium der sogenannten **Interphase**, die im lichtmikroskopischen Bild ruhig und ereignislos erscheint. Tatsächlich laufen in dieser Phase eine Vielzahl von unterschiedlichen Prozessen ab: Der Kern geht seiner Steuerungsfunktion nach, koordiniert alle physiologischen Vorgänge in der Zelle und bereitet die Zelle auf die nächste Zellteilung vor.

1.1 Die Abschnitte der Interphase

Das Erbgut, die DNA, wird in den meisten untersuchten Zellen nur in einem bestimmten Zeitabschnitt während der Interphase verdoppelt, also repliziert; diese Phase wird als **S-Phase** (Synthese-Phase) bezeichnet.

Zwischen dem Ende der M-Phase mit der vollzogenen Zelldurchtrennung in der Cytokinese und dem Beginn der Synthese-Phase befindet sich die Zelle in einer „Arbeitsphase", die als G_1-Phase (G = gap; engl. Lücke) bezeichnet wird.

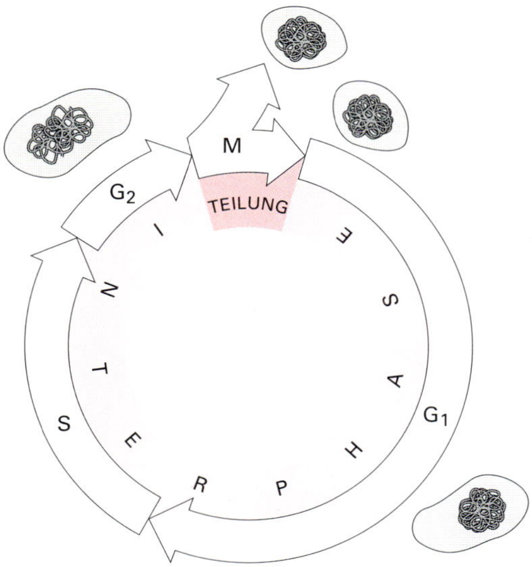

Abb. 30
Die Phasen des Zellzyklus

Ein ähnlicher Abschnitt existiert meist auch zwischen dem Ende der S-Phase und dem Beginn der nächsten M-Phase. Dieser Zeitabschnitt wird als G_2-Phase bezeichnet.

Die gesamte Interphase, bestehend aus $G_1 + S + G_2$, macht zeitlich oft mehr als 90 % des Zellzyklus aus. Bei sich schnell teilenden Zellen höherer Lebewesen dauert die M-Phase ca. 1 bis 2 Stunden. In der M-Phase ist das Erbmaterial innerhalb der Chromosomen so stark kondensiert, daß der Zellstoffwechsel nicht gesteuert werden kann – eine RNA-Synthese findet nicht mehr statt (*vgl. Mentor Abiturhilfe Genetik*).

Besonders die G_1-Phase kann extrem lang sein, die Zellen scheinen dann vollständig zu ruhen und überhaupt keinen Vermehrungszyklus mehr zu durchlaufen.

Aufgabe B/2

B/2 In der nachfolgenden Tabelle ist die ungefähre Dauer der einzelnen Phasen des Zellzyklus von einigen Zelltypen aus dem menschlichen Körper aufgelistet.
a) Wovon hängt die Länge der Zellzyklen bei den einzelnen Zelltypen ab?
b) Wie lässt sich dieser Befund erklären?

	Dauer der Phase (in Stunden)				
Zelltyp	**Gesamtzyklus**	**G_1**	**S**	**G_2**	**M**
Knochenmark°	13	2	8	2	1
Dünndarm	17	6	8	2	1
Dickdarm	33	22	8	2	1
Haut	1000	989	8	2	1
Leber	10000	9989	8	2	1

° hier werden alle Blutzellen gebildet

Tab. 4
Ungefähre Dauer der einzelnen Phasen des Zellzyklus bei einigen repräsentativen Zelltypen im menschlichen Körper

1.2 Regelung des Zellzyklus

Um Aussagen zur Steuerung des Zellzyklus zu erhalten, benutzt man häufig **Fusionsexperimente**: Dabei werden Zellen durch geeignete chemische Stoffe dazu gebracht, miteinander zu verschmelzen.

Experiment: Nachweis des S-Phase-Aktivators

Werden zwei Zellen, bei denen sich die eine in der S-Phase und die andere in der G_1-Phase befindet, dazu gebracht zu fusionieren, beginnt der Zellkern der ursprünglichen G_1-Phasenzelle unverzüglich mit der DNA-Synthese; das Erbgut wird verdoppelt.

Hieraus lässt sich schließen, dass die S-Zelle wahrscheinlich über einen Stoff, ein Signal, verfügt, das den G_1-Zellkern dazu veranlasst, seinen Syntheseapparat in Gang zu setzen. Das Auftreten eines solchen Signals, des so genannten S-Phase-Aktivators, bedingt für eine G_1-Zelle den Übergang in die S-Phase.

Weitere Experimente verdeutlichen, dass nach erfolgter Replikation dieser Aktivator wieder verschwindet. Die Zelle befindet sich dann in der G_2-Phase.

Mit dem oben beschriebenen Experiment ist geklärt, wie die S-Phase in Gang gesetzt wird. Mit ähnlichen Fusionsexperimenten hat man auch die weitere Koordinierung geklärt:
Während der M-Phase befindet sich mit großer Sicherheit ein hochwirksamer **M-Phasen-Förderfaktor** (MPF = M-phase-promoting factor) im Cytoplasma. Ist er vorhanden, wird das Erbgut augenblicklich kondensiert. Es entstehen die einzelnen Chromosomen und die Zellteilung wird vorbereitet, unabhängig davon, ob bereits eine Verdopplung stattgefunden hat, also in welchem Stadium des Zellzyklus der Zellkern ist. Für eine korrekte Zellteilung ist der koordinierte Ablauf unbedingt notwendig.

1.3 Zellalterung

Normale Körperzellen bei höher entwickelten Organismen wie Vögeln und Säugern setzen ihre Vermehrung nicht unbegrenzt fort. Für menschliche Embryonalzellen hat man ca. 50 Zellzyklen als normal ermittelt. Dabei verlaufen die Zellzyklen zum Ende hin immer langsamer und kommen schließlich zum Stillstand. Nach einer entsprechenden „Arbeitsphase“ sterben die Zellen dann ab.
Entnimmt man Zellen einem 40-Jährigen, hören die Teilungen nach durchschnittlich 40 Verdopplungen auf. Dieses Phänomen wird als **Zellalterung** bezeichnet. Der genaue Wirkmechanismus ist noch nicht erschlossen (nobelpreisverdächtig!!).

2. Die Mechanik der Zellteilung – Mitose

Während der M-Phase des Zellzyklus werden die in der S-Phase verdoppelten genetischen Informationen auf zwei Tochterzellen aufgeteilt.

Der Vorgang der Verdopplung selbst ist nicht sichtbar. Lichtmikroskopisch ist ein ungeordnetes, gleichmäßig verteiltes fädiges Gewirr, das so genannte **Chromatingerüst**, zu erkennen.

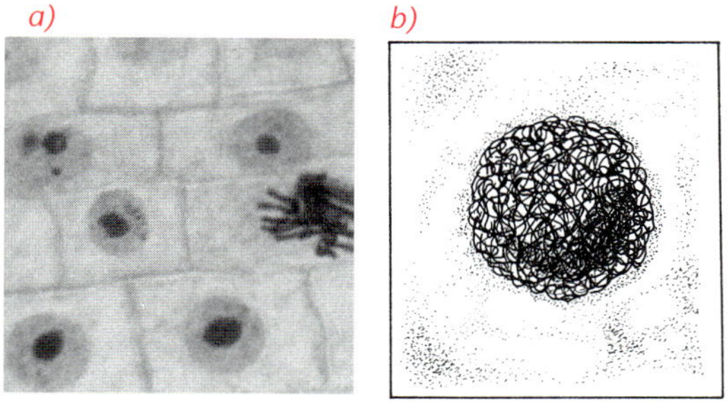

Abb. 31
Der Interphasekern: a) Mikrofoto; b) Zeichnung

Modellhaft können wir uns dieses Gerüst als Knäuel vorstellen, bestehend aus vielen, unterschiedlich langen und unterschiedlich strukturierten Fasern, die völlig durcheinander und entspiralisiert vorliegen; vergleichbar mit einem Wollkügelchen, das man durch Zusammenrollen von zerzausten Wollfäden unterschiedlicher Länge und Farbe gewonnen hat *(vgl. Abb. 32)*.
Während der S-Phase ist nun jede einzelne Faser **identisch redupliziert** worden. Zu Beginn der M-Phase kommt es zu einer rasch fortschreitenden Verdichtung (Kondensierung) dieser Fasern, zu lichtmikroskopisch sichtbaren, fadenartigen Gebilden, den **Chromosomen**.

Nun können die „eigentlichen" Phasen der Zellteilung beginnen. Zur besseren Übersicht hat man den an sich **kontinuierlichen Ablauf** in fünf Phasen eingeteilt (*vgl. Abb. 33 und 34*):
– Prophase
– Prometaphase
– Metaphase
– Anaphase
– Telophase
Mit der Cytokinese als sechster Phase wird die Zellteilung abgeschlossen.

Die Verteilung der Chromosomen wird dabei von einer speziellen Cytoskelett-Struktur durchgeführt, die nur in der M-Phase vorübergehend auftaucht, der **Mitosespindel**. Ihre wichtigste Funktion besteht darin, die replizierten Chromosomen exakt auf die beiden neu entstehenden Tochterzellen zu verteilen.

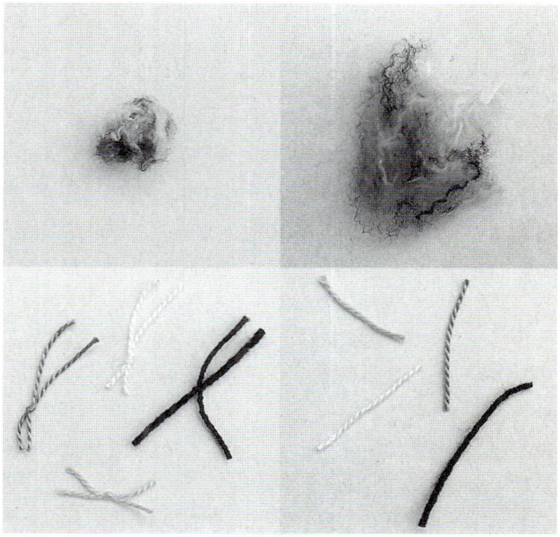

Abb. 32
Modell zum Chromatingerüst, Erklärungen im Text

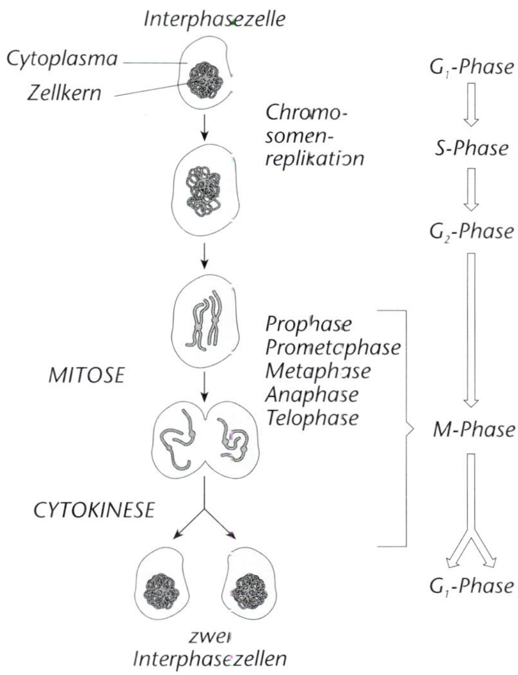

Abb. 33
Phasen des Zellzyklus: Die M-Phase beginnt am Ende der G_2-Phase und endet mit Beginn der folgenden G_1-Phase

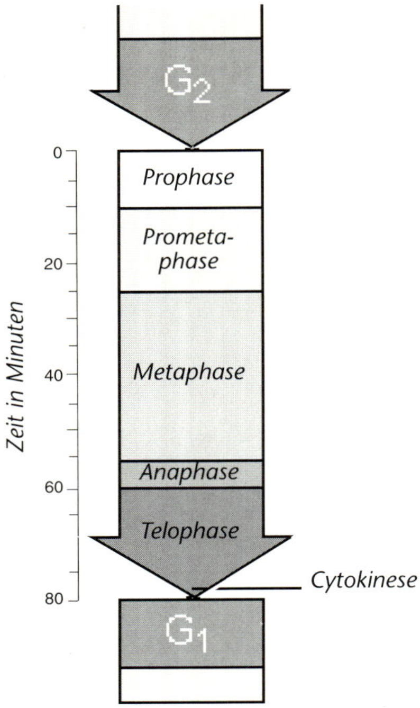

Abb. 34
Der zeitliche Ablauf von Mitose und Cytokinese (M-Phase); die Zeiten variieren bei unterschiedlichen Zelltypen

An Hefezellen hat man untersucht, wie zuverlässig diese Verteilung erfolgt: Bei diesen Zelltypen kommt ein „Chromosomenaufteilungsfehler" nur bei EINER von 100 000 Zellteilungen vor.

2.1 Der Mitoseablauf

2.1.1 Prophase

Zu Beginn der Prophase teilt sich das **Centrosom** und wandert zu den Polen. Jedes entstandene Tochtercentrosom wird zum Ausgangspunkt für das Wachstum der **Mikrotubuli**, die sich bald sternförmig, als so genannte **Polstrahlung**, anordnen und den Mitoseapparat bilden, der zunächst außerhalb des Zellkerns liegt.
Das eine Ende der Mikrotubuli ist dabei an das Centrosom gekuppelt. Mikrotubuli zeigen eine sehr dynamische, sich ständig verändernde Strukur. Sie zerfallen und entstehen immer wieder neu *(vgl. Kap. B.2.3 und A 2.3.8)*.

Nach und nach werden die Chromosomen sichtbar. Ihre Anzahl ist typisch für die jeweilige Art:

– Fruchtfliege	8 Chromosomen
– Erbse	18 Chromosomen
– Katze	34 Chromosomen
– Mensch	46 Chromosomen
– Hund	78 Chromosomen
– Karpfen	104 Chromosomen
– Natternzunge (Farnpflanze)	512 Chromosomen

a) *b)* *c)*

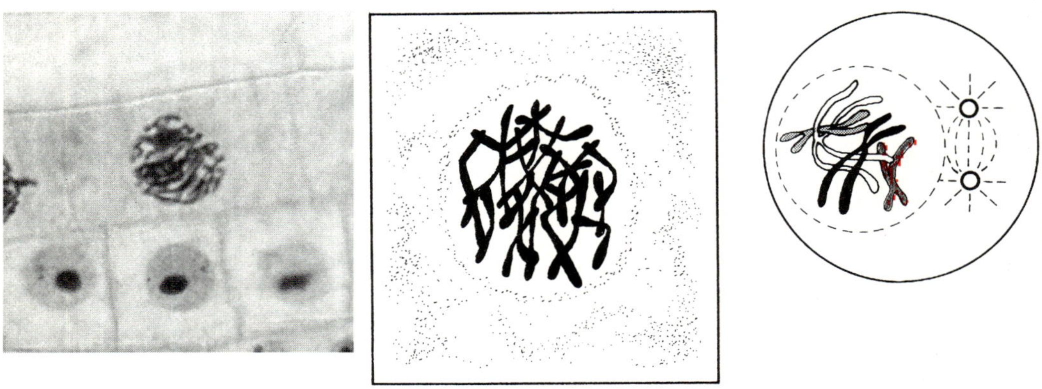

Abb. 35
Die Prophase; a) Mikrofoto; b) Zeichnung; c) Schema (Zur besseren Anschaulichkeit sind bei der Schemazeichnung jeweils vier unterschiedliche Zweichromatidchromosomen gezeichnet.)

An besonders günstigen Objekten kann man erkennen, dass die jetzt sichtbaren Chromosomen aus zwei **identischen Spalthälften** bestehen, den so genannten **Chromatiden**. Sie sind an der **Spindelfaseransatzstelle** – einer deutlich sichtbaren, charakteristischen Einschnürung – verbunden, die als **Centromer** oder **Kinetochor** bezeichnet wird. Die Chromosomen in dieser Zustandsform werden **Zweichromatidchromosomen** genannt, da sie aus zwei Chromatiden bestehen.

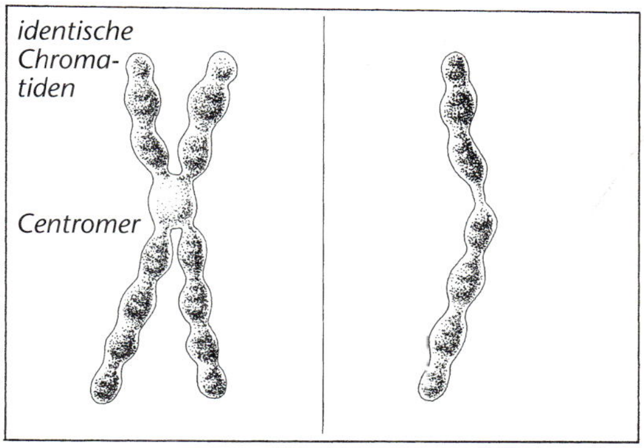

Abb. 36
Schemazeichnung eines Zwei- und Einchromatidchromosoms

2.1.2 Prometaphase

In ihr löst sich die Kernhülle auf und zerfällt in einzelne Membranvesikel.
Die Centrosomen sind mittlerweile an den Zellpolen angekommen und bilden die so genannten **Spindelpole.**

Die Mikrotubuli des Mitosespindelapparates können nun von den Centrosomen her in den ursprünglichen Zellkernbereich eindringen und mit den Chromosomen in Wechselwirkung treten. Einzelne Mikrotubulistränge verbinden sich mit den Centromeren der Zweichromatidchromosomen, sodass sie sich von den beiden Schwesterchromatiden aus in entgegengesetzte Richtungen erstrecken.
Die Chromosomen führen während dieser Phase teilweise heftige Bewegungen aus.

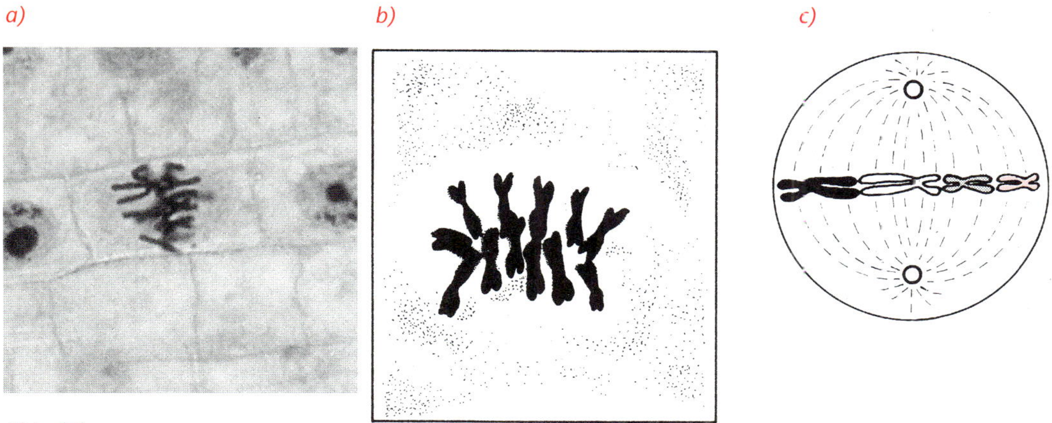

Abb. 37
Die Metaphase; a) Mikrofoto; b) Zeichnung; c) Schema

2.1.3 Metaphase

Die Zweichromatidchromosomen ordnen sich in der **Mitte der Zelle** zwischen den Spindelpolen in einer Ebene an, der so genannten **Äquatorialebene** oder **Äquatorialplatte**.

2.1.4 Anaphase

Auf ein Signal hin – wahrscheinlich handelt es sich dabei um einen Anstieg der Ca^{2+}-Konzentration – beginnt sehr plötzlich die Anaphase: Jedes **Zweichromatidchromosom** wird am

a) b) c)

Abb. 38
Die Anaphase; a) Mikrofoto; b) Zeichnung; c) Schema

Centromer geteilt und als **Einchromatidchromosom** mit dem Centromer voran auf die beiden Pole verteilt.
Die Chromatiden bewegen sich alle mit gleicher Geschwindigkeit; sie beträgt etwa 1 µm pro Minute. Die gesamte Wanderung ist schon nach wenigen Minuten abgeschlossen.

2.1.5 Telophase

In der Telophase* sind die Chromatiden an den Zellpolen angekommen. Die Einchromatidchromosomen **entspiralisieren** sich und gehen von der lichtmikroskopisch sichtbaren **Transportform** wieder in die scheinbar unstrukturierte Form des **Chromatingerüsts** über. Um die beiden Gruppen von Tochterchromatiden bilden sich die beiden neuen Kernmembranen. **Nukleoli**, die während der Prophase verschwunden sind, bilden sich wieder. Die Mitose ist beendet.

a) b) c)

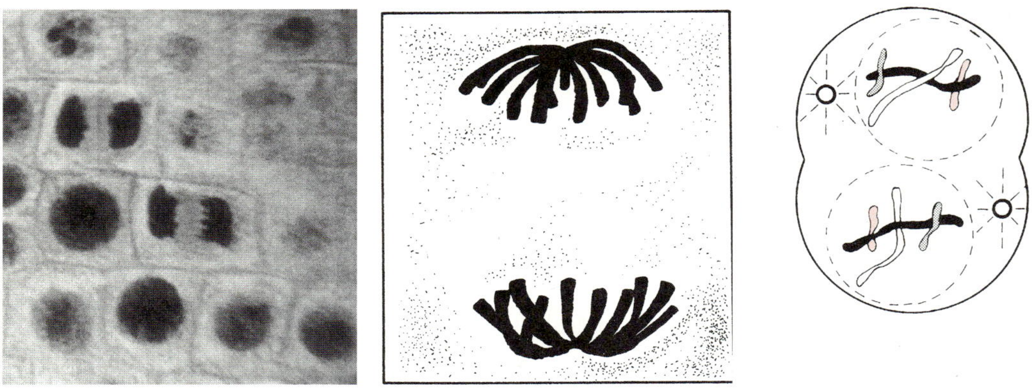

Abb. 39
Die Telophase; a) Mikrofoto; b) Zeichnung; c) Schema

2.2 Die Cytokinese

2.2.1 Furchung

Schon während der späten Anaphase und in der Telophase beginnt die **Furchung**, die nach vollzogener Kernteilung nun den gesamten Zellleib im Bereich der Äquatorialebene durchtrennt und damit zwei neue Zellen entstehen lässt. Diese beiden **Tochterzellen** sind zur ursprünglichen **Mutterzelle genetisch identisch**. Ein neuer Zellzyklus kann beginnen.

Die Furchung wird von einem **kontraktilen Ring** aus Myosin- und Actinfilamenten bewirkt, der sich unmittelbar unter der Plasmamembran ausbildet und die Membran nach innen zieht.
Die großen Zellorganellen wie der GOLGI-Apparat und das ER zerfallen während der M-Phase in kleine Einzelstücke, um eine möglichst gleichmäßige Verteilung in der Cytokinese sicherzustellen.

Kern- und Zellteilung sind zwar gekoppelte Vorgänge, aber trotzdem voneinander unabhängig.

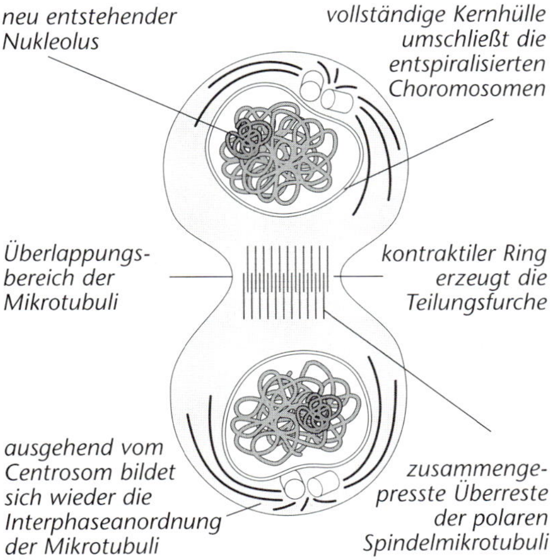

Abb. 40
Cytokinese

Nicht immer folgt auf die Kernteilung eine Zellteilung: So können z.B. bei der Fruchtfliege *Drosophila* im Embryonalstadium Zellen mit ca. 6000 Kernen entstehen; erst nachträglich teilt sich das Cytoplasma in entsprechend viele Teile.

2.2.2 Zellwandbildung bei Pflanzen

Da die meisten Zellen der höheren Pflanzen von einer festen, unbeweglichen **Zellwand** umgeben sind (*vgl. C.2*), läuft die Cytokinese hier anders ab als oben für tierische Zellen beschrieben.
Es findet kein Abschnüren statt, sondern das Cytoplasma teilt sich, indem zwischen den beiden Tochterzellen, senkrecht zur Teilungsspindel auf Höhe der ursprünglichen Äquatorialebene, eine Zellwand vom Innern der Zelle aus aufgebaut wird (**zentrifugal**). Nur selten kommt es zur **zentripetalen** Zellwandbildung von den Rändern her.

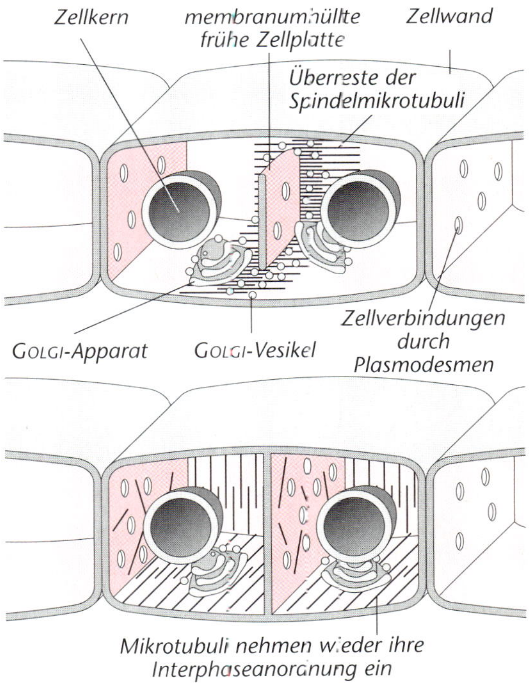

Abb. 41
Zentrifugale Zellwandbildung, schematisch

2.2.3 Inäquale* Cytokinesen

Die meisten Zellen teilen sich symmetrisch. Dabei verläuft die Furchung immer in Höhe der ursprünglichen Äquatorialebene, im rechten Winkel zur Längsachse der Mitosespindel. Besonders während der Embryonalentwicklung erfolgt die Teilung allerdings häufig asymmetrisch: Es entstehen dabei zwei Zellen, die sich unterschiedlich weiterentwickeln und zu vollständig verschiedenartigen Zelltypen heranwachsen; die erste Stufe einer Zelldifferenzierung *(vgl. Kap B.3)*.

2.3 Theorien zur Chromosomenbewegung

Grundsätzlich gehen alle Theorien zur Mechanik der Chromosomenbewegung davon aus, dass der **Spindelfaserapparat** dabei die zentrale Rolle spielt. Dies lässt sich durch Hemmexperimente auch eindrucksvoll beweisen. Die Erklärungen zum Bewegungsmechanismus selbst haben allerdings nach wie vor hypothetischen Charakter.

Hemmung der Chromosomenbewegung

Durch Behandlung mit Colchicin, niedrigen Temperaturen und hohen hydrostatischen Drücken kann man die Chromosomenbewegung **reversibel hemmen**. Durch die genannten Eingriffe wird der **Aufbau** der Mikrotubuli und damit der Teilungsspindel **gestört**.

Setzt man Zellen, die sich in Teilung befinden, in Taxol oder Schweres Wasser (D_2O), wird der **Zerfall** der Mikrotubuli **verhindert**, d.h. die Spindel wird stabilisiert.

Beide Methoden, sowohl die **Stabilisierung** als auch die **Zerstörung** des Spindelfaserapparates, führen zum gleichen Ergebnis: Die Chromosomen können nicht mehr bewegt werden.

Die Spindel-Mikrotubuli müssen sich also in einem genau ausbalancierten Zustand von Auf- und Abbauprozessen befinden, um die Chromosomen zu bewegen.

2.3.1 Der Spindelfaserapparat

Wie bereits ausgeführt, besteht die Mitosespindel aus einer Vielzahl von Mikrotubuli, Fasern aus einzelnen Tubulinmolekülen (*vgl. Kap. A.3.3*). Mikrotubulifasern sind relativ stabil in Längsrichtung und labil bei Querbelastungen. Ihre Dichte und Verteilung innerhalb der sich teilenden Zelle ist sehr unterschiedlich. Zu Beginn der M-Phase befinden sich relativ viele kurze Mikrotubuli in unmittelbarer Umgebung der Centrosomen. Im weiteren Verlauf kommt es zur selektiven Förderung eines Wachstums in Richtung Zelläquator; es entsteht die typisch **bipolare Form** der Spindel (*vgl. Abb. 42*).

Dabei kommt es auch zu Verbindungen von Mikrotubuli mit unterschiedlicher Polarität (*vgl. Kap. A.3.2.8*); es entstehen relativ stabile Pol-zu-Pol-Strukturen, eben die **Mitosespindel**. Gleichzeitig existieren weiterhin tausende von Mikrotubuli, die relativ ungeordnet im Cytoplasma liegen und einem dynamischen Auf- und Abbau unterworfen sind.

Manche Mikrotubuli heften sich an den Centromeren fest; bei menschlichen Chromosomen etwa 20 bis 40 Mikrotubuli pro Centromer. Die Centromere scheinen grundsätzlich eine Steuerungsfunktion zu übernehmen und sich gezielt mit Mikrotubuli unterschiedlicher Pole zu verbinden (*vgl. B.2.1.2, Prometaphase*).

Die Verbindungen von Mikrotubulifasern mit den Centromeren oder Centrosomen scheinen den Abbau der Mikrotubuli zu verhindern, wodurch besonders die **Kinetochor-Mikrotubuli** – diese erstrecken sich von Centromer zu Centrosom – eine hohe Stabilität aufweisen.

Die Menge und damit auch Dichte der Mikrotubuli wird um so größer, je näher die Fasern an den Polen liegen.

Experimente mit mikroskopisch dünnen Glasnadeln, mit denen man Chromosomen verschieben kann, haben zusätzlich ergeben, dass die Kraft, die auf die Chromosomen wirkt, proportional zur Länge der angehefteten Mikrotubulifasern ist. Der Zug nimmt also ab, je näher das Chromosom einem Pol kommt.

Die Metaphase stellt somit einen relativ stabilen Zustand dar. Hier existiert ein Gleichgewicht von entgegengesetzt wirkenden Kräften, das die Chromosomen in der Äquatorialebene festhält.

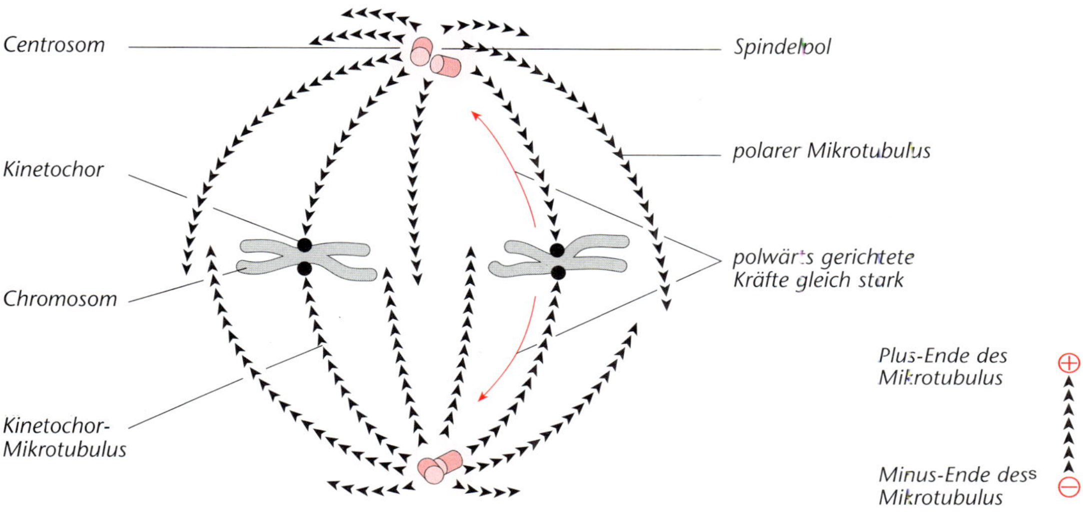

Abb. 42
Die Mitosespindel während der Metaphase der Zellteilung; Kräftegleichgewicht

2.3.2 Chromosomentrennung

Für die Trennung der Tochterchromatiden in der Anaphase scheinen zwei Prozesse verantwortlich zu sein: Einerseits verkürzen sich die Kinetochor-Fasern, andererseits weichen die Pole als Ganzes auseinander.

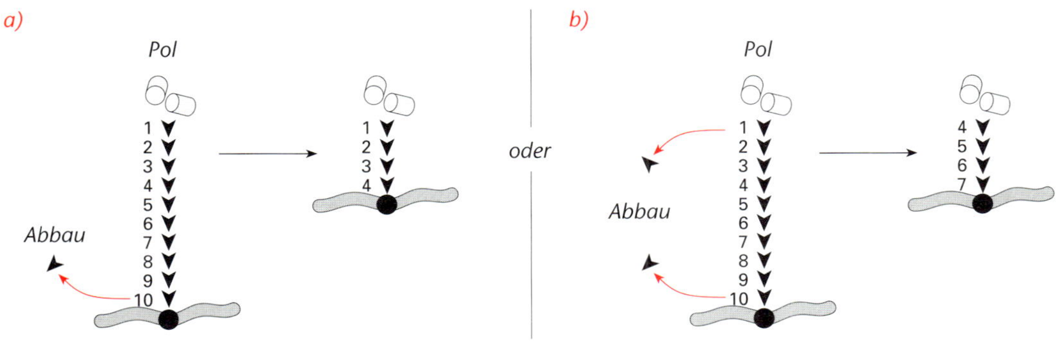

Abb. 43
Verkürzung der Mikrotubulifasern während der Anaphase; a) Abbau vom Centromer her; b) Verkürzung von beiden Enden

Die **Verkürzung der Kinetochor-Fasern** kommt dadurch zustande, dass sich das Centromer des Einchromatidchromosoms an den Mikrotubuli entlang zum Spindelpol „frisst" und vom Spindelpol her ein gleichzeitiger Abbau stattfindet – an beiden Enden werden also ständig Tubulin-Untereinheiten abgebaut.
Das **Auseinanderweichen der Pole** wird durch einen Aufbau von Pol-zu-Pol-Mikrotubuli bewirkt und zwar offensichtlich von den Zellpolen her.

3. Zelldifferenzierung

Alle vielzelligen Organismen entwickeln sich jeweils aus einer einzigen, befruchteten Eizelle, der **Zygote**.
Bei dieser Entwicklung – die oft in erstaunlich kurzer Zeit verläuft – teilt sich die befruchtete Eizelle und es entstehen durch entsprechende **Differenzierungsvorgänge** Zellen mit großen Unterschieden in Bau und Funktion.
Am Ende dieses Prozesses steht ein hochentwickelter Organismus (z.B. Blütenpflanze, Wirbeltier, Insekt), bestehend aus mehreren hundert verschiedenen Zelltypen.

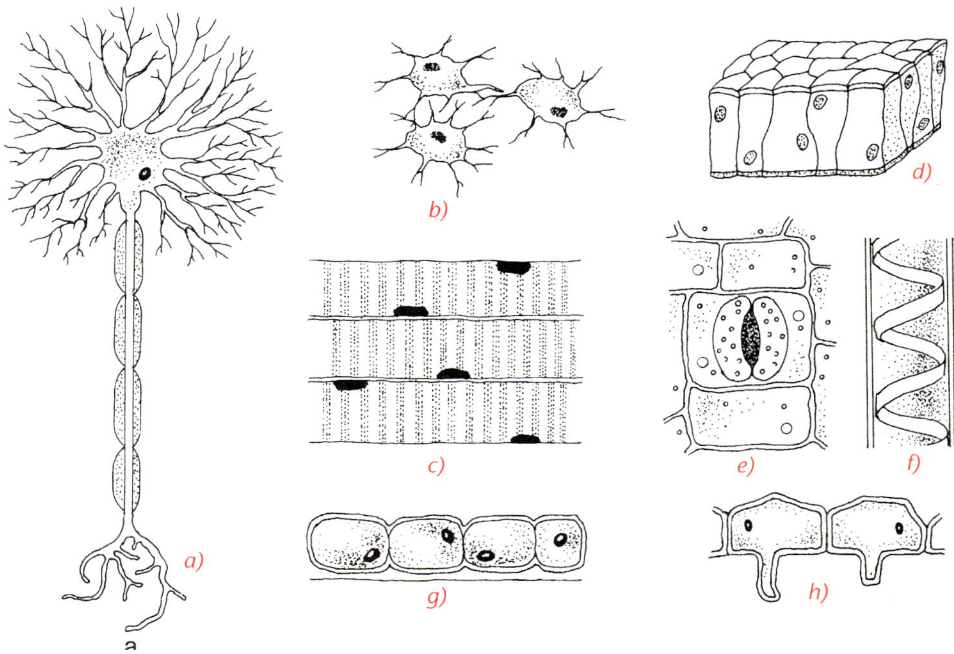

Abb. 44
Beispiele für Zellformen bei Pflanzen und Tieren: a) Nervenzelle; b) Knochengewebszellen; c) Muskelfaser, quergestreift (Ausschnitt); d) Epithelzellen; e) Spaltöffnung; f) Schraubengefäß (Ausschnitt); g) Epidermiszellen; h) Wurzelhaarzellen; alle Abbildungen stark schematisiert

Hierbei sollten wir immer bedenken, dass die Unterschiede in der äußeren Form der Zellen einhergehen mit einer individuellen Zellausstattung und oftmals auch funktionell bedingte Abwandlungen der Zellorganellen zur Folge haben (z.B. unterschiedlich ausdifferenzierte Kompartimentierung bei Mitochondrien).
Ursache und Entstehung dieser **Verschieden-**

artigkeit bei prinzipiell **gleicher genetischer Grundausstattung** ist auf die so genannte **differenzielle Genaktivität** zurückzuführen *(vgl. Mentor Abiturhilfe Genetik).*

Wir haben nun nicht das Ziel, uns mit all diesen verschiedenen Zellformen intensiv auseinander zu setzen. Interessierte sollten hierfür ein spezielles Morphologie- oder Histologiebuch zu Rate ziehen *(vgl. Literaturverzeichnis).*

3.1 Differenzierung pflanzlicher Zellen

Grundsätzlich lässt sich mit steigender **Organisationshöhe** (Algen, Moose, Farn- und Samenpflanzen) auch eine **Zunahme** in der Vielfalt an unterschiedlichen Zelltypen feststellen.

Wie wir schon wissen, nennt man Zellverbände aus gleichartigen Zellen **Gewebe**. Prinzipiell lassen sich hierbei die **Bildungsgewebe** von den **Dauergeweben** unterscheiden: Das Bildungsgewebe (**Meristem**) besteht aus Zellen, die **teilungsfähig** (**meristematisch**) sind.

Bei der Pflanze finden wir diese Gewebe meist an **Vegetationspunkten** (Wurzel, Spross). Hier werden fortlaufend neue Zellen gebildet, die zum Wachstum des gesamten Organismus beitragen.

Entsprechend ihrer Funktion sind meristematische Zellen in dem hier besprochenen Sinn **kaum differenziert,** sie sind vielmehr **ursprünglich** und ermöglichen erst die Differenzierung in die eine oder andere Richtung.

Ihre Zellen sind relativ „würfelförmig" (isodiametrisch), haben dünne Zellwände und kaum Zellsaftvakuolen. Oft lassen sich in ihnen schon mit dem Lichtmikroskop Zellteilungsstadien beobachten (Wurzelspitzen der Küchenzwiebel stellen hierfür ein fruchtbares Untersuchungsobjekt dar).

Diesen relativ wenig differenzierten Zellen der Bildungsgewebe stehen die **ausdifferenzierten** Zellen der **Dauergewebe** gegenüber. Diese haben in der Regel mit ihrer Differenzierung die Teilungsfähigkeit verloren.

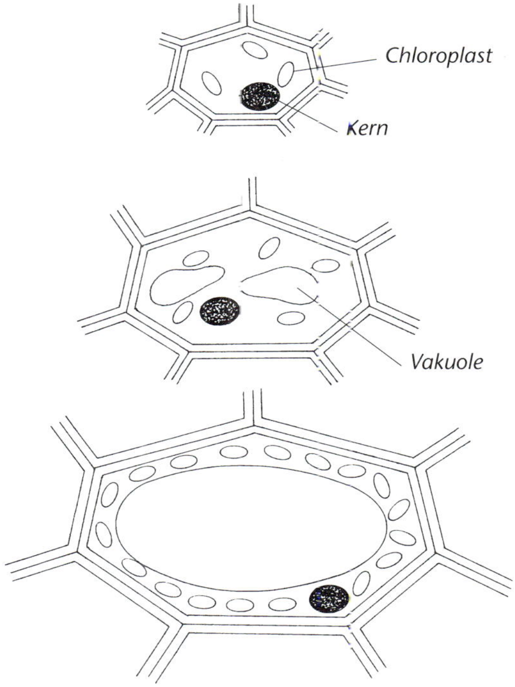

Abb. 45
Zelldifferenzierung schematisch

Die **Epidermis,** ein Abschlussgewebe, haben wir schon kennen gelernt. Epidermen begrenzen die Organe untereinander und zur „Außenwelt" hin. Ihre Zellen besitzen meist deutlich verdickte Außenwände, die oft zusätzlich mit großen Zellsaftvakuolen sowie einer sogenannten **Kutikula*** bedeckt sind. Dieser Überzug ist weitgehend wasserundurchlässig und dadurch verdunstungshemmend; er besteht aus der wachsartigen Substanz Cutin.

In den Wurzelhaarzonen der Wurzeln kommen auch sehr dünnwandige Epidermiszellen vor, die über lange, dünn ausgezogene **Wurzelhaare** verfügen; diese Zellen dienen speziell der **Aufnahme von Wasser und** den darin gelösten **Nährsalzen**.

Die Epidermen schließen das **Grundgewebe** oder **Parenchym** ein. Dieses Parenchym kann je nach Funktion sehr unterschiedlich ausdifferenziert sein:

- als **Speicherparenchym,** wenn es z.B. in Wurzelbereichen zur Speicherung von **Stärke** dient,
- als **Assimilations-** oder **Palisadenparenchym,** wenn es in den Blättern die Grundlage für **photosynthetische Prozesse** darstellt,
- als **Schwammparenchym,** wenn es in den Blättern am **Gasaustausch** teilnimmt.

Im Parenchym eingebettet liegt das **Stütz-** oder **Festigungsgewebe,** das **Sklerenchym**. Es besteht aus lang gestreckten, meist abgestorbenen Zellen mit oft extrem verdickten Zellwänden unterschiedlichster Form.

3.2 Differenzierung tierischer Zellen

Auch die Organe des tierischen Organismus sind untereinander und zur Außenwelt hin durch ein Abschlussgewebe begrenzt. Man nennt es **Deckgewebe** oder **Epithel**.
Häufig ist den Epithelzellen eine zusätzliche **Kutikula** nach außen hin aufgelagert (Hornbildungen, Kalkschalen).
Entsprechend seiner oft sehr verschiedenen Aufgaben kann das Deckgewebe ein- oder mehrschichtig sein und die unterschiedlichsten Ausdifferenzierungen zeigen (z.B. als Darmepithel, um die verdauten Stoffe zu resorbieren).
Dem Parenchym des pflanzlichen Organismus entspricht das **Bindegewebe** beim Tier.
Auch das **Knorpel-** und **Knochengewebe,** das als **Stützgewebe** dient, entsteht entwicklungsphysiologisch (von seiner Herkunft) betrachtet aus diesem Bindegewebe, ebenso die **Bänder** und **Sehnen,** die auf Zugfestigkeit hin ausgelegt sind.
Das **Muskelgewebe** (quergestreift, glatt) besteht aus lang gestreckten Muskelzellen, die in ihrem Cytoplasma eine Vielzahl von **Fibrillen** aufweisen.
Die Zellen des **Nervengewebes** sind durch verzweigte Fortsätze gekennzeichnet und stehen in enger Beziehung zu den unterschiedlich ausdifferenzierten Zellen der Sinnesorgane.

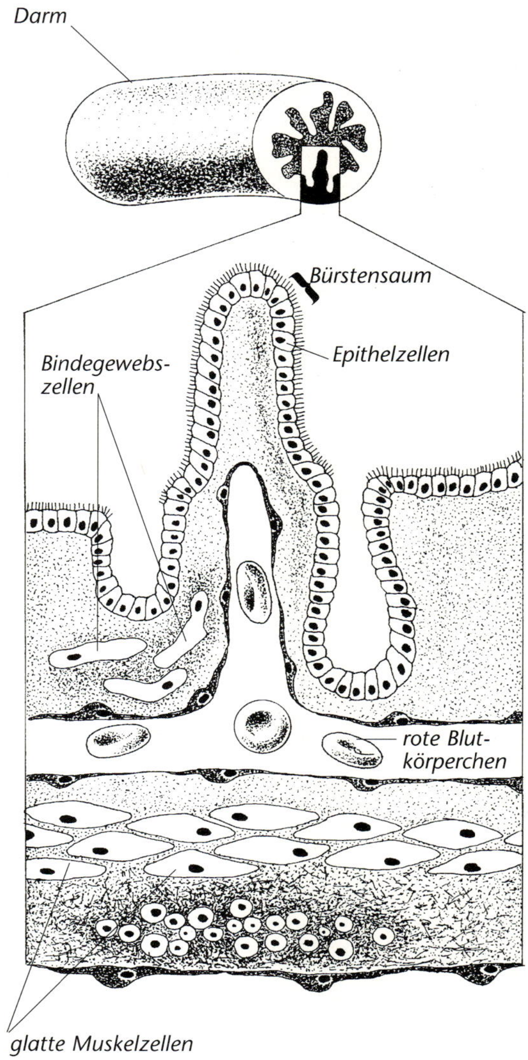

Abb. 46
Die wichtigsten Zelltypen im Darm von Säugetieren (rote Blutkörperchen zusätzlich vergrößert)

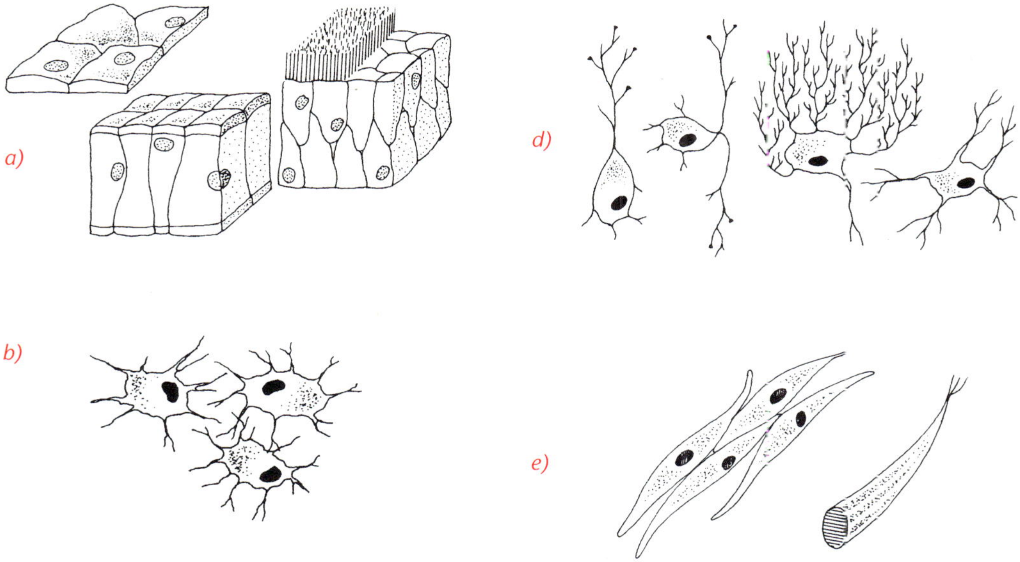

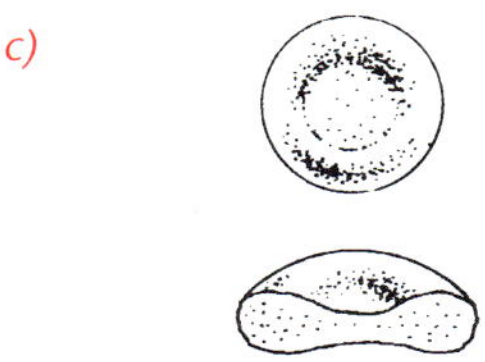

Abb. 47
Die Grundformen tierischer Gewebe: a) Deckgewebe; b) Bindegewebszellen; c) rotes Blutkörperchen; d) Nervenzellen; e) Muskelfaserzellen. Alle Abbildungen stark schematisch.

4. Zusammenfassung

Alle vielzelligen Lebewesen gehen aus **einer** befruchteten Eizelle hervor. Durch Zellteilungen kommt es zur **Vermehrung** dieser einen Zelle, es entsteht der vielzellige Organismus.

Zusätzlich sind Zellteilungen erforderlich, um den ständigen **Verbrauch und Verschleiß** von Zellen zu ersetzen.

Die Verdopplung und Verteilung aller Zellbestandteile erfordert eine genaue, koordinierte Steuerung und Regelung. Die Gesamtheit dieser Prozesse wird als **Zellzyklus** bezeichnet.

Grundsätzlich lassen sich zwei Prozesse unterscheiden: der **cytoplasmatische Zyklus**, in dem alle Strukturen vermehrt werden und die Zelle durchtrennt wird, und der **chromosomale Zyklus**, in dem das Erbgut verdoppelt und auf die Tochterzellen verteilt wird. ▶

Im Zellzyklus kann man folgende Phasen unterscheiden,

- **die G_1-Phase** (von engl. gap = Lücke): Zu Beginn befindet sich die Zelle in der „**Arbeitsphase**", die Zellbestandteile werden ergänzt; sie ist **stoffwechselaktiv**.
- **die S-Phase**: In ihr wird das Erbgut verdoppelt, **identisch redupliziert**.
- **die G_2-Phase**: Sie stellt die Lücke zwischen der S-Phase und der anschließenden M-Phase dar; oft sehr kurz.
- **die M-Phase**: Hier findet die **Verteilung der Chromosomen** statt. Sie endet in der Regel mit der vollständigen Durchtrennung der Zelle, der **Cytokinese**.

Mit Hilfe von **Fusionsexperimenten** konnten die einzelnen Phasen klar charakterisiert werden; chemische Signale lösen den Beginn aus: S-Phase-Aktivator, M-Phase-Förderfaktor.

Die **Mitose** wird in fünf Abschnitte eingeteilt: **Prophase, Prometaphase, Metaphase, Anaphase** und **Telophase**. Den Abschluss bildet dann die **Cytokinese**. Aus **einer Mutterzelle** sind **zwei genetisch gleiche Tochterzellen** entstanden.

Zur Mechanik der **Chromosomenverteilung** existieren unterschiedliche hypothetische Vorstellungen: Grundsätzlich wird dem **Spindelfaserapparat**, der aus einer Vielzahl von **Mikrotubuli** besteht, die zentrale Rolle zuerkannt. Durch Störungen, die sich auf den Auf- und Abbau der Mikrotubuli auswirken, wird die Bewegung der Chromosomen gehemmt.

Die **Abbautheorie** geht von einer gezielten und gerichteten Verkürzung der Mikrotubulifasern aus; das Centromer des Chromosoms „frisst" sich an den Mikrotubuli entlang zum Pol.

Die Ausbildung verschiedener Gewebeformen ermöglicht dem Organismus **Differenzierung** (das entspricht einer Spezialisierung von der **Form** her) und **Arbeitsteilung** (das entspricht einer Spezialisierung von der **Funktion** her).
Demzufolge nimmt mit der **Vielfältigkeit** der Gewebetypen die **Organisationshöhe** des Organismus zu.

C Die Organsysteme der Höheren Pflanzen

1. Das Blatt

Im Vergleich mit den tierischen Organismen weist der pflanzliche **Vegetationskörper** zumeist deutlich einfachere Strukturen auf. So bestehen die **Höheren Pflanzen** grundsätzlich aus drei unterschiedlichen **Organsystemen:** Die Blätter stellen wohl die auffälligsten Strukturen der Pflanzen überhaupt dar, prägen sie doch gerade durch ihr Vorhandensein oder Fehlen (bzw. durch ihre Gestalt/Form) wesentlich unseren Eindruck von „Natur". Zudem sind sie die **Organe der Photosynthese.**

Abb. 48
Pflanzliche Organisationsform, schematisch

Um ihr „Innenleben" zu erkennen, schauen wir uns den lichtmikroskopischen Querschnitt eines **Laubblattes** an:
Deutlich erkennen wir den zwei- (bzw. vier-)schichtigen Bau: Auf die obere **Epidermis** (relativ kleine, eng zusammenliegende Zellen) folgt das **Assimilations-** oder **Palisadenparenchym,** längliche Zellen, vollgepackt mit **Chloroplasten**, in denen die Prozesse der Photosynthese ablaufen. Darunter liegt das **Schwammparenchym** (vielkantige, vielgestaltige Zellen mit großen Interzellularräumen). Es wird durch die untere **Epidermis** abgeschlossen.
Dem Gasaustausch dienen die **Atemhöhlen**. Das sind zellfreie Räume, die über die sogenannten **Spaltöffnungen** (mit charakteristischen **Schließzellen**) in der unteren Epidermis in direktem Kontakt mit der Außenwelt stehen.

Abb. 49
Querschnitt eines Laubblattes

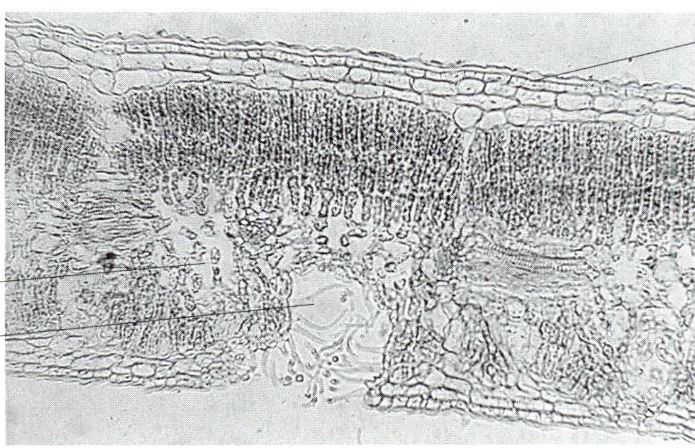

Nachdem wir nun den grundsätzlichen Aufbau eines Laubblattes kennen, wollen wir uns speziell der **Blattober-** bzw. **-unterseite** zuwenden. Denn diese Epidermen stellen die entscheidende Verbindung der Pflanze zum umgebenden Luftraum dar, ermöglichen also die Aufnahme von Kohlendioxid bzw. die Abgabe von Sauerstoff.

a) *b)*

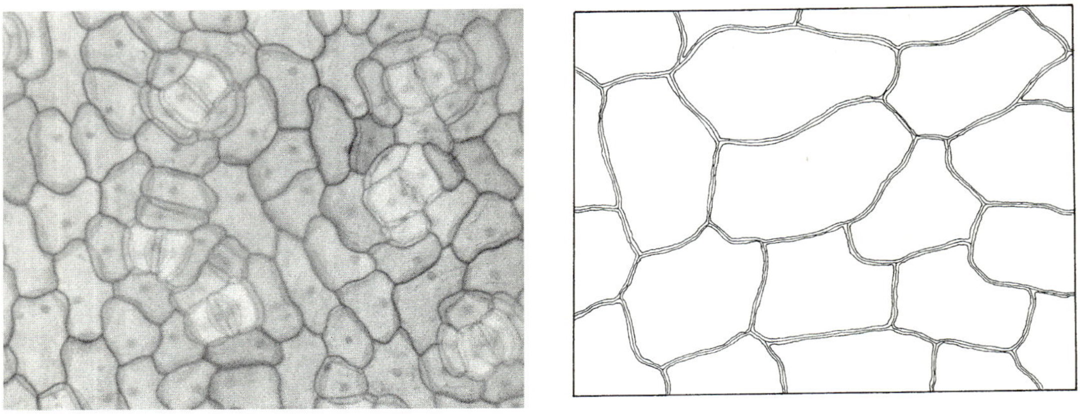

Abb. 50
a) Untere und b) obere Laubblattepidermis; a) Mikrofoto, mit Spaltöffnungen; b) schematisch, Aufsicht

Deutlich ist die enge, lückenlose Verzahnung der einzelnen Zellen zu einer geschlossenen und relativ reißfesten Schicht zu erkennen. Meist ist sie von einer **Kutikula** überzogen, die aber im Lichtmikroskop kaum zu sehen ist.

Bei der Epidermis der Blattunterseite fallen zusätzliche, charakteristisch gestaltete Bereiche, die **Spaltöffnungen** auf. Über die unterschiedliche Öffnungsweite zwischen den beiden Schließzellen kann die Pflanze in gewissen Grenzen den Gasaustausch regulieren. Gleichzeitig findet über die Spaltöffnungen ein Großteil der **Transpiration,** also der Verdunstung von Wasser, statt. Als Folge des Wasserverlustes entsteht ein **Sog,** der zum Nachströmen von Wasser aus den Wurzeln über den Spross in das Blatt führt.

Aufgabe C/1

C/1 Skizziere einen **Laubblattquerschnitt** und benenne die einzelnen Teile sowie stichwortartig ihre jeweilige Funktion.

Speziell gestaltete und gefärbte Blätter bilden die **Blüten** und damit die Fortpflanzungsorgane der Pflanzen. Mit diesen Strukturen wollen wir uns in diesem Buch allerdings nicht befassen.

2. Die Sprossachse

Stehen die Blätter hauptsächlich im Dienste der Photosynthese und Transpiration – entsprechend ist ihre relativ gesehen riesige Oberfläche zu verstehen (*vgl. A.3.3, Struktur-Funktions-Aspekt*) –, so dient die **Sprossachse** (**Stengel, Stamm**) dazu,

- die Blätter optimal dem Licht „zuzuführen“,
- den gesamten pflanzlichen Vegetationskörper „aufrecht zu halten“,
- die Assimilate – das sind die Endprodukte des Photosyntheseprozesses, nämlich Stärke und Zucker – von den Blättern zu den Wurzeln und Wasser mit den darin gelösten Nährsalzen von den Wurzeln zu den Blättern zu transportieren.

Versuchen wir durch die Analyse eines Quer- und eines Längsschnittes die **Innenstruktur** eines Pflanzensprosses kennen zu lernen und zu ergründen, welche Strukturen den oben genannten Funktionen gerecht werden (*vgl. Abb. 51, 52 und 53).*

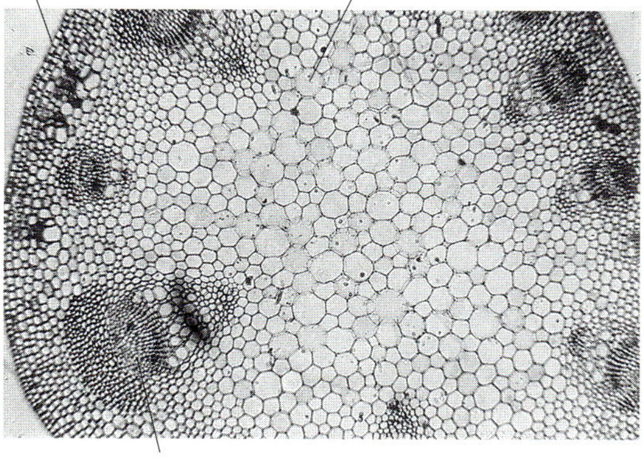

Abb. 51
Stengelquerschnitt, Mikrofoto, Übersicht

Es fällt eine deutliche Gliederung in Außen- und Zentralbereich auf: Während der zentrale Bereich hauptsächlich durch relativ große **Parenchymzellen** ausgefüllt ist, zeigt der Außenbereich (die „**Rindenregion**“) eine weiter gehende Strukturierung.

Von außen nach innen finden wir zunächst einen geschlossenen Ring aus **Epidermiszellen** mit aufgelagerter **Kutikula.** Darunter befinden sich mehrere Zellschichten, die ebenfalls ringförmig ausgebildet sind; ihre Zellgrößen nehmen von außen nach innen deutlich zu. Je nach Art der Pflanze finden wir über den gesamten Stengelquerschnitt verteilt oder nur auf einem gedachten Ring in der „Rindenregion“ liegend einzelne, meist kontrastreicher erscheinende „Flecken“, die **Leitbündel.**

Diesen wollen wir besondere Aufmerksamkeit widmen. Hierzu ziehen wir eine stärkere Vergrößerung heran:

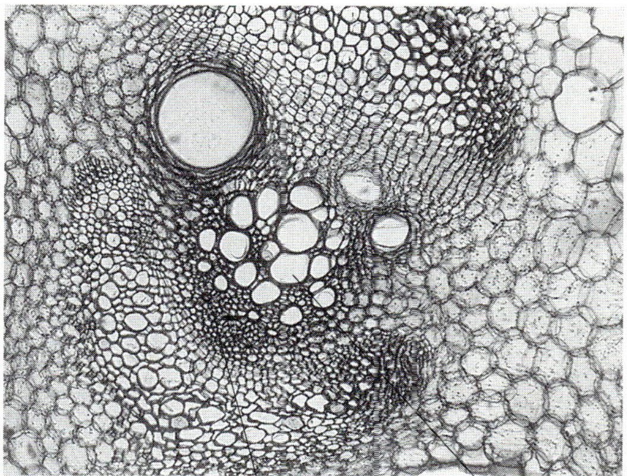

Abb. 52
Querschnitt durch ein Leitbündel, Mikrofoto, nach stärkerer Vergrößerung

Wir können zwei Bereiche unterscheiden:

- Ein Teil besteht aus sehr vielen relativ kleinen, dickwandigen Zellen, dem so genannten **Siebteil** oder **Phloem**; in ihm werden die **Assimilate** aus den Blättern in die Wurzeln/Speicherorgane **transportiert.**
- Ein anderer Teil besteht aus unterschiedlich großen, meist weitlumigen Zellen, deren

Zellwände noch stärker verdickt sind als bei den Phloemzellen; in diesem **Gefäßteil** oder **Xylem** findet der **Wasser-** und **Nährsalztransport** statt.

Zur Vertiefung unseres Wissens über den Aufbau der Sprossachse wollen wir uns noch einen **Längsschnitt** anschauen *(vgl. Abb. 53).*
Neben der grundsätzlichen Ausrichtung aller Zellen in **Längsrichtung,** die uns fast als selbstverständlich erscheinen muss, fallen einzelne Zellen dadurch besonders auf, dass sie in ihrem Inneren über Strukturen verfügen, die wie Spiralfedern (Kugelschreiberfedern) aussehen. Sie scheinen überdies vielfach aus dem Zellverband herausgelöst und frei über dem Präparat zu liegen. Es handelt sich hierbei um Elemente des Xylems.
Zur besonderen Festigung gegenüber mechanischen Beanspruchungen sind die Wände der Gefäße extrem **stark verdickt** und **verholzt.**

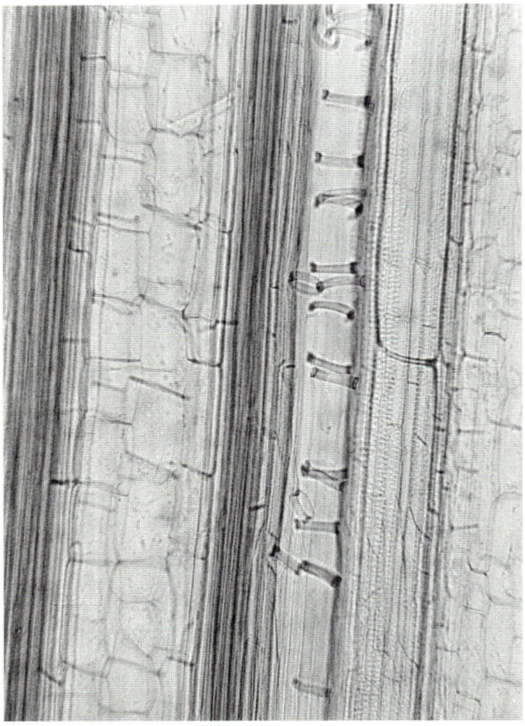

Abb. 53
Längsschnitt durch ein Stengelstück von Zea mays (Mais), Mikrofoto, Erläuterungen im Text

Damit sie den besonderen Bedingungen der **Wasserleitung** genügen, sind die Zellwände der Gefäße in Längsrichtung aufgelöst oder deutlich „gesiebt". Die Gefäßzellen selbst sind abgestorben.

Zellwände

Zum besseren Verständnis wollen wir uns an dieser Stelle etwas eingehender mit dem **Aufbau der Zellwände** beschäftigen:
Wenn nach Beendigung der **Zellteilung** zwei Tochterzellen entstanden sind und die **Zellmembran** die Plasmabereiche der beiden neu entstandenen Zellen voneinander getrennt hat, wird von beiden Tochterzellen aus eine erste „zarte" **Zellwand,** die so genannte **Mittellamelle** gebildet. Sie ist dehnbar und ermöglicht die sich nun anschließende enorme Zellvergrößerung, die als **Differenzierungswachstum** bezeichnet wird.
Nach der Bildung der Mittelamelle beginnt das **Dickenwachstum** der Zellwände, indem von beiden Seiten durch Ein- und Anlagerung die **Primärwände** ausgebildet werden. Auf diese werden abschließend die **Sekundärwände** „aufgebracht".

Unterschiede zwischen Mittellamelle, Primär- und Sekundärwand bestehen sowohl in **struktureller** als auch **chemischer** Hinsicht:
Während die **Mikrofibrillen** – sie bestehen aus Fadenmolekülen der Cellulose, einem makromolekularen Polysaccharid *(vgl. Kap. D.2)* – in der Mittellamelle und der Primärwand noch relativ **regellos** und **offen** vorliegen, sind sie in der Sekundärwand **parallel** ausgerichtet und **schichtweise** abgelagert.
Bestehen Mittellamelle und Primärwand noch vorwiegend aus **Pektinen** (Polysaccharide) und beträgt ihr Celluloseanteil nur ca. 10%, so besteht die Sekundärwand hauptsächlich aus dem fadenförmigen Makromolekül **Cellulose.**
Beim Dickenwachstum bleiben einzelne Stellen **unverdickt.** Sie bezeichnet man als **Tüpfel**. Bei benachbarten Zellen stehen sie sich gegenüber, sodass ein optimaler Aus-

tausch zwischen diesen Zellen stattfinden kann. Denn durch die Tüpfel führen feine, nur elektronenmikroskopisch sichtbare **Plasmafäden,** die **Plasmodesmen**; über sie ist ein **Stofftransport** und eine **Erregungsleitung** möglich.

Häufig werden im Verlaufe der Zellwandentwicklung auch andersartige Substanzen ein- und angelagert, die den Zellwänden neue physikalische und chemische Eigenschaften geben, z.B. der Holzstoff Lignin oder Korkstoff.

Aufgaben **C/2-C/3**

C/2 Beschreibe den Aufbau einer Zellwand.
C/3 Beschreibe die Unterschiede zwischen Zellwand und Zellmembran.

3. Die Wurzel

Nachdem wir uns nun eingehend mit den oberirdischen Organsystemen der Höheren Pflanzen beschäftigt haben, wollen wir mit dem **Wurzelsystem** das letzte Glied in der Kette von der Wasseraufnahme bis zur Nährstoffspeicherung kennenlernen.
Mit der **Wasseraufnahme** durch die **Wurzelhaare** und der **Nährstoffspeicherung** in speziellen Speichergeweben des Wurzelsystems sind zwei seiner Aufgaben schon genannt; die dritte Aufgabe besteht in der **Verankerung** der Pflanze im Boden.

Müssen die oberirdischen Sprossteile besonders auf Biegefestigkeit hin „konstruiert" sein, was mit der Lage der verdickten und verholzten Zellwände der Leitbündelzellen auch erreicht wird (vgl. in der Technik die Röhrenkonstruktionen beispielsweise von Aussichtstürmen), so muss das Wurzelsystem extreme **Zugkräfte** aushalten.
Von den theoretischen Überlegungen her müssten die Festigungselemente deshalb im Zentrum liegen (vgl. Seilkonstruktionen). Die äußeren Teile müssten hingegen eher elastisch sein. Außerdem wäre zu erwarten, dass sie durchlässig sind und eine deutliche Oberflächenvergrößerung aufweisen, um der Forderung nach Verankerung und Wasseraufnahmefähigkeit nachzukommen.
Prüfen wir diese Überlegungen anhand einer lichtmikroskopischen Abbildung einer Wurzel der Küchenzwiebel:

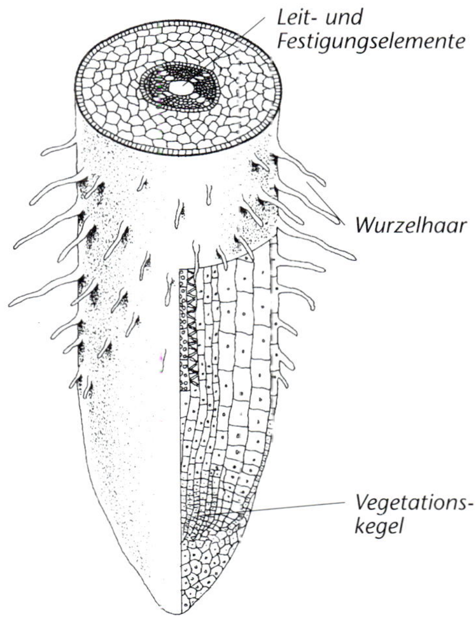

Abb. 54
Wurzelspitze der Küchenzwiebel (Allium cepa), räumlich, teilweise angeschnitten

a) 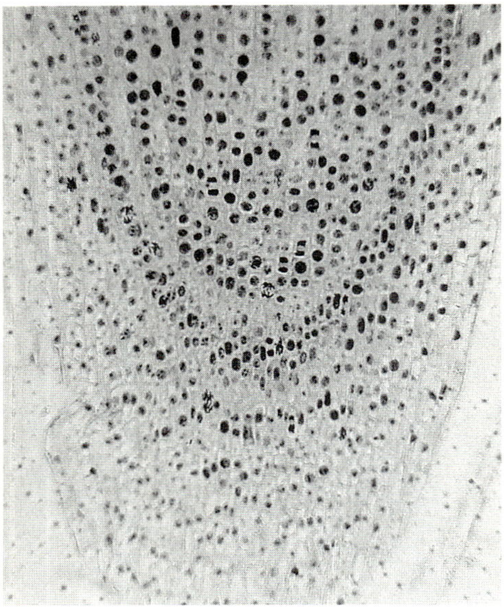

b) 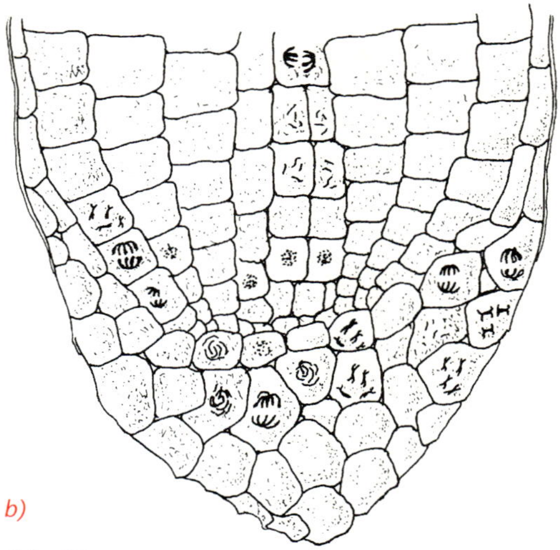

Abb. 55
Vegetationskegel der Wurzel einer Küchenzwiebel mit Mitosestadien, a) Mikrofoto; b) schematisch

Tatsächlich können wir eine leicht kontrastreichere Zone im Zentrum ausmachen, die sich bei stärkerer Vergrößerung als Bereich der Leit- und Festigungselemente herausstellt. Wir können dies an der deutlichen Längsausrichtung der Zellen und ihren im Vergleich zu den außen liegenden Zellen stärker verdickten Zellwänden feststellen.

Schauen wir uns die an die Wurzelspitze anschließende Zone genauer an, können wir an den Epidermiszellen deutliche „Auswüchse" feststellen, die **Wurzelhaare**.
Im zentralen Bereich kurz oberhalb der Wurzelspitze befindet sich der so genannte **Vegetationskegel**. Hier können wir Zellen in den unterschiedlichsten Teilungsstadien finden (*vgl. Abb. 55 und Kap. B*).

Aufgaben C/4-C/5

C/4 Benenne die drei **Organsysteme** der Höheren Pflanzen und beschreibe stichwortartig ihre **Funktion**.

C/5 Woraus bestehen die **Leitbündel**?
Erkläre am Beispiel der Anordnung dieser Festigungselemente in der Sprossachse bzw. in der Wurzel, wie im pflanzlichen Vegetationskörper die spezifisch mechanischen Anforderungen an Sprossachse und Wurzel gelöst werden.

Die **Höheren Pflanzen** bestehen aus den Organsystemen Blätter, Sprossachse und Wurzeln.

Das **Blatt** ist das Organ,
- in dem die **Photosyntheseprozesse** ablaufen,
- über das in bestimmten Grenzen der **Gasaustausch** geregelt wird,
- über das ein Großteil der **Transpiration** erfolgt.

Die **Sprossachse** dient dazu,
- den pflanzlichen Körper aufrecht zu halten,
- die Blätter optimal dem Licht zuzuführen,
- Wasser und Nährsalze in die Blätter zu transportieren,
- Assimilate aus den Blättern abzutransportieren.

Die **Wurzel** dient
- der Verankerung des Pflanzenkörpers,
- der Wasseraufnahme,
- der Nährstoffspeicherung.

Die jeweilige **Innenstruktur** der Organsysteme steht in eindeutiger Beziehung zu ihrer speziellen **Funktion** (z.B. Assimilationsparenchym mit chloroplastenreichen Zellen im Blatt; Leitbündel mit stark verdickten Gefäßwänden in der Sprossachse; Wurzelhaare für die Wasseraufnahme in der Wurzel).

D Chemie der Bau- und Inhaltsstoffe

1. Grundlagen der Chemie der Zelle

Alle lebenden Zellen sind ganz im Gegensatz zu ihrer Vielfalt aus nur wenigen chemischen Elementen zusammengesetzt, von denen wiederum nur vier Elemente den Hauptanteil ausmachen:
Wasserstoff (H), **Kohlenstoff** (C), **Sauerstoff** (O) und **Stickstoff** (N).
Durch **chemische Verbindungen** zwischen diesen Elementen entsteht eine ebenfalls begrenzte, allerdings sehr große Zahl verschiedener Moleküle.
Diese Moleküle können sehr klein sein und aus nur wenigen Atomen bestehen, wie z.B. der **Sauerstoff** (O_2) in der Luft, das **Kohlendioxid** (CO_2) oder der **Ammoniak** (NH_3).
Die häufigste Substanz, die in lebenden Zellen vorkommt, gehört zu diesen sehr kleinen Molekülen: **Wasser** (H_2O) macht etwa 70% des Zellgewichts aus *(vgl. Tab. 5)*.
Das ist insofern nichts Ungewöhnliches, als sich nach heute akzeptierter Vorstellung das Leben, wie wir es kennen, in den Ur-Meeren entwickelte, und diese Voraussetzung hat die „Chemie des Lebens" nachhaltig geprägt.
Die Eigenschaften fast aller Moleküle, aus denen eine Zelle aufgebaut ist oder die eine spezifische Aufgabe in einer Zelle erfüllen, sind ohne die besonderen **physikalischen Eigenschaften** des Wassers, z.B. seinen polaren Charakter, nicht denkbar. Wir werden auf diesen Zusammenhang später noch zurückkommen.
Wenn auch das Wasser den Hauptteil des Zellgewichts ausmacht, so ist es doch nur das **Milieu,** in das die anderen Zellbestandteile eingebettet sind. Und das sind im wesentlichen **Kohlenstoffverbindungen.**

Das **Kohlenstoffatom** (C) unterscheidet sich von den anderen Elementen dadurch, dass es mit seinen **vier Außenelektronen** Bindungen mit anderen Atomen eingehen und dadurch sehr große Moleküle bilden kann.
Verbindet es sich mit anderen Kohlenstoffatomen, so entstehen **Ketten** und **Ringe,** deren Länge, Größe und Zusammensetzung theoretisch unbegrenzt ist.
Allerdings ist tatsächlich nur eine begrenzte Anzahl dieser theoretisch möglichen Verbindungen in lebenden Zellen zu finden.
Mehr noch: Es sind nur einige wenige einfache Kombinationen von Atomen, die in den biologisch relevanten Molekülen vorkommen und die das physikalische und chemische Verhalten dieser Moleküle prägen.
Es sind dies die so genannten **funktionellen Gruppen**, wie z.B. die Hydroxyl(-OH)-, die Carboxyl(-COOH)- oder die Amino(-NH_2)-gruppe.
Durch die Kombination unterschiedlich langer Kohlenstoffketten und -ringe mit diesen funktionellen Gruppen ergibt sich eine große, aber dennoch begrenzte Palette kleiner organischer Zellmoleküle, die sich nach ihren chemischen Eigenschaften in vier Gruppen unterteilen lassen:
- die **Zucker,**
- die **Fettsäuren,**
- die **Aminosäuren,**
- die **Nukleotide.**

Wenn auch nicht alle chemischen Verbindungen, die in lebenden Zellen vorkommen, diesen vier Gruppen zugeordnet werden können, so bilden doch sie und die aus ihnen aufgebauten **Makromoleküle*** – also die **Polysaccharide**, die **Fette** (**Lipide**), die **Proteine** und die **Nukleinsäuren** – einen sehr hohen Anteil der Zellmasse:

Verbindung	Prozent des Zell-Gesamtgewichtes	
	E. Coli Bakterium	Säugetierzelle
H_2O	70	70
Anorganische Ionen (Na^+, K^+, Mg^{2+}, Ca^{2+}, Cl^- etc.)	1	1
verschiedene kleine Moleküle	3	3
Proteine	15	18
RNA	6	1.1
DNA	1	0.25
Phospholipide	2	3
andere Lipide	–	2
Polysaccharide	2	2

Tab. 5
Die ungefähre chemische Zusammensetzung einer Bakterienzelle und einer Säugetierzelle

Da die Nukleotide und die aus ihnen aufgebauten **Nukleinsäuren** im Genetik-Band behandelt werden, wollen wir im folgenden die anderen drei Gruppen vorstellen.

2. Zucker – die Nährstoffmoleküle der Zelle

Die einfachsten Zucker, die **Monosaccharide**, sind formal gesehen Wasserverbindungen (**Hydrate**) unterschiedlich langer Kohlenstoffketten, allgemein ausgedrückt: $(CH_2O)_n$, wobei n eine Zahl von 3 bis 7 sein kann.
Daher stammt auch die ursprüngliche Bezeichnung dieser Gruppe: **Kohlenhydrate**.
Entsprechend der Zahl der Kohlenstoffatome unterscheidet man **Triosen** (mit 3 C-Atomen), **Pentosen** (mit 5 C-Atomen) und **Hexosen** (mit 6 C-Atomen).
Innerhalb jeder Untergruppe gibt es mehrere **Isomeren**, d.h. Moleküle mit der gleichen Anzahl an C-, H- und O-Atomen, die aber jeweils unterschiedlich angeordnet sind.
So gibt es unter den Hexosen mit der Summenformel $C_6H_{12}O_6$ zwei biologisch wichtige Isomere: die **Glukose** – **Traubenzucker** und die **Fruktose** – **Fruchtzucker**:

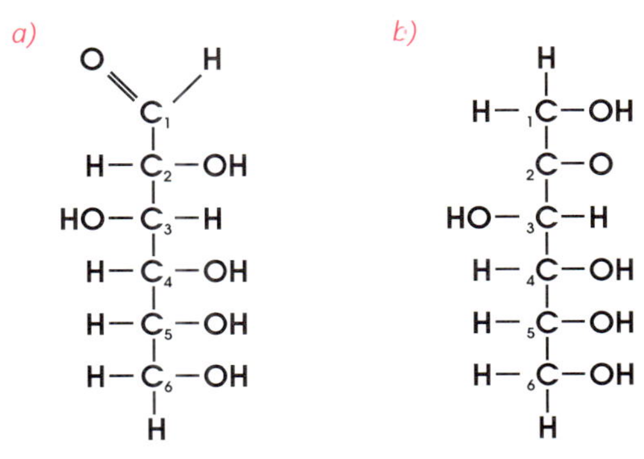

Abb. 56
Strukturformel von a) Glukose und b) Fruktose

In dieser gestreckten Form treten die Moleküle allerdings nicht auf. Das doppelt gebundene Sauerstoffatom reagiert innerhalb des Moleküls weiter.
Dabei kommt es zu einer **Ringbildung**:

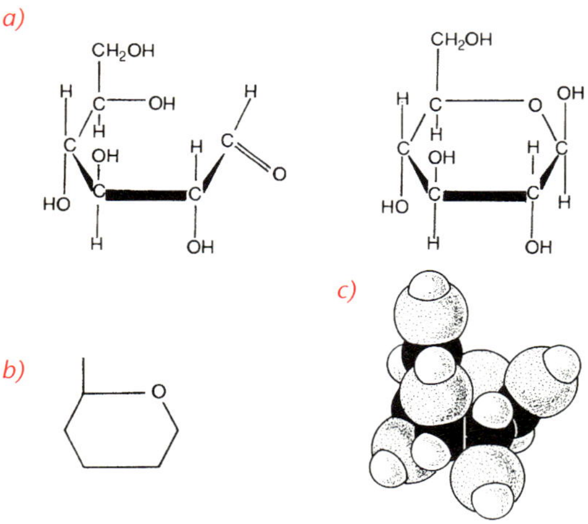

Abb. 57
Strukturformeln von Glukose: a) Bildung der Ringform; b) die symbolische Darstellung; c) das Kalottenmodell

Solche einfachen Zuckermoleküle können sich über ihre **Hydroxylgruppen** unter **Austritt von Wasser** miteinander verbinden und **Disaccharide** bilden.
Das biologisch wichtigste Disaccharid ist die **Saccharose** – der Rohr- oder Rübenzucker, aus dem all unsere süßen Sachen gemacht werden:

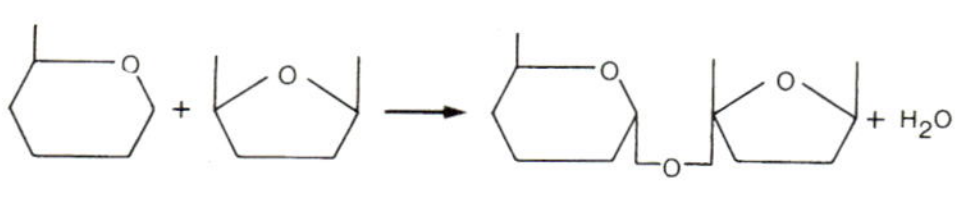

Abb. 58
Reaktion von Glukose und Fruktose zu Saccharose

Durch Hinzufügen weiterer Zuckermoleküle ergeben sich **Oligosaccharide** mit zunehmender Länge, die ab 10 Moleküleinheiten als **Polysaccharide** bezeichnet werden.
Dazu gehören biologisch so wichtige Riesenmoleküle wie **Stärke** und **Glykogen,** die in Pflanzen und Tieren als Reservestoff gespeichert werden, oder aber die **Cellulose,** aus der die pflanzliche Zellwand aufgebaut ist (*vgl. Kap. C.2*).
Da jedes Zuckermolekül über mehrere freie Hydroxylgruppen verfügt, die Verbindungen mit weiteren Monosacchariden (oder anderen Molekülen) eingehen können, treten **Polysaccharide vielgestaltig** auf.
Der pflanzliche Reservestoff **Stärke** kommt beispielsweise in **zwei Formen** vor: als Amylose und Amylopektin.
Amylose ist ein schraubig gewundenes Kettenmolekül aus etwa 200-300 Glukosemolekülen *(vgl. Abb. 59 a)*.
Amylopektin besteht auch aus Glukoseketten, ist aber verzweigt *(vgl. Abb. 59 b)*.
Glykogen, der tierische Reservestoff, entspricht im Aufbau sehr dem Amylopektin, ist aber noch stärker verzweigt.

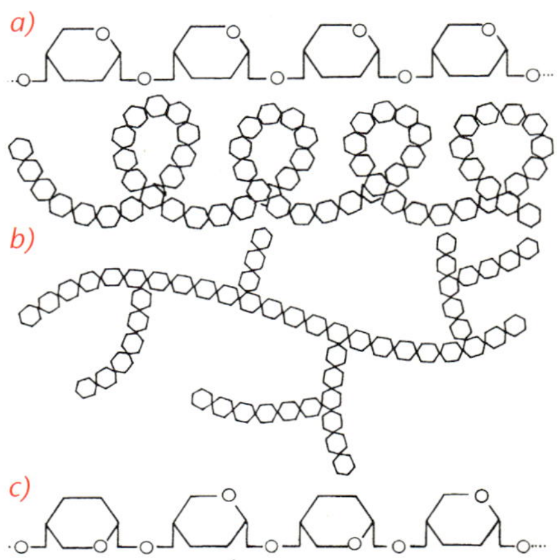

Abb. 59
Molekulare Struktur von a) Amylose; b) Amylopektin; c) Cellulose; schematisch

Die Vielfalt der Polysaccharide, in denen fast nur ein einziger Baustein – nämlich Glukose – in Ketten zusammengebaut ist, kommt also ausschließlich durch die **Art der Verknüpfung** der Glukosemoleküle zustande.
So ist z.B. **Cellulose,** die wichtigste Gerüstsubstanz pflanzlicher Zellwände, eine lange, unverzweigte Kette aus etwa 10 000 Glukosemolekülen, die aber etwas anders miteinander verknüpft sind als in der Amylose *(vgl. Abb. 59 c)*.

Dieser scheinbar geringfügige Unterschied hat aber entscheidende biologische **Konsequenzen:** z.B. können wir Menschen Cellulose nicht als Nahrungsquelle nutzen, während anderen Organismen dies sehr wohl möglich ist. Fast alle Zucker dienen in lebenden Zellen zur **Energiegewinnung** und **Energiespeicherung.** Dabei spielt wieder die Glukose die Hauptrolle. Sie wird in allen Zellen über eine Reihe **oxidativer Reaktionen** schließlich zu Kohlendioxid (CO_2) und Wasser (H_2O) abgebaut. Die dabei frei werdende Energie wird in Form von ATP gespeichert. (*Genaueres dazu enthält die Mentor Abiturhilfe Stoffwechsel.*)

3. Fettsäuren – die Baustoffe für Membranen

Fettsäuren sind unterschiedlich lange Kohlenwasserstoffketten mit einer **Carboxylgruppe,** allgemein **CH_3-$(CH_2)_n$-COOH**, wobei n nur geradzahlig vorkommt.

Neben der Länge der Kohlenstoffkette unterscheiden sich die verschiedenen Fettsäuren in Zahl und Stellung der **Doppelbindungen,** die sie enthalten.

Fettsäuren mit Doppelbindungen bezeichnet man als **ungesättigt** und die ohne Doppelbindungen als **gesättigt** *(vgl. Abb. 60).*

Die Carboxylgruppe der Fettsäuren ist sehr **reaktionsfreudig,** was dazu führt, dass Fettsäuren fast immer an andere Moleküle **gebunden** vorkommen.

Sehr häufig findet man **Verbindungen** von ein, zwei oder drei Fettsäuremolekülen mit einem Molekül **Glycerin.**

Diese Gebilde nennt man **Mono-, Di-** oder **Triglyceride** *(vgl. Abb. 61).*

In dieser Form dienen die Fettsäuren als hochwertige **Nährstoffe,** da sie ebenfalls über eine Reihe oxidativer Reaktionen zu CO_2 und H_2O abgebaut werden können, wobei mehr als doppelt soviel ATP gewonnen wird als durch

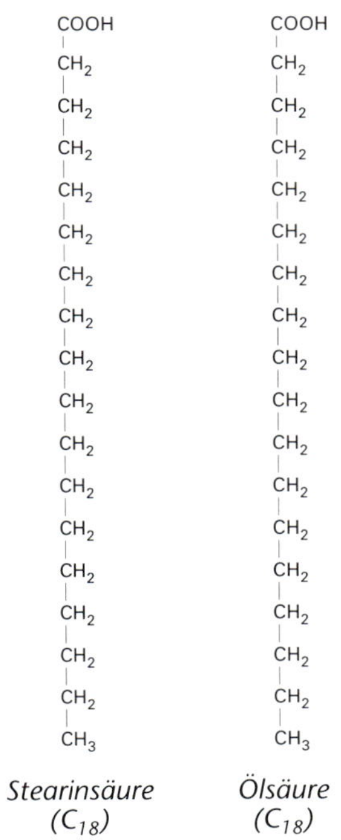

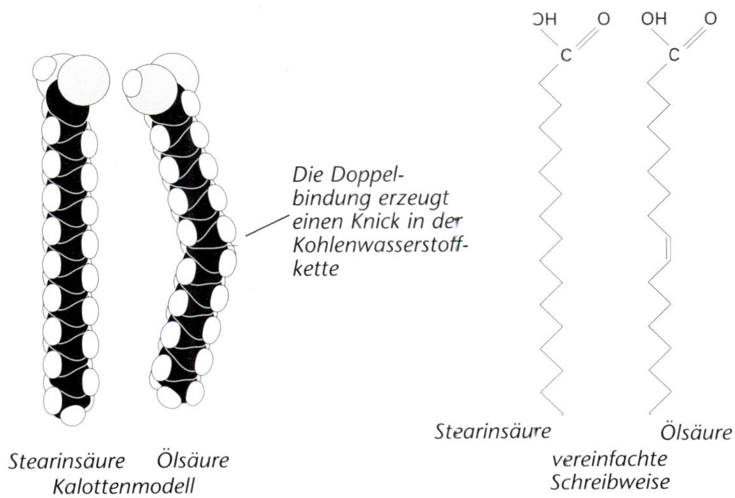

Abb. 60
Beispiel einer gesättigten und einer ungesättigten Fettsäure

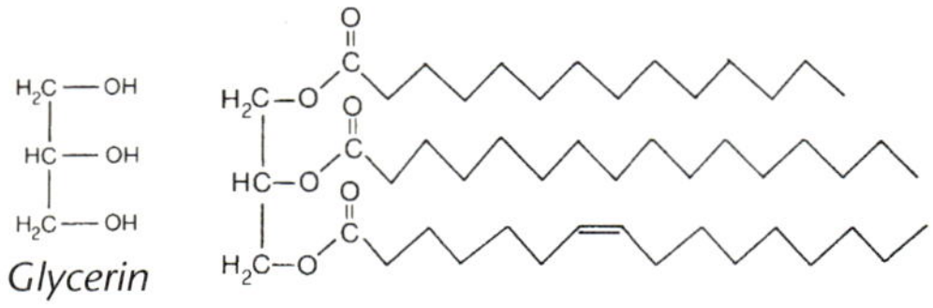

Abb. 61
Beispiel eines Triglycerids

den Glukoseabbau (*vgl. Mentor Abiturhilfe Stoffwechselbiologie*).
Sie eignen sich deshalb hervorragend als **Energiespeicher** und werden in unserem Körper zu diesem Zweck – und zum Leidwesen vieler Zeitgenossen – in einem besonderen **Fettgewebe** deponiert.
Die weitaus wichtigste **Aufgabe** der Fettsäuren ist ihre Beteiligung am **Aufbau** aller **Membranen** einer Zelle. Das wird im nächsten Kapitel genauer erläutert.
Hier sei nur vorweggenommen, dass Fettsäuren nicht nur mit Glycerin, sondern auch mit anderen Molekülen Verbindungen eingehen, die dann als **Lipide** bezeichnet werden. Die wichtigste Gruppe sind die **Phospholipide**, die den Hauptbestandteil aller Membranen bilden.

Als weitere Stoffklasse, die sich von den Fettsäuren ableiten lässt und viele physikalische und chemische Eigenschaften mit ihnen teilt, sind die **Steroide** zu nennen.
Sie bestehen aus mehreren aneinander hängenden Kohlenwasserstoffringen, von denen eine unterschiedlich lange Kohlenwasserstoffkette abstehen kann, wie z.B. beim **Cholesterin,** das ebenfalls als Bestandteil von Membranen tierischer Zellen vorkommt (*vgl. Kap. E*):

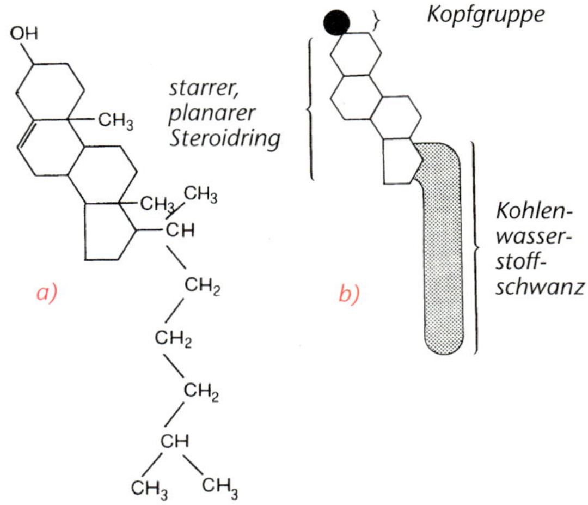

Abb. 62
Cholesterin: a) Strukturformel; b) symbolische Darstellung

4. Aminosäuren – die Bausteine der Proteine

Die Chemiker kennen heute über 100 verschiedene Aminosäuren, aber nur 20 davon sind regelmäßig am Aufbau der Proteine beteiligt; man bezeichnet sie deshalb auch als **proteinogen.** Diese 20 Aminosäuren haben einen gemeinsamen **Grundbauplan** (*vgl. Abb. 63*):
Am so genannten **α-Kohlenstoffatom** sitzen neben den beiden **funktionellen Gruppen** (-NH_2 oder Aminogruppe und -COOH oder Carboxylgruppe) und einem Wasserstoffatom eine unterschiedlich gestaltete **Seitenkette** (**R**), die als **Aminosäurerest** bezeichnet wird:

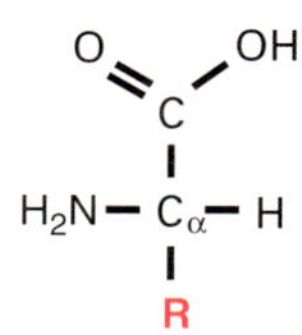

Abb. 63
Bauplan proteinogener Aminosäuren

Die 20 proteinogenen Aminosäuren unterscheiden sich nur in diesen Resten.
Diese 20 Aminosäuren kommen in allen **Proteinen** vor, von den Bakterien über alle Pflanzen und Tiere bis zu uns Menschen.

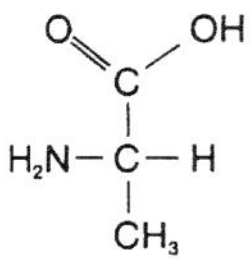

Alanin (Ala)

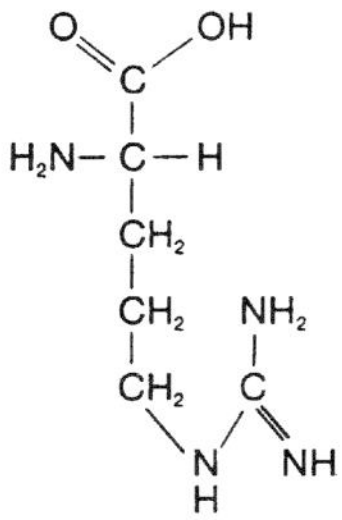

Arginin (Arg)

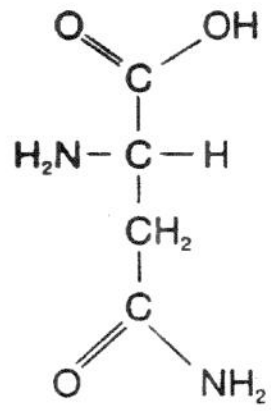

Asparagin (Asn)

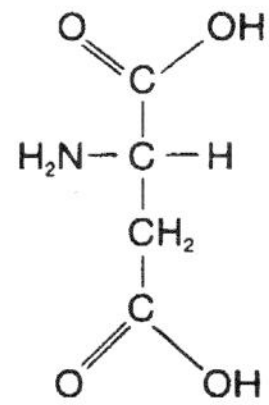

Asparaginsäure (Asp)

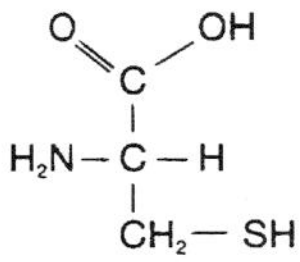

Cystein (Cys)

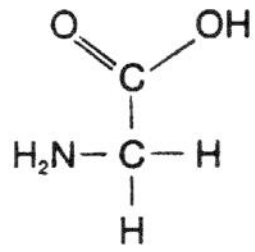

Glycin (Gly)

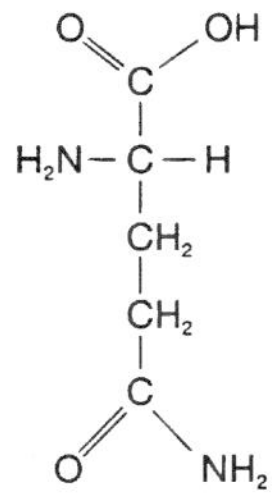

Glutamin (Gln)

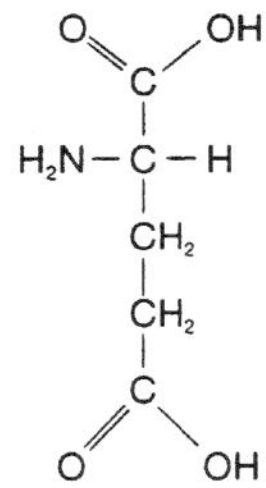

Glutaminsäure (Glu)

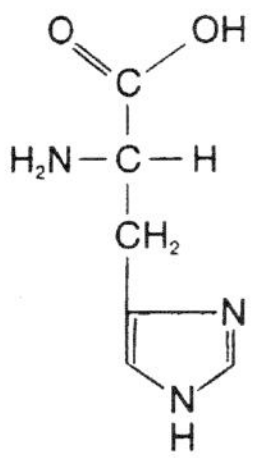

Histidin (His)

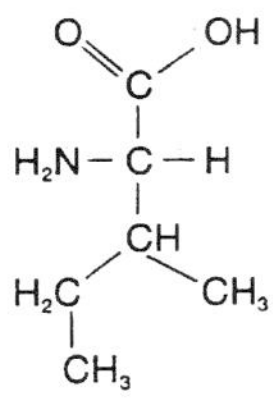

Isoleucin (Ile)

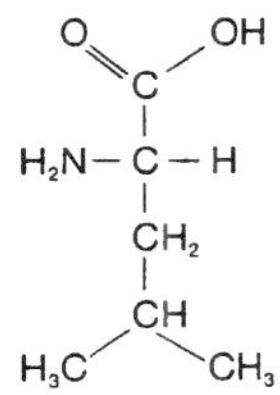

Leucin (Leu)

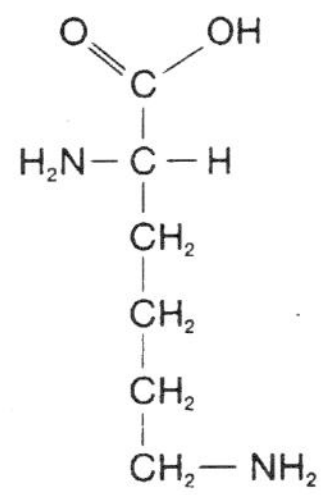

Lysin (Lys)

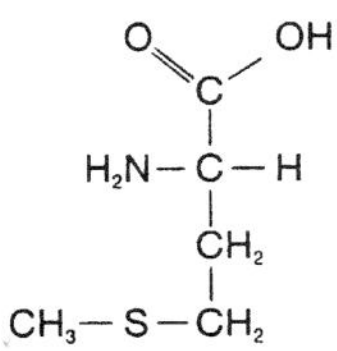

Methionin (Met)

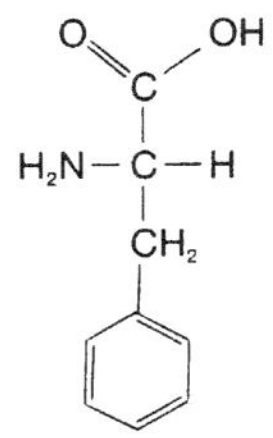

Phenylalanin (Phe)

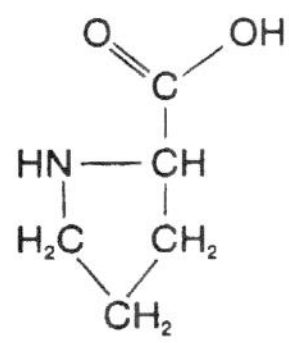

Prolin (Pro)

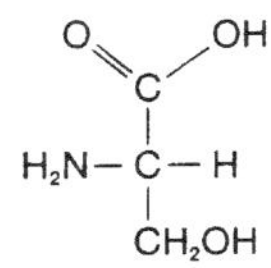

Serin (Ser)

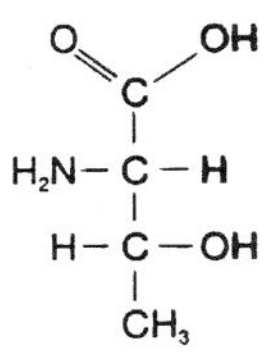

Threonin (Thr)

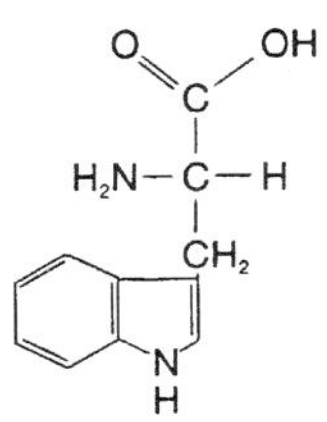

Tryptophan (Trp)

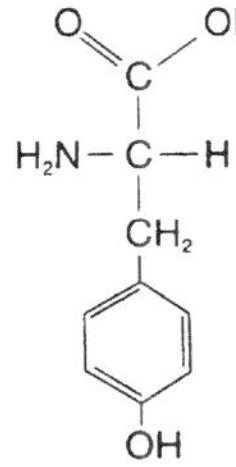

Tyrosin (Tyr)

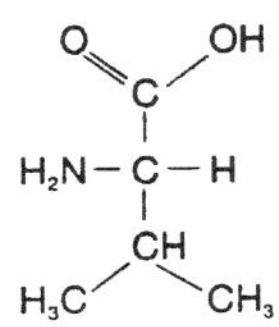

Valin (Val)

Abb. 64
Die 20 proteinogenen Aminosäuren

Dabei gibt es aber eine schier unübersehbare **Vielfalt** von Proteinen. Um diese Vielfalt hervorzubringen, werden die 20 Aminosäuren in immer wieder andersartigen **Kombinationen** miteinander verknüpft.

Im einfachsten Fall verbinden sich **zwei Aminosäuren** unter **Wasseraustritt** zu einem **Dipeptid:**

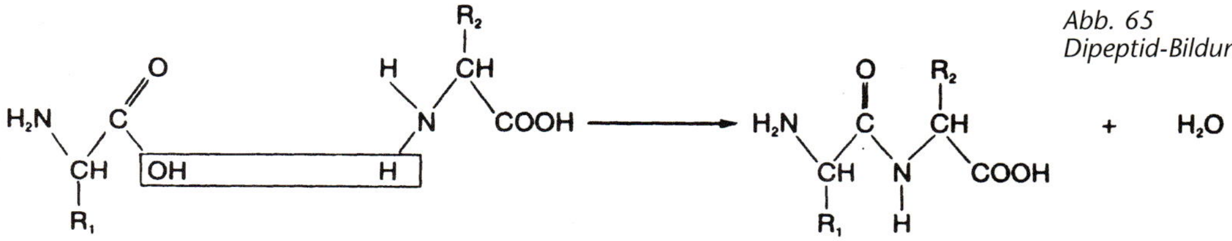

Abb. 65
Dipeptid-Bildung

Dabei reagiert ein **Wasserstoffatom der Aminogruppe** des einen Moleküls mit der **OH-Gruppe der Carboxylgruppe** des anderen Moleküls.

Die freien Amino- und Carboxylgruppen des Dipeptids können wiederum mit den Amino- oder Carboxylgruppen anderer Aminosäuren reagieren, sodass unterschiedlich lange **Ketten** entstehen:

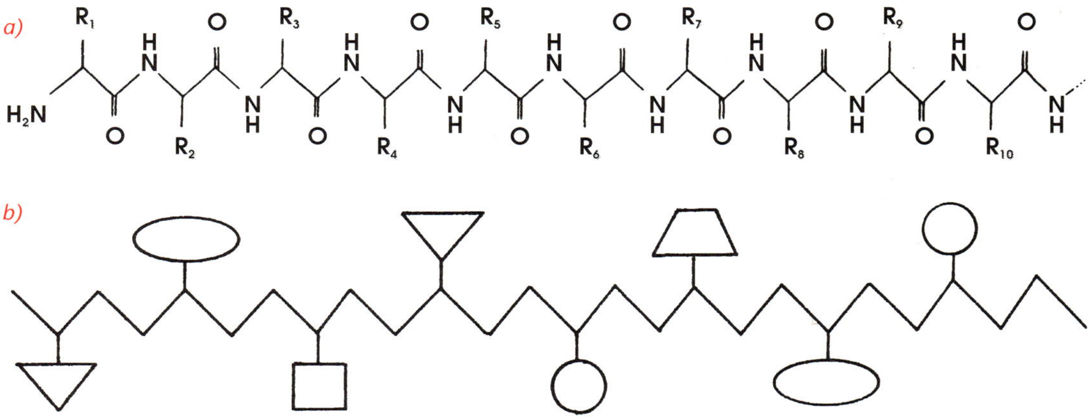

Abb. 66
Ketten aus Aminosäuren: a) Strukturformel; b) symbolische Darstellung

Solche Ketten aus Aminosäuren nennt man **Peptide**.
Ab 100 Kettengliedern spricht man von **Polypeptiden** oder von **Proteinen.**
Eine solche Polypeptidkette ist aufgrund der freien Drehbarkeit vieler Bindungen sehr **flexibel**, sodass die Kette niemals gestreckt vorkommt, sondern sehr **vielgestaltige Formen** oder – wie die Biochemiker sagen – **Konformationen** annehmen kann.

Unter Zellbedingungen jedoch falten sich die meisten Polypeptidketten nur zu einer ganz bestimmten Konformation.
Die Seitenketten (Reste) der unterschiedlichen Aminosäuren **assoziieren** miteinander und mit dem Wasser (!) und bilden somit verschiedene **schwache Bindungen** aus.
Welche Konformation dabei realisiert wird, hängt einzig und allein davon ab, welcher Aminosäurerest sich wo in der Polypeptidkette befindet. Das bedeutet:

Die **Konformation** eines Proteins wird durch die **Reihenfolge** der Aminosäuren in der Kette determiniert, also durch die **Aminosäuresequenz** (*vgl. Mentor Abiturhilfe Genetik*).

Durch den monotonen Bau der Polypeptidkette stehen die Seitenketten der Aminosäuren wie die Borsten einer Flaschenbürste nach allen Seiten ab.

Dazwischen befinden sich die **O-Atome der ehemaligen Carboxylgruppen** und die **H-Atome der ehemaligen Aminogruppen**.

Zwischen diesen Wasserstoff- und Sauerstoffatomen können aufgrund **elektrischer Anziehungskräfte** so genannte **Wasserstoffbrücken** entstehen.

Durch die Wirkung dieser Anziehungskräfte kann eine Polypeptidkette **schraubig** verformt werden.

Eine solche rechtsdrehende Schraube wird als **α-Helix** bezeichnet:

a)

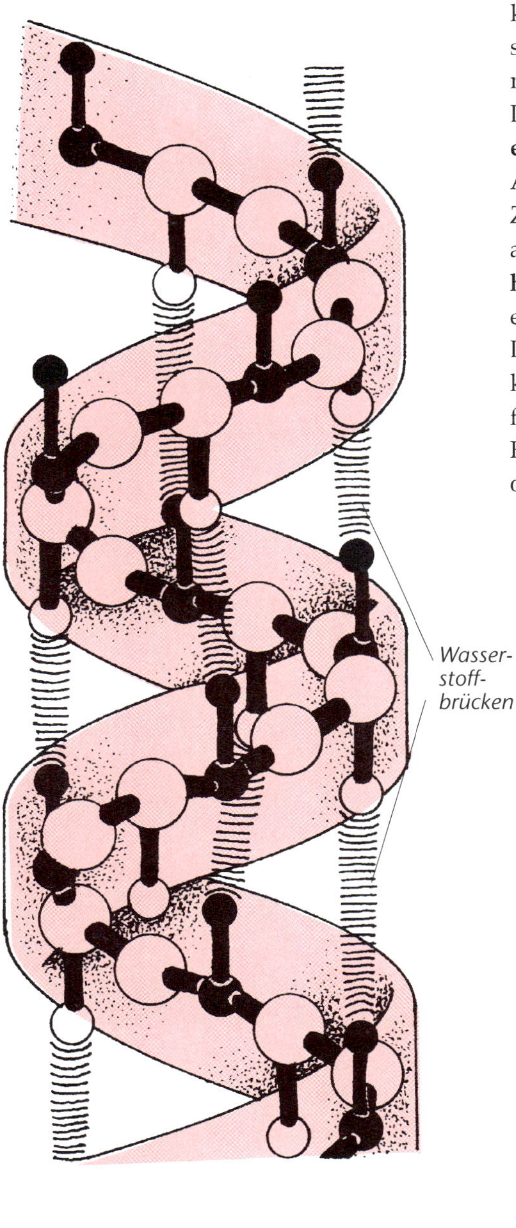

b)

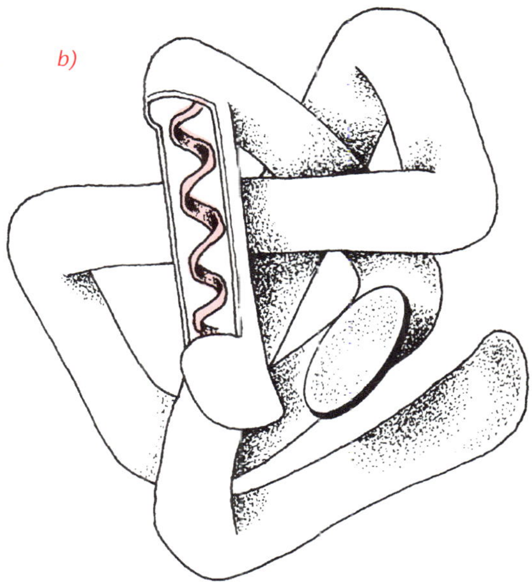

Abb. 67
α-Helix: a) Struktur; b) Orientierung im Proteinmolekül

Die Polypeptidkette kann aber auch **hin- und hergefaltet** werden, wobei die Struktur durch Wasserstoffbrücken zwischen benachbarten Abschnitten der Kette zusammengehalten wird.

Eine solche Proteinstruktur wird als **β-Faltblatt** bezeichnet:

a)

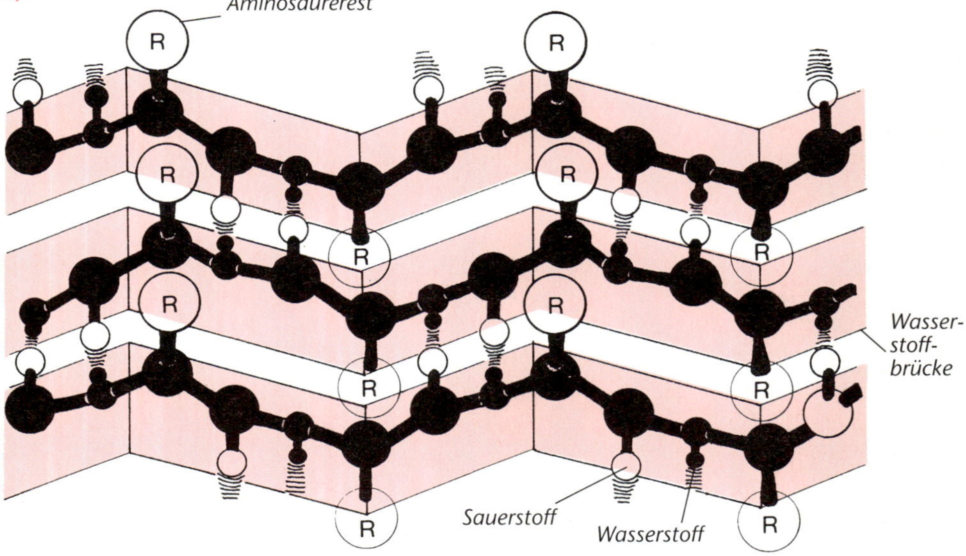

b)

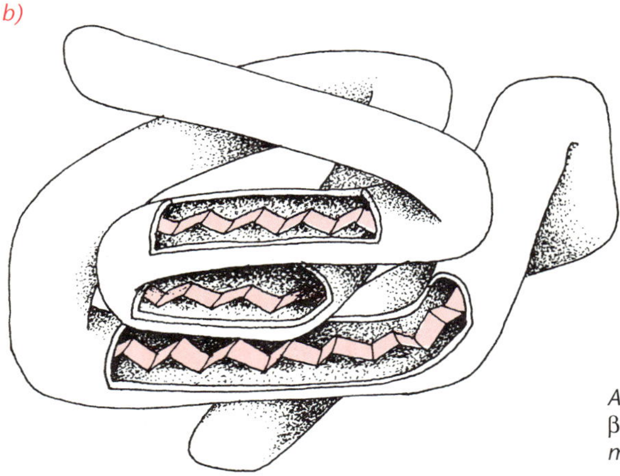

Abb. 68
β-Faltblatt: a) Struktur; b) Orientierung im Proteinmolekül

Da diese beiden Strukturmuster nicht von den Aminosäureresten in der Kette abhängen, kommen sie relativ häufig und regelmäßig in fast allen Proteinen vor.

Die meisten Proteine falten sich durch **Wechselwirkungen** zwischen den Aminosäureresten der Kette zu einer meist **kugelförmigen (globulären)** Konformation, die jeweils einzigartig und damit charakteristisch ist.

Die **Faktoren,** die zur weiteren Strukturbildung einer Polypeptidkette beitragen, sind *(vgl. Abb. 69)*:

ⓐ weitere **Wasserstoffbrücken** zwischen polaren Gruppen an den Aminosäureresten;

ⓑ **Ionenbindungen** zwischen sauren und basischen Aminosäureresten;

ⓒ **hydrophobe (wasserabstoßende) Bindungen** zwischen unpolaren Aminosäureresten, wodurch in wässriger Umgebung der Kontakt mit Wasser verringert wird;

ⓓ **Disulfid-** oder **Schwefelbrücken,** die zur Stabilisierung der entstandenen Konformation beitragen.

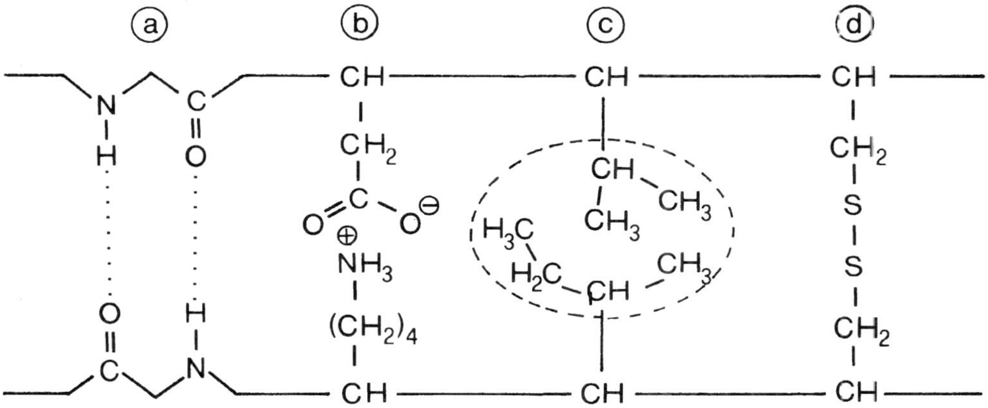

Abb. 69
Bindungen zwischen Aminosäureresten

Nicht alle Proteine sind kugelig-kompakt. Oft lassen sich in der Raumstruktur **Untereinheiten,** so genannte **Domänen**, ausmachen, aus denen zusammengesetzt man sich das globuläre Protein vorstellen kann *(vgl. Abb. 70)*.

Schließlich lagern sich einzelne globuläre Proteine zu noch größeren **Aggregaten** zusammen.
Sie können Proteine identischer oder unterschiedlicher Bauart enthalten. Dabei entstehen **Strukturen,** die größenordnungsmäßig zwischen den Makromolekülen und den membranumgrenzten Organellen angesiedelt sind.
Zu den größten und wichtigsten Strukturen dieser Bauart gehören die **Ribosomen,** die bei Bakterien aus 55 verschiedenen Proteinen und 3 verschiedenen RNA-Molekülen aufgebaut sind (*vgl. Mentor Abiturhilfe Genetik*). Und das Phantastische dabei ist: Bringt man die 58 Einzelbestandteile im Reagenzglas unter geeigneten Bedingungen zusammen, so bilden sie selbstständig die ursprüngliche Struktur zurück.

a) *–Glu–Asp–Val–Ser–Lys–Gly–Pro–* *Aminosäurensequenz (Primärstruktur)*

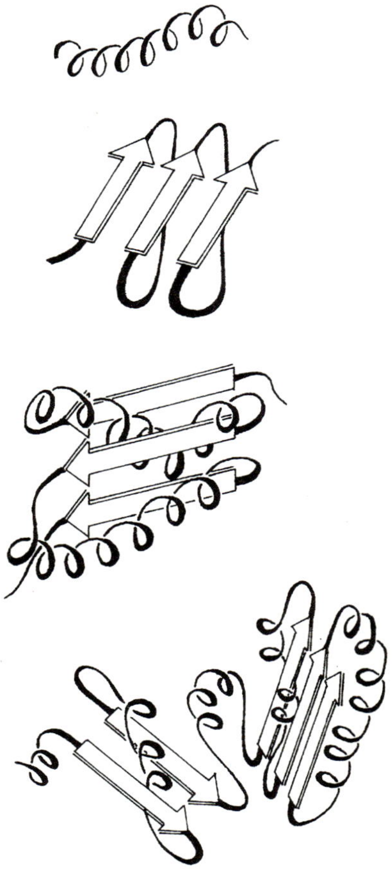

b) *α-Helix (Sekundärstruktur)*

c) *β-Faltblatt (Sekundärstruktur)*

d) *Protein-Domäne (Tertiärstruktur)*

e) *Protein (Tertiärstruktur)*

Abb. 70
Organisationsebenen der Proteinstruktur

Auf die vielfältigen **Funktionen** der Proteine in lebenden Zellen wollen wir an dieser Stelle nicht weiter eingehen. Wir werden sie stattdessen im jeweiligen Zusammenhang erläutern.

E Biomembranen

Alle uns bekannten Zellen sind durch eine Zellmembran abgegrenzt.
Bei der Analyse elektronenmikroskopischer Aufnahmen von tierischen und pflanzlichen Zellen haben wir erkannt, dass auch das Innere der Zelle von einer Vielzahl von Membranen durchzogen wird und dadurch eine extreme Oberflächenvergrößerung und Kompartimentierung erreicht wird.
All diese Membranen zeigen im elektronenmikroskopischen Bild einen **einheitlichen Bau,** so dass die Vermutung nahe liegt, dass auch ihre molekulare Architektur ähnlich oder gleich ist *(vgl. Abb. 81).*
Diese Annahme hat zum **Modell der Einheitsmembran** oder **unit-membrane** geführt.
Die Zellmembran begrenzt allerdings nicht nur den **Protoplasten** – verstanden als die „lebende Substanz" der Zelle –, sie ist auch verantwortlich für den **geregelten Stoff- und Informationsaustausch** zwischen den Zellen sowie zwischen Zellinnerem und der Umgebung.

Die **Zellmembran** muss dabei deutlich von der **Zellwand** der pflanzlichen Zellen unterschieden werden.
Zellwände sind der Zellmembran aufgelagert und quasi als „Ausscheidungen" der pflanzlichen Zellen zu verstehen (*vgl. Kap. C.2*).
Sie haben bei den Pflanzenzellen lediglich **formgebende** und **stabilisierende Funktion** und stellen **keine physiologische Barriere** dar, wie wir es bei der Zellmembran kennen lernen werden.
Die Durchlässigkeit für bestimmte Stoffe, die **Permeabilität***, wird bei den Zellwänden ausschließlich von der **Porengröße** und damit der Größe der wandernden Stoffe bestimmt.

Bevor wir uns in den Kapiteln E.3 und E.5 mit den Eigenschaften und dem Feinbau der Biomembran auseinander setzen, werden wir uns in den nun folgenden beiden Abschnitten mit **physikalisch-chemischen Phänomenen** beschäftigen, die zu einem besseren Verständnis der **Funktion und Arbeitsweise der Biomembranen** beitragen.

1. Diffusion, Osmose und Semipermeabilität

Beginnen wir mit einem **Gedankenexperiment:**
Stellen wir uns einen **Billardtisch** vor, auf dem 100 Kugeln in der einen Hälfte liegen, die andere dagegen leer ist *(vgl. Abb. 71 a).* Gehen wir nun weiter davon aus, dass die Kugeln in Bewegung versetzt werden, diese Bewegung auf dem Tisch ohne Reibungsverluste abläuft und das Zusammenstoßen vollelastisch geschieht.

Die **Wahrscheinlichkeit,** dass eine Kugel von rechts nach links rollt, ist dann für die beschriebene Ausgangssituation 0%, für das Rollen von links nach rechts entsprechend 100%.
Zwangsläufig wird also die erste Kugel von links nach rechts rollen *(vgl. Abb. 71 b).* Nach diesem ersten Ereignis haben sich die Wahrscheinlichkeiten für die nächsten Ereignisse geändert zu:

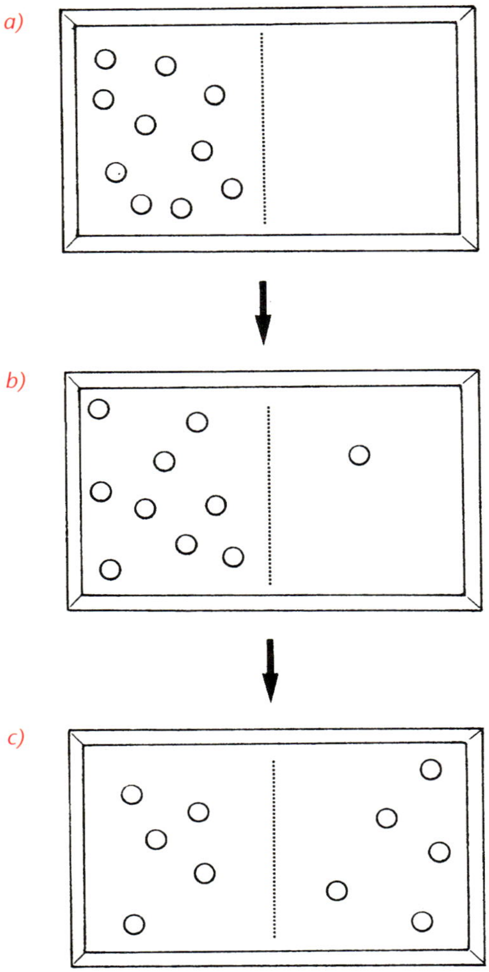

Abb. 71
Gedankenexperiment Billardtisch, Erläuterungen im Text

Wahrscheinlichkeit für Rollen
von links nach rechts: 99%
von rechts nach links: 1%

Treiben wir dieses Gedankenspiel weiter, so wird sich nach entsprechender Zeit ein **„Gleichgewichtszustand"** einpendeln *(vgl. Abb. 71 c)*: Es werden sich jeweils etwa gleiche Mengen an Kugeln in der rechten und linken Hälfte aufhalten.
Kleinere Abweichungen von der idealen Verteilung 50:50 sind dabei durchaus möglich und wahrscheinlich, z.B. 46:54, 52:48, ...

Erhöhen wir in unserem Gedankenexperiment die Zahl der Kugeln drastisch (z.B. auf Billionen von Gasmolekülen), so wird das statistische Verhältnis 50:50 annähernd erreicht werden.
Wir übertragen nun unsere Überlegungen auf ein **Modell,** bei dem sich in zwei voneinander abgeschlossenen Räumen, die durch eine herausziehbare Wand voneinander getrennt sind, zwei unterschiedliche **Gase,** z.B. Sauerstoff und Stickstoff, befinden *(vgl. Abb. 72 a)*.
Ziehen wir nun gedanklich die Wand heraus und verbinden dadurch die beiden Räume *(vgl. Abb. 72 b)*, so beginnen sich die Gase spontan zu durchmischen.
Dieser Vorgang der Durchmischung dauert so lange an, bis eine **Gleichverteilung** erreicht ist *(vgl. Abb. 72 c)*.
Das zugrunde liegende Phänomen wird **Diffusion*** genannt.

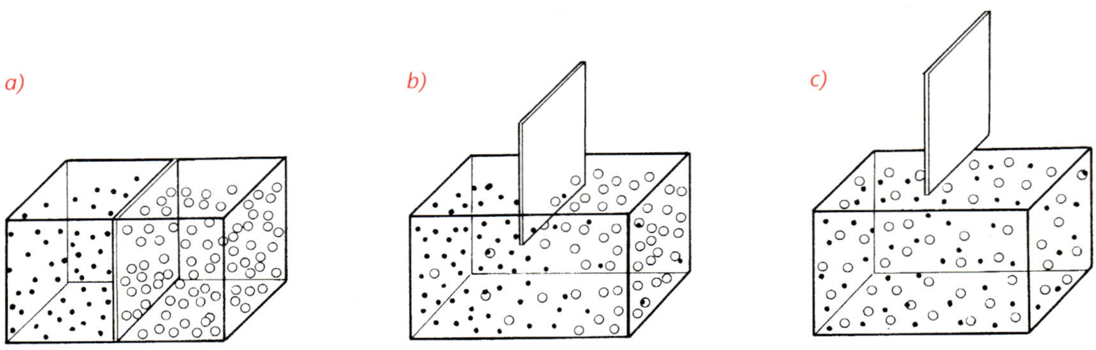

Abb. 72
Gedankenexperiment zur Diffusion von Gasen, Erläuterungen im Text

Die **kinetische Gastheorie** liefert uns die Erklärung für dieses Phänomen:
Die einzelnen Teilchen der Gase bewegen sich ständig schnell und unregelmäßig hin und her (**thermische Bewegungsenergie**), kollidieren dabei auch oft miteinander oder mit den Raumbegrenzungen, was zur ständigen Richtungsänderung führt.
Dabei breiten sie sich **gleichmäßig** in dem zur Verfügung stehenden Raum aus und erfüllen diesen vollständig.
Die beschriebene Durchmischung läuft auch dann ab, wenn wir in unserem Gedankenexperiment die Wand z.B. durch eine **poröse Membran** ersetzen, deren Poren so groß sind, dass die beiden Gase ungehindert hindurchtreten können.
Die **Geschwindigkeit** dieses Vorganges kann sehr unterschiedlich sein. In jedem Fall ist sie direkt abhängig von der Geschwindigkeit der Teilchen selbst:
Für diese gilt, dass sich **leichte** Teilchen **schneller** bewegen als schwere.
Auch läßt sich der Vorgang durch **Energiezufuhr** beschleunigen (z.B. durch Zufuhr von Wärme = Temperaturerhöhung) und durch Energieabfuhr bremsen (z.B. durch Abkühlung).
Ist in unserem Gedankenexperiment die **Gleichverteilung der Partikel** eingetreten, also der **Konzentrationsausgleich** erreicht, so bewegen sich die einzelnen Gasteilchen nach wie vor, d.h. die Durchmischung setzt sich fort. Es diffundieren nun aber ebenso viele O_2-Moleküle von rechts nach links wie N_2-Moleküle von links nach rechts, sodass der **Nettofluß** null wird.
Im zur Verfügung stehenden Raum ist ein **dynamischer Gleichgewichtszustand** erreicht, da Moleküle weiterhin die Seiten wechseln.

Wir gehen nun der Frage nach, ob diese Gesetzmäßigkeiten, wie wir sie hier für Gase aufgezeigt haben, auch für **Flüssigkeiten** gelten:

Erste Einsichten können wir über **Alltagserfahrungen** gewinnen. (Sollte man die nachfolgend beschriebenen Beobachtungen nicht schon längst einmal gemacht haben, dann lassen sie sich ganz einfach und jederzeit nachvollziehen!)
Stellen wir uns zunächst unsere allmorgendliche **Tasse Kaffee** oder Tee vor, in die wir **Milch** gießen: Führen wir nun keine Energie zu, z.B. mechanische Energie in Form des Umrührens mit dem Löffel, so verteilt sich die Milch ganz langsam im Kaffee. Die der Milch am nächsten liegenden Bereiche durchmischen sich sehr rasch, die entfernten Bereiche nur sehr langsam.
Eine ganz ähnliche Beobachtung lässt sich auch an einem Stückchen Würfelzucker oder einem Teelöffel **Zucker** machen. Zunächst schmeckt nur der „Bodenanteil" süß; lassen wir die Tasse jedoch lange genug stehen, z.B. bis zum Mittagessen, so hat sich der Zucker weitgehend gelöst und in dem zur Verfügung stehenden Raum verteilt. Es wird allerdings noch immer ein deutliches **Konzentrationsgefälle** feststellbar sein; das Getränk wird also oben deutlich weniger süß schmecken als am Boden.
Um unsere Alltagsbeobachtungen zu prüfen, wollen wir zwei als klassisch zu bezeichnende **Versuche** kennen lernen:

Abb. 73
Frühstückstischerfahrungen

VERSUCH 2

In einen mit **Wasser** gefüllten **Standzylinder** wird mit Hilfe einer **Glaspipette** in den unteren Bereich eine konzentrierte **$CuSO_4$-Lösung** eingebracht. Beobachtet man über einen längeren Zeitraum (z.B. insgesamt 14 Tage) – in den ersten Stunden kontinuierlich, danach nur noch stündlich, dann jeden Tag zweimal –, was im Glaszylinder passiert, so wird man feststellen, dass sich die ursprünglich **scharfe Grenze** zwischen $CuSO_4$-Lösung und Wasser rasch **auftrennt (Trennungshorizont)**.

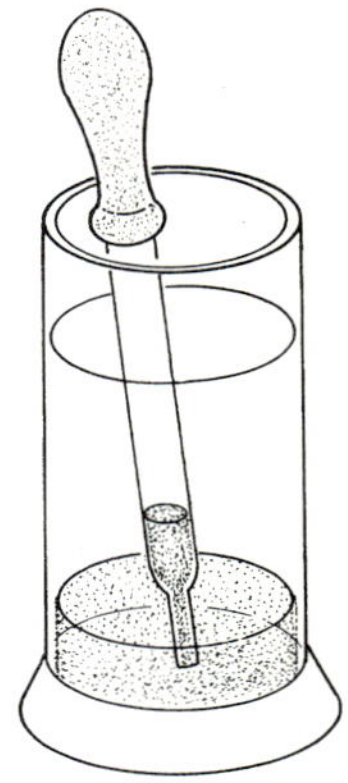

Abb. 74 Diffusionsversuch mit $CuSO_4$-Lösung, schematisch

Eine gleichmäßige Durchmischung – und damit ein dynamisches Gleichgewicht – stellt sich allerdings erst nach längerer Zeit – mehreren Tagen – ein: Sie zeigt sich in der vollkommen einheitlichen Färbung des Zylinderinhalts.

Nach all diesen Überlegungen bleibt nun noch zu klären, woher die **Bewegung der Teilchen** selbst stammt: Mit Hilfe des **Lichtmikroskops** ist es in sehr einfacher Weise möglich, die Bewegung der Teilchen zu veranschaulichen.

VERSUCH 3

Betrachtet man einen **Tropfen Milch** oder etwas Tusche bei stärkster Vergrößerung unter dem Lichtmikroskop, so kann man deutlich eine zitternde Bewegung der Partikel feststellen (BROWN'sche Molekularbewegung).

Sie erklärt sich daraus, dass die Milch- bzw. Tuscheteilchen von den aufprallenden Wassermolekülen hin und her gestoßen werden. Dies ist zurückzuführen auf die **thermische Bewegungsenergie**.

Fassen wir nun unsere **Ergebnisse** zusammen, so erhalten wir folgende **Gesetzmäßigkeiten**, die sowohl für **Gase** als auch für **Flüssigkeiten** und darin gelöste Stoffe gelten:

- Über kurze Entfernungen erfolgt eine sehr schnelle **Durchmischung**, über große Entfernungen dauert der Prozess sehr lange.
- Durch **Energiezufuhr** (mechanische, thermische) lässt sich der Vorgang beschleunigen.
- Je kleiner die Masse der einzelnen Teilchen ist, desto schneller geht der **Konzentrationsausgleich** vonstatten.

Für das **wässrige Milieu** der Zelle – alle Lebensprozesse sind an eine wässrige Umgebung gebunden, Zellen bestehen zu großen Anteilen aus Wasser – bedeutet dies, dass als Folge der beschriebenen Diffusionsvorgänge alle Teilchen relativ gleichmäßig verteilt sein müssten, wenn die Struktur des Zellinneren diesem Prozess nicht entgegenwirken würde.

Wie wir festgestellt haben, ist die Geschwindigkeit der Diffusion über **kleine Strecken** sehr groß. Da die zellulären Dimensionen sehr klein sind, ist die Diffusion für die Erklärung zellulärer Prozesse von großer Bedeutung.

Innerhalb von lebenden Zellen lässt sich allerdings eine gleichmäßige Verteilung aller Stoffe nie beobachten.

Hier nun spielt die **Kompartimentierung** der Zelle eine entscheidende Rolle. Im Wesentlichen wird sie durch Biomembranen erreicht. Der **Diffusion durch Membranen** kommt demnach eine ganz besondere Bedeutung zu.

Führen wir auch hierzu wieder zunächst ein **Gedankenexperiment** durch:

Stellen wir uns wieder zwei durch eine Wand getrennte Räume vor, die zwei unterschiedlich stark konzentrierte Flüssigkeiten – **Wasser** einerseits und eine **Salz-** oder **Zuckerlösung** andererseits – enthalten *(vgl Abb. 75 a)*.

Befände sich anstelle der Wand eine **feinporige Membran,** die für alle Moleküle (Wasser, Salz, Zucker) gleichermaßen durchlässig wäre, so würde es auch durch diese Membran zu einem Ausgleich der Konzentrationen kommen und sich ein dynamisches Gleichgewicht einstellen. Die „Flüssigkeitssäulen" in den beiden Räumen blieben auf gleicher Höhe *(vgl. Abb. 75 b)*.

Wären die Poren der Membran allerdings so fein, dass nur die relativ kleinen Moleküle des **Lösungsmittels** hindurchtreten könnten (in unserem Fall die Wassermoleküle), nicht aber die größeren Moleküle des **gelösten Stoffes** (also die Salz- oder Zuckermoleküle), wäre folgendes Phänomen zu beobachten *(vgl. Abb. 75 c)*: Es würde zu einer **einseitig gerichteten Diffusion** der Lösungsmittel kommen!

Abb. 75
Gedankenexperiment zur Osmose, Erläuterungen im Text

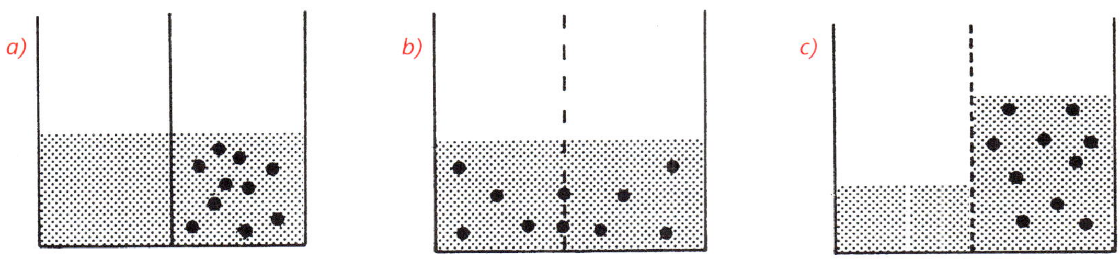

Nur die Wassermoleküle können hierbei durch die Membran hindurch diffundieren.

Somit kommt es zu einer **Niveauerhöhung** der Flüssigkeitssäule auf der Seite mit der Salz- oder Zuckerlösung.

Zwar läßt die Membran Wassermoleküle **in beiden Richtungen** diffundieren, da sie für das Lösungsmittel durchlässig ist; allerdings befinden sich auf der Seite mit der Salz- bzw. Zuckerlösung deutlich weniger Wassermoleküle als auf der Seite mit der reinen (100%igen) Wasserlösung.

Auf der Lösungsseite müssen sich die Wassermoleküle den zur Verfügung stehenden Raum mit den Salz- bzw. Zuckermolekülen teilen.

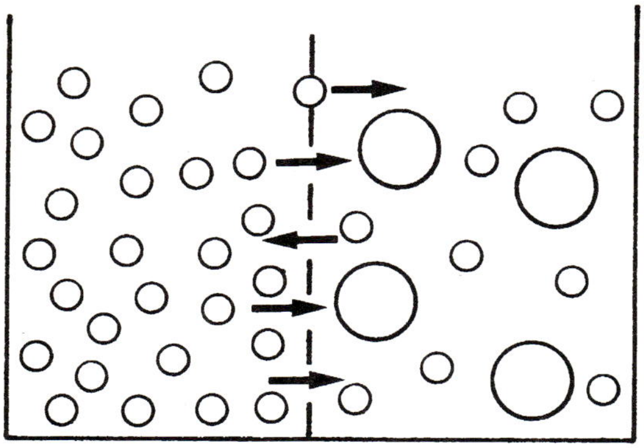

Abb. 76
Verteilung von Wassermolekülen, Erläuterungen im Text

Dies führt dazu, dass statistisch gesehen von der Seite der Salz- oder Zuckerlösung her prozentual **weniger Wassermoleküle pro Zeiteinheit** auf die Membran treffen als von der Seite, in der sich reines Wasser befindet *(vgl. Abb. 76)*. Das bedingt wiederum, dass mehr Wassermoleküle in die Lösung eindringen, als aus ihr herauswandern. Es kommt also zu einem **Nettoeinstrom** von Wasser in die Lösung.

Eine solche einseitig gerichtete Diffusion des Lösungsmittels durch eine **semipermeable*** Membran nennt man **Osmose***.
Unter **Semipermeabilität** versteht man die Eigenschaft der Membran, für das **Lösungsmittel** (Wasser) **durchlässig** und für den **gelösten Stoff** (hier die Salz- oder Zuckerlösung) **undurchlässig zu sein.**

Als klassisches Experiment, an dem wir uns die Zusammenhänge nochmals verdeutlichen wollen, gilt der so genannte **Osmose-Versuch** des Pflanzenphysiologen PFEFFER *(vgl. Abb. 77 a)*.

VERSUCH 4

Vor Versuchsbeginn wird um die poröse Wandung des inneren Gefäßes (**Tongefäß**) eine künstliche Membran mit semipermeablen Eigenschaften aufgebaut (**Niederschlagsmembran** aus Kupfercyanoferrat).
Nun wird eine **Zuckerlösung** eingefüllt, zum besseren Erkennen angefärbt (z.B. mit Methylenblau). Das Gefäß wird mit einem Stopfen, durch den ein **Steigrohr** geschoben wurde, fest verschlossen.
Das so vorbereitete Gefäß wird in einen größeren Behälter gestellt, der teilweise mit **Wasser** gefüllt ist. Schon nach kurzer Zeit lässt sich im Steigrohr ein **Flüssigkeitsanstieg** beobachten.
Wasser dringt so lange in die Zuckerlösung im inneren Gefäß ein, bis der (hydrostatische) Druck der Flüssigkeitssäule im Steigrohr ein weiteres Eindringen des Wassers verhindert. Der messbare Druck,

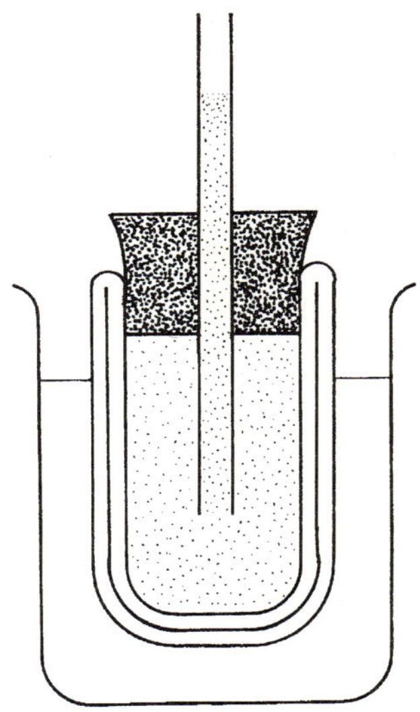

Abb.77
a) PFEFFER'sche Zelle;

den das in die Lösung eindringende Wasser erzeugt, wird als osmotischer Druck bezeichnet. Ein ähnliches Ergebnis lässt sich auch dadurch erzielen, dass man als inneres Gefäß einen Glaszylinder benutzt, der mit durchbohrtem Stopfen und Steigrohr auf der einen Seite abgeschlossen, auf der anderen Seite mit einer **Schweinsblase** überzogen ist *(vgl. Abb. 77 b)*.

Die Schweinsblase wirkt als semipermeable Membran. Wasser diffundiert in den mit einer Salz- oder Zuckerlösung gefüllten Glaszylinder. Dies führt zu einem Anstieg der Lösung, der sich am Steigrohr direkt ablesen lässt.

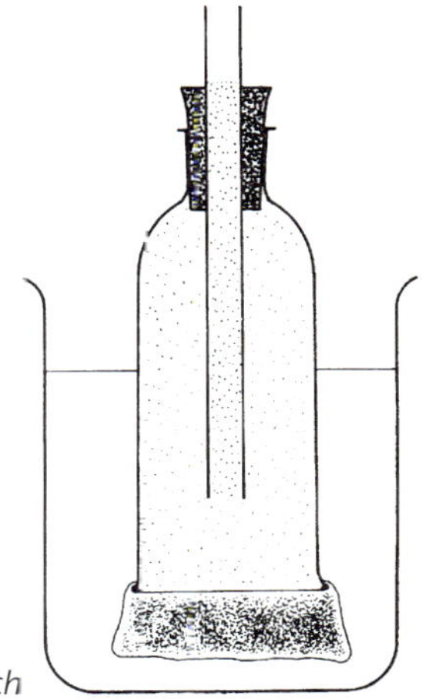

Abb.77
b) Osmometer; beides schematisch

Die **lebende Zelle** stellt im Prinzip ein solches **osmotisches System** dar. Ihre **Zellmembran** wirkt dabei als semipermeable Membran und bildet eine **physiologische Barriere.**

Aufgaben E/1-E/2

E/1 In einem durch eine Membran in zwei Hälften geteilten Behälter befinden sich links eine Salzlösung und rechts reines Wasser *(vgl. Abb. 78)*. Wir gehen davon aus, dass die Membran semipermeabel und elastisch ist.
In welcher Art und Weise wird sich diese Membran wölben?
Weshalb kommt es zu einer Wölbung?

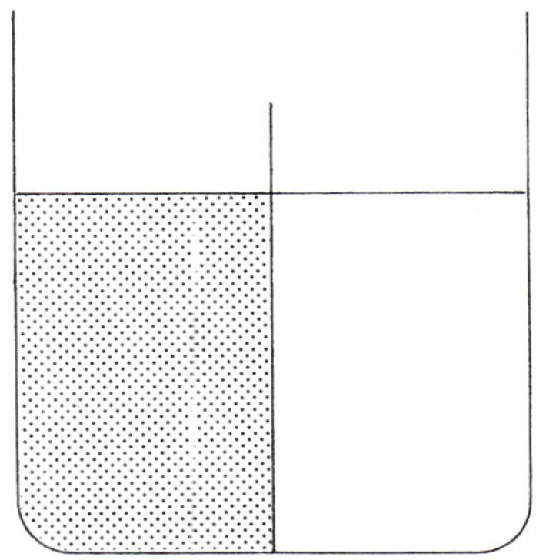

Abb. 78
Versuchsanordnung

E/2 Die nachfolgende Tabelle zeigt die **Diffusionsgeschwindigkeit** eines in Wasser gelösten Farbstoffes:

Zeit (t)	1s	10s	30s	1 min	10 min	1 h	24 h	30 T	360 T
Diffusionsweg (mm)	0,087	0,275	0,477	0,675	2,13	5,23	25,6	140	486

(s = Sekunden, h = Stunden, T = Tage)

Stelle die Messwerte **graphisch** dar und beurteile anhand der Graphik die Bedeutung der Diffusion für den Stofftransport in Organismen.

2. Plasmolyse – die Zelle als osmotisches System

Diffusion und Osmose spielen bei der Tier- und Pflanzenzelle für die **Wasseraufnahme** und den **Stoffaustausch** von gelösten Substanzen eine entscheidende Rolle. Dies gilt in ganz besonderem Maße für die Wasseraufnahme durch das **Wurzelsystem** bei den Höheren Pflanzen.

Die Diffusion ist allerdings nicht zuständig für die Überbrückung größerer Entfernungen. So würde z.B. ein Zuckermolekül aus dem Blatt eines 30 m hohen Baumes allein durch Diffusion das Wurzelsystem nicht innerhalb der Lebensdauer des Baumes erreichen können.

Betrachten wir speziell die **pflanzlichen Zellen**, so sind die Vorgänge der Osmose eine wesentliche Erklärung für die **Festigkeit** und **Steifigkeit** des pflanzlichen Vegetationskörpers (speziell bei krautigen Pflanzen). Dabei übt die **Wasserfüllung der Zellen** (hauptsächlich der Zellsaftvakuolen) einen Druck auf die Zellwände aus, den so genannten **Wanddruck** oder **Turgor**. Bei **Wassermangel** sinkt er drastisch ab. Dann **welkt** die ganze Pflanze.

Aufgabe **E/3**

E/3 Welche Elemente der PFEFFER'schen-Zelle (vgl. Abb. 77 a) entsprechen welchen Teilen der Pflanzenzelle?

Durch einfache **Versuche** lassen sich die Vorgänge der Diffusion und Osmose an lebenden pflanzlichen Zellen beobachten.

VERSUCH 5

Als ideales Untersuchungsobjekt eignen sich die **Epidermiszellen** von **roten Küchenzwiebeln**.

Mikroskopiert man eine solche Epidermis in einer **Salzlösung**, die eine deutlich höhere Konzentration aufweist als der Zellinnenraum – also **hypertonisch*** ist –, so zeigen sich charakteristische Veränderungen: Schon direkt nach der Zugabe der konzentrierten Salzlösung lässt sich beobachten, dass die Zelle mit der blaßrot gefärbten Zellsaftvakuole beginnt, sich von der Zellwand zu lösen. Wir sprechen von einer **Grenzplasmolyse**:

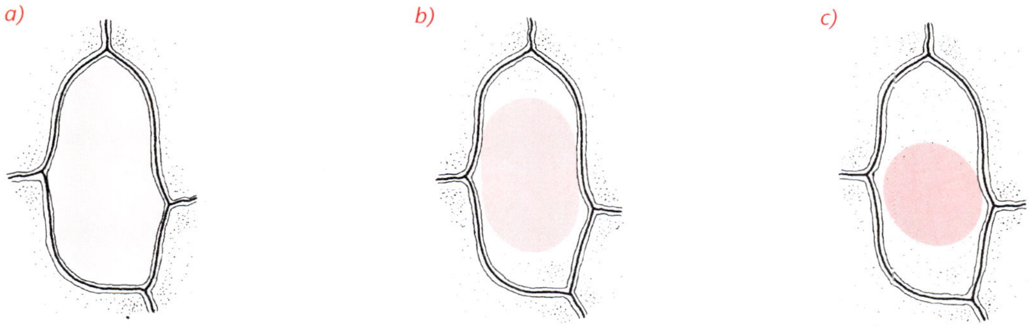

Abb. 79
Plasmolyseversuch: Schematische Abbildung einer Zelle a) nicht plasmolysiert; b) bei Beginn der Plasmolyse; c) nach fortgeschrittener Plasmolyse

Mit der Zeit nimmt das Volumen der **Vakuole** weiter ab und die Farbe wird **dunkler**. Dieser Vorgang läuft so lange ab, bis das Volumen der Zellsaftvakuole auf eine kleine Kugel zusammengeschrumpft ist.
Bei starker, ca. 400-facher Vergrößerung können wir das **Zellplasma**, begrenzt von der Zellmembran, als feine, wasserhelle Schicht erkennen, die die Vakuole umkleidet.
Durch Spülen mit **destilliertem Wasser** lässt sich der Vorgang **umkehren**: Die Zellsaftvakuolen wachsen wieder und erfüllen schon nach kurzer Zeit die gesamte Zelle (**Deplasmolyse**).

Mit Hilfe der **Osmose-Theorie** können wir diese Vorgänge sehr gut erklären:

Plasmolyse

In erster Linie verliert die Zellsaftvakuole Wasser an die **konzentriertere** (**hypertonische**) Außenlösung, weil das Wasser über die Tonoplastmembran, anschließend durch den gesamten Protoplasten und dann über die Zellmembran ins Außenmedium diffundiert.
In weitaus geringerem Maße verliert auch das **Protoplasma** Wasser an die Außenlösung. Dieser Vorgang lässt sich allerdings wegen der deutlich geringeren Veränderungen nicht eindeutig beobachten, denn die Wasserkonzentration der Zellsaftvakuole ist um ein Vielfaches höher als diejenige des Protoplasmas.
Mit dem Schrumpfen der Zellsaftvakuole löst sich auch der gesamte Protoplast von der festen Zellwand ab, und die Salzlösung dringt in den frei werdenden Raum ein.

Die **Zellwände** können weitgehend außer Betracht gelassen werden: Sie sind für die beschriebenen Vorgänge als **vollständig permeabel** anzusehen, d. h. auch für die gelösten Stoffe durchlässig.

Deplasmolyse

Bietet man anschließend im Außenmedium eine niedriger konzentrierte Lösung als im Zellinneren an (**hypotonische*** Lösung), so diffundiert Wasser vermehrt in die plasmolysierten Zellen zurück. Dieser Vorgang ist allerdings nur dann auslösbar, wenn die Zellen vorher nicht zu stark geschädigt wurden.

Plasmolyse und **Deplasmolyse** lassen sich nur an Zellen mit **intakten Membranen** auslösen, d.h. an **lebenden** Zellen.

Aufgaben

E/4-E/5

E/4 Häufig stellt man nach einem heftigen Sommerregen fest, dass reife, noch am Baum hängende Kirschen geplatzt oder aufgerissen sind.
Erläutere die Ursachen dieses Phänomens.

E/5 Setzt man dem frischen Mikropräparat eines **Bluttropfens** nach und nach **destilliertes Wasser** zu, nimmt allmählich das Volumen der roten Blutkörperchen zu, bis sie schließlich platzen (lysieren) und der rote Blutfarbstoff, das Hämoglobin, aus den Zellen austritt.
Wird einem frischen Präparat dagegen **5%ige Kochsalzlösung** zugesetzt, schrumpfen die roten Blutkörperchen und nehmen schließlich die so genannte **Stechapfelform** an:

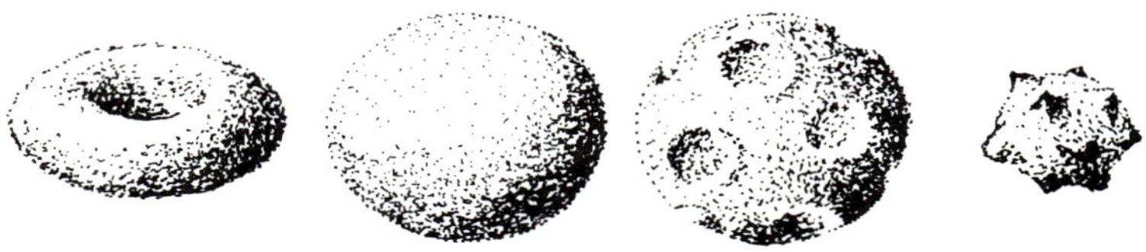

Abb. 80
Rote Blutkörperchen in unterschiedlichen Zustandsformen

a) Interpretiere die Ergebnisse dieses Experiments.

b) Entwickle eine **Versuchsreihe**, um herauszufinden, bei welcher Salzkonzentration die roten Blutkörperchen unverändert bleiben.

Zum Abschluss muss noch eine wichtige **Einschränkung** getroffen werden, die die Semipermeabilität von biologischen Membranen betrifft und uns weitere Hinweise auf deren **Feinbau** liefert:

Biologische Membranen sind im strengen Sinne nie absolut semipermeabel, sondern **selektiv permeabel**. Dies bedeutet, dass außer dem Lösungsmittel Wasser auch bestimmte gelöste Stoffe, wie Ionen etc., die Membran passieren können.

3. Eigenschaften von Biomembranen

In den Kapiteln zuvor haben wir die vielfältigen Eigenschaften der Biomembran ansatzweise kennen gelernt:

Membranen sind die wesentlichen Strukturelemente der Zelle.
Sie dienen der **Kompartimentierung** und ermöglichen so, dass alle Reaktionen im zellulären Stoffwechsel auf engstem Raum nebeneinander ablaufen können.
Dabei wirken sie als **physiologische Barrieren**: Sie stellen zwar **Grenzschichten** dar, sind aber stets **selektiv permeabel**.
Sie ermöglichen den Stoffaustausch mit der Umgebung. Sie sind nicht nur für die **Individualität der Zelle**, sondern ebenso für die **Kommunikation zwischen den Zellen** verantwortlich.

Wegen dieser herausragenden Bedeutung der Membranen wird schon seit Jahrzehnten intensiv über ihren Feinbau geforscht, ohne dass allerdings bis heute endgültige und abschließende Ergebnisse vorliegen.
Es wurden immer wieder neue **Strukturmodelle** entworfen; eine Tatsache, die in besonderem Maße den Modellcharakter biologischer Aussagen auf molekularer Ebene deutlich macht.
Trotz dieser Offenheit existieren natürlich gesicherte physiologische, biochemische und morphologisch/strukturelle Erkenntnisse über die **Eigenschaften der Biomembranen,** an denen die unterschiedlichen Strukturmodelle gemessen werden müssen/können:

- **Wasser** diffundiert relativ ungehindert und schnell durch die Membran; auch schneller als andere Teilchen mit vergleichbaren Eigenschaften.
- Je größer und **hydrophiler** (wasserfreundlicher) Teilchen sind, um so stärker wirkt die Membran als nicht passierbare **Barriere**.
- **Lipophile** (fettfreundliche) Moleküle können relativ unabhängig von ihrer Größe durch die Membran hindurchtreten.
- Unterschiedliche Membranen unterscheiden sich relativ deutlich in ihren **Permeabilitätseigenschaften** und damit hinsichtlich ihrer **Selektivität** bezüglich bestimmter Substanzen. Das deutet auf einen **unterschiedlichen Aufbau** hin.
- In vielen Fällen, z.B. an der Membran der **Nervenzellen**, führt der Stofffluss durch die Membran nicht zu einem Konzentrationsausgleich und damit zu einem dynamischen Gleichgewicht; vielmehr wird **aktiv** unter ständigem Energieverbrauch ein **Konzentrationsgefälle aufrechterhalten** bzw. wieder herbeigeführt.

Die in Kapitel E.5 dargestellten Überlegungen zum Feinbau der Biomembran müssen diesen Eigenschaften Rechnung tragen.

4. Zusammenfassung

Membranen sind die wesentlichen Strukturelemente der Zellen. Sie dienen der Kompartimentierung, bilden Grenzschichten, durch die selektiv Stoffe ausgetauscht werden, sind für die Individualität einer Zelle und für die Kommunikation zwischen den Zellen verantwortlich.

Wichtige Phänomene im Zusammenhang mit der Biomembran

Diffusion:
In Flüssigkeit **gelöste Stoffe und Gase** haben das Bestreben, sich in einem zur Verfügung stehenden Raum möglichst **gleichmäßig** zu verteilen. Es kommt dadurch zu einem **Konzentrationsausgleich**. Diesen spontanen Vorgang, der auf der **Molekularbewegung** beruht, bezeichnet man als Diffusion.

Semipermeabilität:
Befindet sich zwischen zwei unterschiedlichen Lösungen eine **permeable** (durchlässige) **Membran**, werden die Vorgänge der Diffusion nicht behindert; ist diese Membran allerdings nur **durchlässig** für das **Lösungsmittel** (im Normalfall Wasser) und **undurchlässig** für den darin **gelösten Stoff**, so spricht man von einer semipermeablen Membran.

Osmose:
Durch eine **semipermeable Membran** kommt es zu einer **einseitig gerichteten Diffusion**: Das Lösungsmittel (Wasser) wird versuchen, den Konzentrationsausgleich herbeizuführen. Diesen Vorgang nennt man Osmose.

Plasmolyse und Deplasmolyse:
Das Phänomen der Plasmolyse lässt sich an Pflanzenzellen beobachten. Werden sie in **hypertonische Lösungen** überführt, so **schrumpfen** die Vakuolen, und die Protoplasten lösen sich von den Zellwänden ab. Wasser diffundiert aus den Zellsaftvakuolen in die umgebenden Lösungen; dabei nehmen die Zellsaftkonzentrationen zu, während die Konzentration des Außenmediums sinkt.
Dieser Vorgang läuft so lange ab, bis der jeweilige Zellinhalt die gleiche Konzentration aufweist wie die jeweils umgebende Flüssigkeit, die beiden also **isotonisch** sind.

Überführt man plasmolysierte Zellen in eine **hypotonische** Lösung, so nehmen die Zellen durch ihre Membranen Wasser auf; die Vakuolen **dehnen sich** wieder aus (**Deplasmolyse**).

Selektivität:
Die Vorgänge der Osmose und Plasmolyse sind eng gekoppelt an die Eigenschaften biologischer Membranen. Allerdings ist keine Biomembran im strengen Sinne semipermeabel; vielmehr lässt sie selektiv bestimmte Stoffe durch und hält andere zurück. Sie ist also **selektiv permeabel**.

5. Theorie der Biomembran

In elektronenmikroskopischen Aufnahmen erscheinen Biomembranen bei sehr starker Vergrößerung **3-schichtig,** wobei eine dunkle Doppellinie erkennbar ist, die einen Abstand von etwa 6-8 nm aufweist:

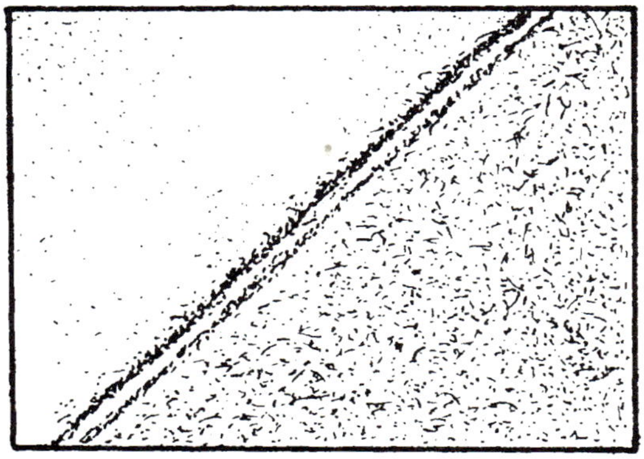

Abb. 81
Graphische Darstellung einer Zellmembran nach elektronenmikroskopischen Aufnahmen; in der rechten Bildhälfte das Cytoplasma

Dabei ist es belanglos, ob die Zellmembran, die die Zelle als Ganzes umschließt, die Membran des ER oder die eines anderen Zellorganells untersucht wird. Im elektronenmikroskopischen Bild weisen alle Membranen einer Zelle diese **einheitliche Struktur** auf (**Einheitsmembran**).

Ihre chemische Analyse ergibt eine zweite gemeinsame Eigenschaft: Alle untersuchten Membranen bestehen aus nur **zwei Grundbaustoffen,** nämlich aus **Proteinen** und **Lipiden**. Mit diesen Grundbaustoffen können geringe Mengen von **Kohlenhydraten** verbunden sein, entweder in Form von Glykoproteinen oder Glykolipiden.
Trotz dieses einheitlichen und zugleich einfach anmutenden Aufbaus werden aber alle Biomembranen unseren oben formulierten Anforderungen gerecht.
Genauere chemische Analysen von Biomembranen zeigen zudem, dass die beiden Grundbaustoffe nicht in allen Membranen gleichmäßig vorkommen, sondern je nach Membrantyp ganz **unterschiedlich verteilt** sein können.

Tabelle 6 enthält eine Zusammenstellung des Lipid- und Proteinanteils verschiedener Membranen, die deutlich macht, dass es von der „Standardverteilung" von 50% zu 50%, wie sie etwa in den meisten Zellmembranen gefunden wird, gravierende Abweichungen geben kann.
Die Myelin-Membran z.B., die zur Isolierung von Nervenfasern dient, enthält nur einen geringen Proteinanteil, während in Membra-

Membran	Lipide %	Proteine %
Kernhülle (Leberzelle)	30	70
ER (Leberzelle)	30	70
Zellmembran (Leberzelle)	30-50	50-70
Mitochondrien (Leberzelle)		
Außenmembran	49-59	41-51
Innenmembran	20-30	70-80
Chloroplasten-Thylakoide	50-56	44-50
Myelin (Nervenzelle)	70	30

Tab. 6
Chemische Zusammensetzung verschiedener Membranen

nen, die bei der Energiegewinnung eine Rolle spielen, wie der Innenmembran der Mitochondrien und Chloroplasten, die Proteine den größten Teil der Membranmasse ausmachen.

Aber trotz dieser offensichtlichen Unterschiede gibt es nach allem, was wir heute über Biomembranen wissen, ein gemeinsames Bauprinzip. Denn alle Biomembranen bestehen, unabhängig von ihrer Proteinausstattung, aus einer **Doppelschicht von Lipidmolekülen**.

5.1 Die Lipiddoppelschicht

Lipidmoleküle haben eine **gemeinsame Eigenschaft**, die sich auf ihr Verhalten gegenüber Wasser bezieht. Ein Ende des Moleküls ist in Wasser löslich; es wird als **hydrophil** (= **wasserliebend**) bezeichnet.

Das andere Ende besteht aus Kohlenwasserstoffketten, die nicht in Wasser, aber in Fett löslich sind; sie werden als **hydrophob** (= **wassermeidend**) bezeichnet.

Die meisten Membranlipide gehören zur Klasse der **Phospholipide.**

Sie leiten sich chemisch von den Fetten (Triglyceride) ab, die wir im letzten Kapitel besprochen haben. Bei Phospholipiden hängen an einem Molekül Glycerin aber nur zwei Fettsäureketten, die den **hydrophoben „Schwanz"** des Moleküls bilden, während der **hydrophile „Kopf"** von einer Phosphatgruppe und einem weiteren wasserlöslichen Molekülteil gebildet wird.

Im abgebildeten Beispiel ist dieses weitere Molekül ein Cholinrest (andere Phospholipide enthalten anstelle von Cholin entweder Ethanolamin, Serin oder Inosit):

Phospholipide variieren aber nicht nur in ihrer Kopfgruppe, sondern auch im Schwanzteil.

Die beiden angehängten Fettsäureketten können unterschiedlich lang sein (gewöhnlich 14 bis 24 Kohlenstoffatome), und eine der beiden Fettsäuren enthält in der Regel ein bis zwei Doppelbindungen, ist also ungesättigt.

Diese **Unterschiede in der Länge und dem Gehalt an gesättigten und ungesättigten Fettsäuren** sind nicht bedeutungslos. Wir kommen darauf zurück.

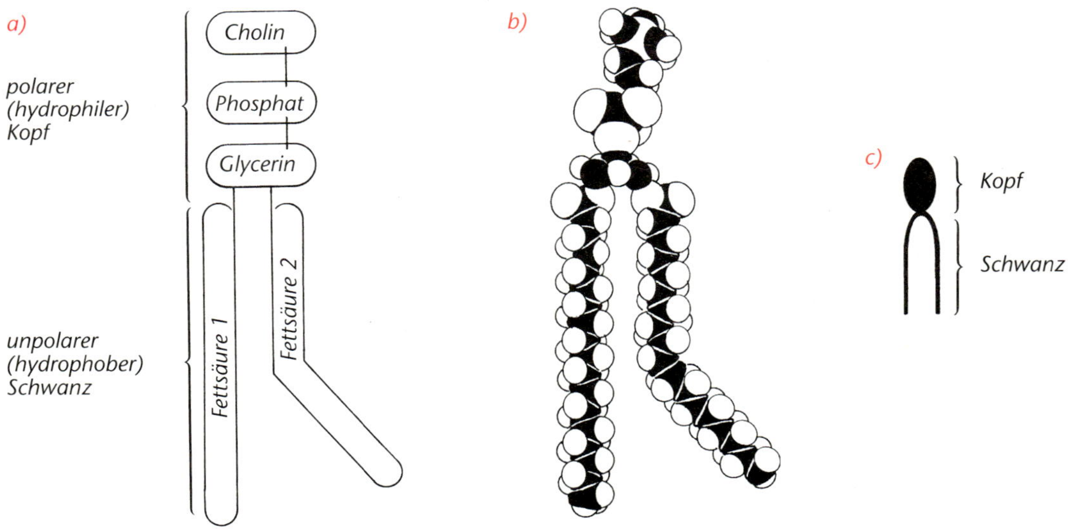

Abb. 82
Struktur eines Phospholipidmoleküls: a) schematisch; b) als Kalottenmodell; c) symbolisch dargestellt

Phospholipide haben eine bemerkenswerte Eigenschaft: Sie lagern sich **in wässriger Umgebung** spontan zu einer **Doppelschicht** zusammen (*vgl. Abb. 83*).

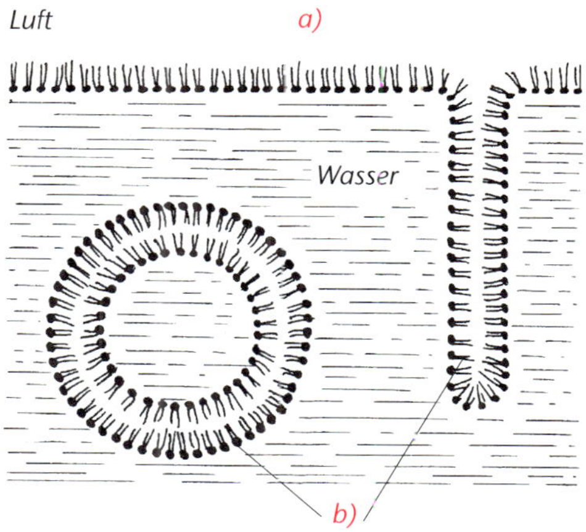

Abb. 83
Schematische Darstellung von a) einer monomolekularen Phospholipidschicht an der Grenzfläche Wasser/Luft und b) Phospholipid-Doppelschichten in wässriger Umgebung

Experiment

Ein erster Hinweis auf diese Anordnung stammt aus einem **Experiment**, das 1925 von GORTER und GRENDEL durchgeführt wurde.
Aus der Zellmembran menschlicher roter Blutzellen (Erythrocyten) extrahierten sie die Lipide und brachten sie auf einer Wasseroberfläche auf.
Mit Hilfe eines Schiebers stellten sie dann einen zusammenhängenden **monomolekularen Film** (Monolayer) her (*vgl. Abb. 83a*).
Sie verglichen die Fläche dieses Films mit den Oberflächen der ursprünglichen Erythrocytenmembranen.

Aufgabe E/6

E/6 GORTER und GRENDEL isolierten die Zellmembranen der Blutkörperchen von 2 mm^3 menschlichem Blut und extrahierten die Membranlipide. 1 mm^3 menschliches Blut enthält 5,2 x 10^6 Erythrocyten. Die Oberfläche eines Erythrocyten zeigt einen Durchschnittswert von 145 μm^2.
Der Lipidextrakt wurde auf eine Wasseroberfläche gegeben, auf der er sich kreisförmig ausbreitete. Der Lipidanteil in diesem Extrakt betrug 0,007 mm^3. Das Lösungsmittel verdunstete, und die Lipidschicht blieb zurück. Die kreisförmig ausgebreitete Lipidschicht entspricht einem sehr flachen Zylinder ($V_z = \pi \times r^2 \times h$).

GORTER und GRENDEL führten den o.g. Versuch mehrfach durch und erhielten einen gemessenen Durchschnittswert von 6 cm Durchmesser für die Lipidschicht.

a) Berechne die **Schichtdicke** der Lipidschicht.
b) Vergleiche die **Fläche** der ausgebreiteten Lipidschicht mit der Fläche der verwendeten Erythrocyten-Zellmembranen.
c) Welche Schlussfolgerung lässt sich aus diesem Vergleich ziehen?

Da die einzige Membran eines Erythrocyten die Zellmembran ist, folgerten die Forscher, dass die Lipidmoleküle in dieser Membran in einer **zusammenhängenden, in sich geschlossenen Doppelschicht** angeordnet sein müssen. Dabei stehen sich die Phospholipidmoleküle so gegenüber, dass ihre **Längsachsen senkrecht zur Ebene der Doppelschicht** stehen.
Die hydrophilen Köpfe weisen beiderseits nach außen und tauchen ins umgebende Wasser, während die hydrophoben Schwänze in der Mitte der Doppelschicht aneinander stoßen und dort das Wasser verdrängen *(vgl. Abb. 83 b).*

Diese Anordnung ist in wässriger Umgebung der **energetisch günstigste Zustand** für die Lipidmoleküle; denn sie können nur unter Energieaufwand aus dieser Lage gebracht werden, z.B. durch mechanische Kräfte, kehren danach aber wieder spontan, also von sich aus, in ihre ursprüngliche Lage zurück.

Doch Phospholipide lagern sich in wässriger Umgebung nicht nur spontan zu Doppelschichten zusammen, sondern bilden zudem noch geschlossene, kugelförmige **Vesikel**. Dabei schließen sie die Flüssigkeit im Innern vom umgebenden Wasser ab (*vgl. Abb. 83 und 84).*

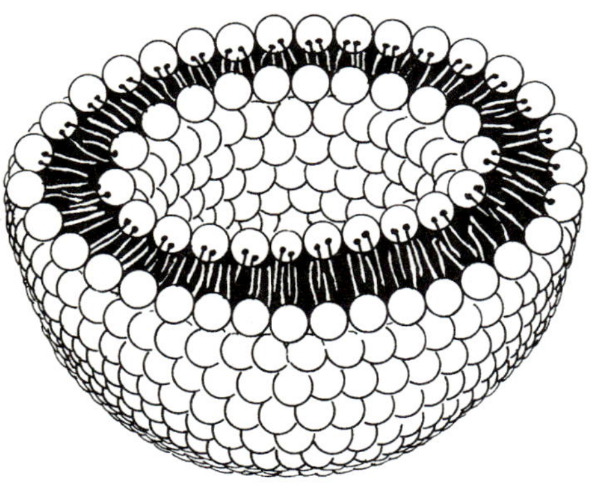

Abb. 84
Angeschnittener Vesikel aus Lipiden

Die Kugelform bildet sich ebenfalls spontan, weil bei einem offenen Ende der Doppelschicht einige der hydrophoben Bereiche der Phospholipide mit Wasser in Kontakt kommen würden, was wieder energetisch ungünstig wäre. Deshalb bilden Phospholipide in wässriger Umgebung von sich aus **geschlossene Kompartimente.**
Membranen aus Phospholipiden sind keine starren Gebilde, sondern hinsichtlich ihres Aggregatzustandes **Flüssigkeiten**. Ihre **Viskosität** gleicht der von Olivenöl. Der flüssige Charakter kommt im Wesentlichen durch **zwei Molekülbewegungen** zustande:
Zum einen **„schwänzeln"** die Fettsäureketten der Phospholipide hin und her, sodass die Doppelschicht in ihrem Inneren weich und flexibel ist.
Zum anderen **tauschen** die Moleküle innerhalb der Ebene ihrer Einzelschicht dauernd die **Plätze**. Ein Phospholipidmolekül wechselt in jeder Mikrosekunde einmal seine Position, also eine Million mal pro Sekunde.
Wanderungen von einer Seite der Doppelschicht auf die andere kommen dagegen so gut wie nie vor.

Wie flüssig eine Membran ist, hängt bei einer bestimmten Temperatur ausschließlich von ihrer **Lipidzusammensetzung** ab. Phospholipide mit kurzen und/oder ungesättigten Fettsäuren ergeben eine flüssigere Membran als solche mit langen und/oder gesättigten Fettsäuren.

Ein weiterer wichtiger Faktor, der den Flüssigkeitszustand (die Fluidität) einer Membran beeinflusst, ist der Anteil an **Cholesterin.**
Das ist ein großes scheibenförmiges Molekül aus vier miteinander verbundenen Kohlenwasserstoffringen. Der größte Teil des Moleküls ist hydrophob, nur ein kurzes Ende ist hydrophil *(vgl. Abb. 62).*

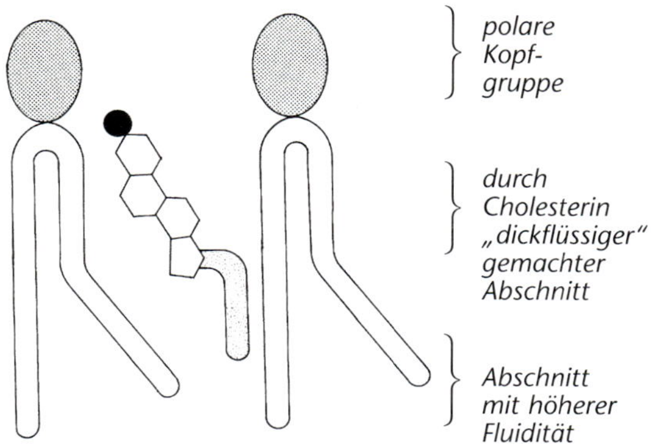

Abb. 85
Cholesterin als Bestandteil der Zellmembran

Deshalb fügt sich Cholesterin vor allem in die hydrophoben Bereiche einer Lipiddoppelschicht ein. Dadurch **vermindert** es zwar deren **Flexibilität, erhöht** aber gleichzeitig die **mechanische Stabilität** solcher Membranen.
Das könnte erklären, warum Cholesterin vor allem in den **Zellmembranen tierischer Zellen** zu finden ist: Hier fehlt ja die Zellwand, die den Pflanzenzellen ihre Stabilität verleiht.
Eigentlich wäre zu erwarten, dass die verschiedenen Membranlipide gleichmäßig in der Doppelschicht verteilt sind. Besonders in Zellmembranen aber unterscheiden sich die Lipidzusammensetzungen der beiden Schichten deutlich voneinander:

Membran	**Gewichtsanteil am Gesamtlipid (in %)**		
	Phospholipide	**Glykolipide**	**Cholesterin**
Rote Blutzellen	61	11	22
Myelin	41	28	22
Mitochondrien	80	5	4
ER	75	5	8
Chloroplasten	12	80	0

Tab. 7
Phospholipid-, Glykolipid- und Cholesterinanteil verschiedener Membranen

Am ausgeprägtesten zeigt sich diese **Asymmetrie** bei den bisher noch nicht angesprochenen **Glykolipiden***.
Diese Moleküle haben wie die Phospholipide einen hydrophoben Schwanz aus zwei Fettsäureketten. Dagegen besteht der hydrophile Kopf, wie schon die Vorsilbe andeutet, aus verschiedenen Zuckermolekülen.

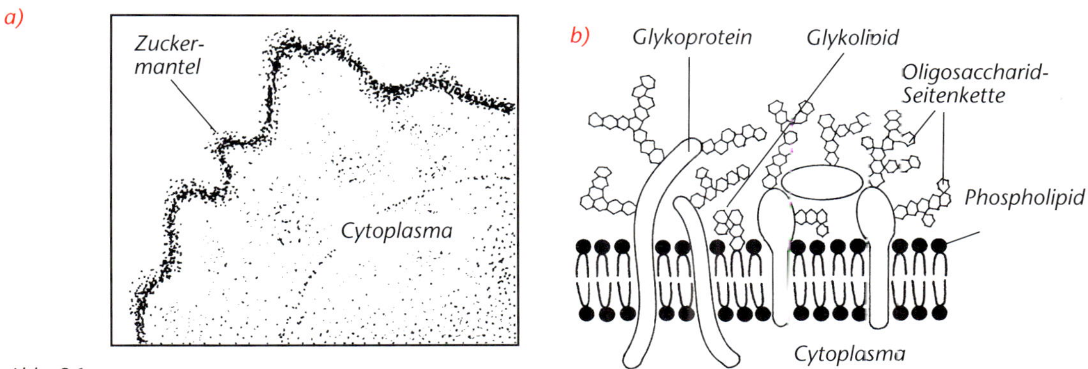

Abb. 86
a) Graphische Darstellung des „Zuckermantels" einer Zelle nach elektronenmikroskopischen Aufnahmen, b) schematische Darstellung des „Zuckermantels" aus den Zuckerseitenketten der Glykolipide und der Glykoproteine

Glykolipide befinden sich **ausschließlich in der äußeren Hälfte** der Lipiddoppelschicht, die dem Extrazellulärraum zugewandt ist.
Ihre Zuckerketten, die recht kompliziert aufgebaut sein können, ragen deutlich aus der Zelloberfläche heraus.

Allem Anschein nach sind diese Zuckerseitenketten (zusammen mit den Zuckerseitenketten der Glykoproteine, die im nächsten Abschnitt besprochen werden) für die **Individualität** einer Zellmembran verantwortlich und spielen bei der **Zellerkennung** im Gewebeverband und bei der **Immunabwehr** eine entscheidende Rolle.

Im elektronenmikroskopischen Bild erscheinen **biologische Membranen** bei stärkerer Vergrößerung **3-schichtig**.
Die chemische Analyse ergibt, dass sie hauptsächlich aus **Lipiden** und **Proteinen** aufgebaut sind.
Dabei sind die **Membranproteine** in eine zusammenhängende **Doppelschicht von Lipidmolekülen** eingelagert.

Die **Lipidmoleküle** bilden ganz von selbst solche Doppelschichten aus. In ihnen stehen sich ihre **hydrophoben Fettsäureketten** innen gegenüber, während die **hydrophilen Köpfe** in die wässrige Umgebung eintauchen. Die Lipiddoppelschicht ist in sich **flüssig**, da sich die Lipidmoleküle innerhalb ihrer Schicht schnell bewegen.
Es gibt drei Hauptgruppen von Lipiden in biologischen Membranen: **Phospholipide, Glykolipide** und **Cholesterin**; sie sind asymmetrisch in der Doppelschicht verteilt.

5.2 Membranproteine

Während die Lipiddoppelschichten die Grundstruktur aller biologischen Membranen bilden, sind die Proteine für deren **spezifische Aufgaben** verantwortlich.
Membranen mit unterschiedlichen Funktionen unterscheiden sich dementsprechend in ihrer Protein-Ausstattung *(vgl. Tab. 6)*.

Der **Struktur-Funktions-Zusammenhang,** wie wir ihn in Kapitel A.3.3 für die Besonderheiten im Aufbau spezialisierter Zellen erläutert haben, findet sich also auch im **molekularen Bereich,** wie eben hier bei der stofflichen Zusammensetzung von Biomembranen, wieder. – Wir kommen darauf im Einzelnen noch zurück.
Noch bis vor einigen Jahren glaubte man fälschlicherweise, die Membranproteine seien den beiden Oberflächen der Lipiddoppelschicht aufgelagert – etwa so wie die Brotscheiben bei einem Käse-Sandwich (Danielli-Modell):

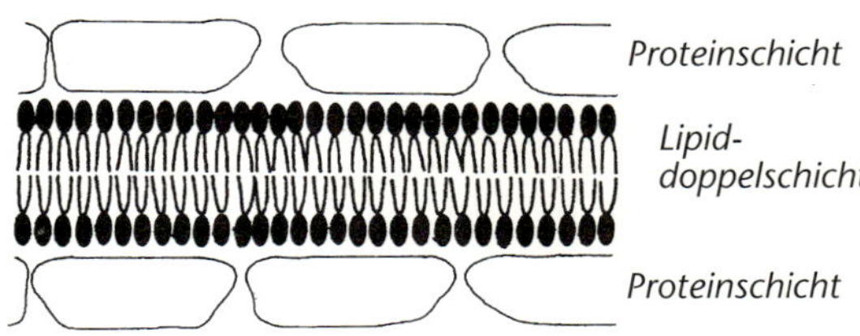

Abb. 87
Sandwich-Modell der Biomembran

Diese theoretische Anordnung der Proteine passte gut zu der dunklen Doppellinie, die auf elektronenmikroskopischen Aufnahmen von biologischen Membranen zu sehen ist *(vgl. Abb. 81)*. Zwei Beobachtungen führten aber zur Entwicklung eines anderen Modells.

Bei Verwendung der „Gefrierbruch"-Technik, mit der man sehr plastisch erscheinende elektronenmikroskopische Aufnahmen von **Oberflächenstrukturen** erhält, zeigen die Flächenabdrücke von biologischen Membranen **kugelförmige Vertiefungen und Erhebungen** unterschiedlicher Ausdehnung und Verteilung:

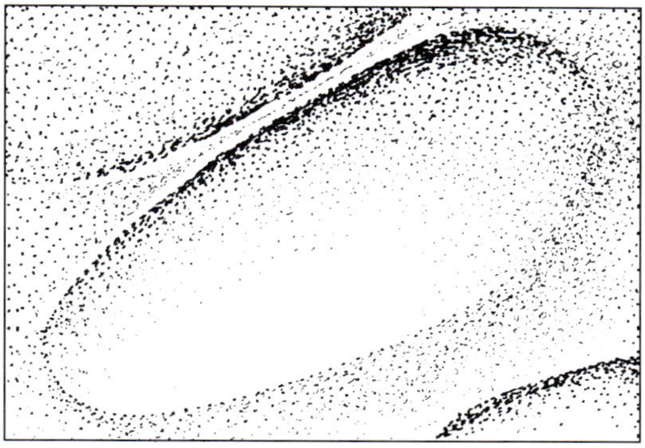

Abb. 88
Oberflächenstruktur einer Erythrocyten-Membran nach elektronenmikroskopischen Aufnahmen

Ferner förderte der Versuch, die Membranproteine aus der Membran herauszulösen, einen bedeutsamen Unterschied zutage: Etwa 20% der Proteine lösen sich sehr leicht, z.B. durch Extraktion mit Salzlösung, sind also offensichtlich nur locker mit der Lipiddoppelschicht assoziiert. Für den großen Rest sind „härtere" Methoden notwendig, z.B. Extraktion mit organischen Lösungsmitteln, die in der Regel die Zerstörung der Membran zur Folge haben.

Aus diesen Erkenntnissen wurde ein Membranmodell abgeleitet, in dem die **Proteine ganz oder teilweise in die Lipiddoppelschicht eingetaucht** sind.
Sie werden dementsprechend als **integrale*** beziehungsweise **periphere* Membranproteine** bezeichnet:
Die peripheren Proteine sind schwer zu erfassen, da sie meist schon beim Aufbrechen der Zellen den Kontakt mit ihren Membranen verlieren. Es handelt sich in der Regel um **Enzyme**, die an hochgeordneten Stoffwechselreaktionen beteiligt sind (z. B. am Lipidstoffwechsel des glatten ER).

Die integralen Proteine sind fester an ihre Membranen gebunden, da sie die Lipiddoppelschicht ganz durchspannen. Sie machen den weitaus größten Anteil der Membranproteine aus.

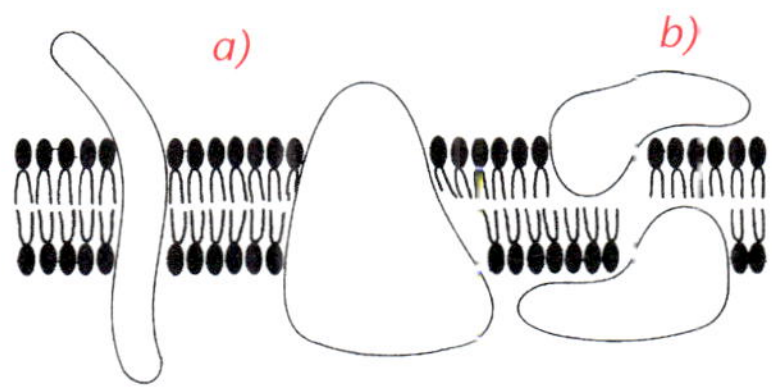

Abb. 89
a) Integrale und b) periphere Membranproteine

Diese **Transmembran-Proteine** besitzen eine **hydrophobe Region**, die mit den ebenfalls hydrophoben Fettsäureketten der Lipide im Inneren der Membran in **Wechselwirkung** tritt und auf diese Weise das Protein in der Lipiddoppelschicht **verankert**. Die hydrophobe Region wird von einer speziellen Sequenz hydrophober Aminosäuren gebildet.
Hinsichtlich der **räumlichen Gestalt** (Konformation) lassen sich die Transmembran-Proteine in zwei Hauptgruppen einteilen:

- Die einen besitzen eine eher kugelförmige Gestalt und werden deshalb als **globulär** bezeichnet;
- Bei den anderen ist die Aminosäurekette im Bereich der Lipidschicht schraubig gewunden, weshalb sie als **(alpha-)helical** bezeichnet werden.

Inzwischen sind viele **Typen** von helicalen Transmembran-Proteinen bekannt. Sie können ganz verschiedene Aufgaben erfüllen.
Die meisten dienen als **Rezeptoren**, also als Anlegestellen für extrazelluläre Moleküle (z.B.

Hormone). Der extrazelluläre Proteinbereich ist dann jeweils so gestaltet, dass das zu bindende Molekül dazu passt wie ein **Schlüssel** zu seinem **Schloss.**
Und tatsächlich öffnet sich – um im Bild zu bleiben – durch die Bindung des extrazellulären Moleküls die Zellmembran, um das Molekül **einzuschleusen**.
Wie das vor sich geht, werden wir in den nächsten Abschnitten genauer erläutern.

Andere Typen, bei denen es sich aber stets um helicale Glykoproteine handelt, **sichern die Individualität von Zellen** und ermöglichen dem Abwehrsystem zu erkennen, ob die Zelle zum eigenen oder zu einem fremden Organismus gehört oder ob sie sich in eine Krebszelle verwandelt hat.
Da in erster Linie die extrazellulären Abschnitte dieser Proteine für deren Funktion zuständig sind, ist ihre asymmetrische Anordnung in der Lipidschicht nicht weiter verwunderlich.
Die **globulären Membranproteine** sind weniger gut untersucht. Auch sie tragen im extrazellulären Bereich häufig Zuckerseitenketten, gehören also ebenfalls zu den Glykoproteinen. Aufgrund ihrer massiven Struktur innerhalb der Membranebene leisten sie die Hauptarbeit der Zellmembran: den **Transport von Ionen und kleinen Molekülen**.

Da die Lipiddoppelschicht flüssig ist, können sich auch die Membranproteine darin bewegen. Allerdings ist eine **Wanderung** – wie bei den Lipidmolekülen – nur in der Ebene der Membran möglich.
Wie schnell dies geht, hängt vom **Flüssigkeitszustand** der Lipiddoppelschicht ab. Falls sie nicht daran gehindert werden, können die Membranproteine der meisten Zellen in wenigen Minuten von einer Seite der Zelle zur anderen gelangen; Ausnahmen hiervon erläutern wir im nächsten Abschnitt.
Gewichtsmäßig sind Membranproteine im Durchschnitt zu 50% am Membranaufbau beteiligt (*vgl. Tab. 6*).
Da die Größe eines Proteins die Membranlipide bei weitem übertrifft, enthalten Membranen zahlenmäßig immer sehr viel mehr Lipid- als Proteinmoleküle.
In den meisten Zellmembranen kommt ein Proteinmolekül auf etwa 50 Lipidmoleküle.
Die Membranproteine sind nicht dicht nebeneinander gepackt, sondern in eher unregel-

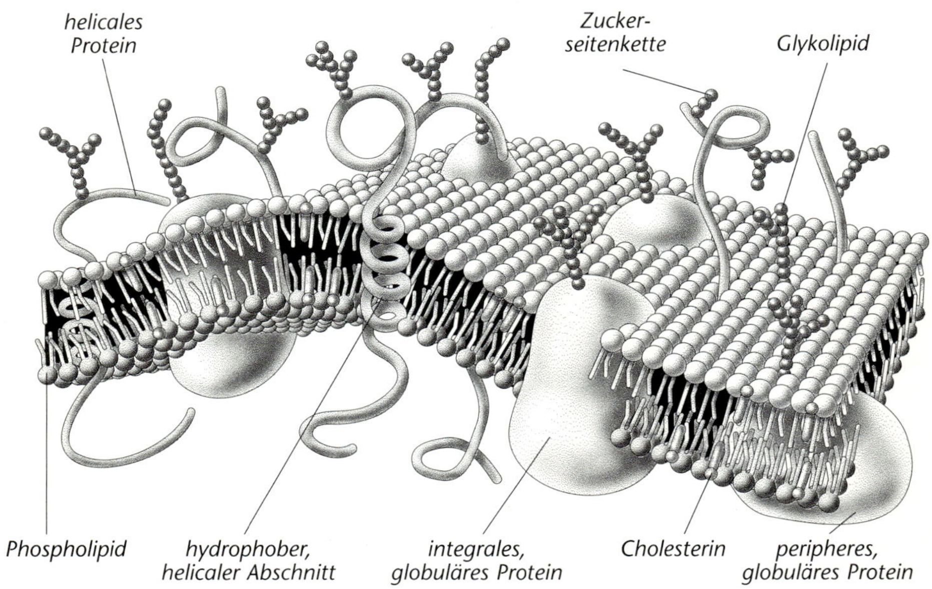

Abb. 90 Dreidimensionales Modell der Zellmembran

mäßigen Abständen in der Lipiddoppelschicht verteilt.
Diese Anordnung hat dem Membranmodell die Bezeichnung **„fluid-mosaic"-Modell** (Singer-Nicolson-Modell) eingetragen: In die flüssige Lipiddoppelschicht sind die Membranproteine **mosaikartig** – wie schwimmende Inseln – eingebettet.

Aufgabe **E/7**

E/7 Fertige aufgrund der Informationen im Text und der vorherigen Abbildungen eine beschriftete Schemazeichnung des „fluid-mosaic"-Modells der Membran an.

Die in die Lipiddoppelschicht eingelagerten **Proteine** sind für die vielfältigen **Funktionen** biologischer Membranen zuständig.
Ein kleiner Teil der Proteine ist nur an die Lipidschicht angelagert (**periphere Proteine**), während die große Masse die Lipidschicht durchspannt (**integrale Proteine**).

Unter diesen **Transmembran-Proteinen** finden sich zwei Haupttypen:

- Die einen sind mit einer **helicalen** Struktur in die Lipidschicht eingelassen, wobei sich der größte Teil des Moleküls außerhalb der Zelle befindet und meist mit Zuckerseitenketten besetzt ist. Diese Membranproteine arbeiten in der Regel als **Rezeptoren**.
- Die anderen sind eher **kugelförmig (globulär)** gestaltet und weisen innerhalb der Lipidschicht so viel Masse auf, dass sie in ihrem Inneren wasserlösliche Substanzen durch die Membran **transportieren** können.

Beide Proteintypen sind durch eine **hydrophobe Region** in der Lipiddoppelschicht verankert, können sich aber wie die Lipidmoleküle in der Ebene der Membran mehr oder weniger frei **bewegen**.

Da die Zahl der Lipidmoleküle die der Proteine deutlich übertrifft, stellt man sich Proteine **mosaikartig verteilt** vor. Daher hat das Membranmodell auch seinen Namen: **„fluid-mosaic"-Modell**.

5.3 Transportmechanismen für kleine Moleküle und Ionen

Proteinfreie Lipiddoppelschichten sind für fast alle wasserlöslichen Moleküle völlig **undurchlässig.** Dadurch wird sehr wirkungsvoll verhindert, dass die wasserlöslichen Bestandteile einer Zelle verloren gehen.
Lediglich **Wasser**moleküle und die Moleküle der Atemgase, also **Sauerstoff** und **Kohlendioxid**, diffundieren – wohl aufgrund ihres äußerst geringen Durchmessers – leicht durch die Lipidschicht.
Jede Zelle muß aber eine Reihe lebenswichtiger Stoffe wie Zucker oder Aminosäuren durch die Zellmembran ins Cytoplasma **einschleusen** und Abbauprodukte des Stoffwechsels durch die Zellmembran **ausscheiden**.

Des Weiteren reguliert jede Zelle sehr genau die Konzentration verschiedener Ionen im Cytoplasma; auch dies erfolgt über Transportvorgänge durch die Zellmembran.
Es gibt sogar spezielle Mechanismen, die es großen Molekülen (z.B. Proteinen) oder Partikeln (z.B. Viren) erlauben, die Zellmembran zu überwinden.
Alle diese **Transportvorgänge** werden von besonderen Membranproteinen durchgeführt, die deshalb als **Membran-Transportproteine** bezeichnet werden.
Es gibt sie in vielen Formen, und sie kommen in allen Typen von biologischen Membranen vor.
Jedes dieser Proteine ist für den Transport einer bestimmten Klasse von Molekülen – etwa Ionen, Zucker oder Aminosäuren – zuständig, oft sogar nur für ein bestimmtes Molekül dieser Stoffklasse, z.B. für Glukose.

Die **selektive Permeabilität** aller biologischen Membranen hat ihre **molekulare Ursache** in der **Spezifität** der Transportproteine.

Die meisten Proteine transportieren schlicht ein Molekül von einer Seite der Membran zur anderen.
Einige Proteine arbeiten aber als **Co-Transport-Systeme**. Hier erfolgt der Transfer nur bei gleichzeitigem Transport einer anderen Molekülart. Die beiden unterschiedlichen Moleküle können entweder in der gleichen Richtung oder entgegengesetzt transportiert werden:

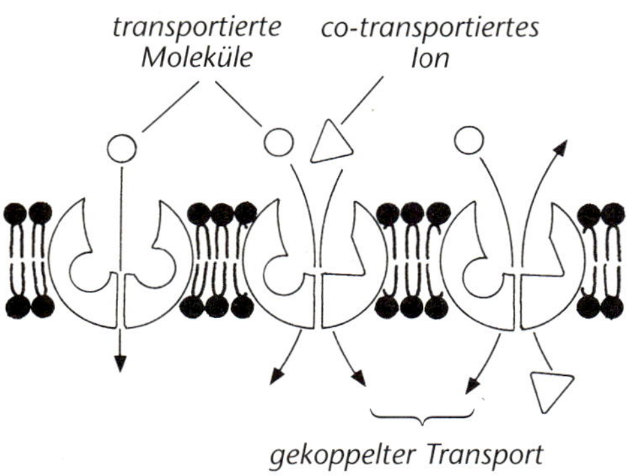

Abb. 91
Schematische Darstellung von Transportproteinen, die Moleküle einzeln oder zusammen durch die Membran schleusen

So erfolgt beispielsweise der Transport von Glukose vom Innenraum des Dünndarms ins Innere der Dünndarmzelle durch einen gleichzeitigen Natrium-Einstrom in diese Zelle. – Wir kommen auf dieses Beispiel noch zurück.

Die **Natrium-Kalium-Pumpe**, die vor allem bei Nervenzellen die Konzentrationen der beiden Ionensorten reguliert, arbeitet dagegen so, dass sie Natrium aus der Zelle heraus- und gleichzeitig Kalium in die Zelle hineintransportiert.

Viele Membran-Transportproteine ermöglichen die Durchquerung der Membran durch **passiven Transport.** Dabei bestimmt lediglich der Unterschied zwischen der Konzentration auf der einen Seite der Membran zu dem auf der anderen – also der **Konzentrationsgradient** – die Richtung des Transfers. Das Molekül wird passiv, ohne Energieverbrauch, vom Ort der höheren Konzentration zum Ort der geringeren Konzentration wandern.

Erfolgt dies direkt durch die Lipidschicht, handelt es sich um **einfache Diffusion**:

Dieser Transportweg eignet sich vor allem für **kleine Moleküle** wie Sauerstoff (O_2) und Kohlendioxid (CO_2), die zwischen den Lipidmolekülen hindurchschlüpfen können. Das

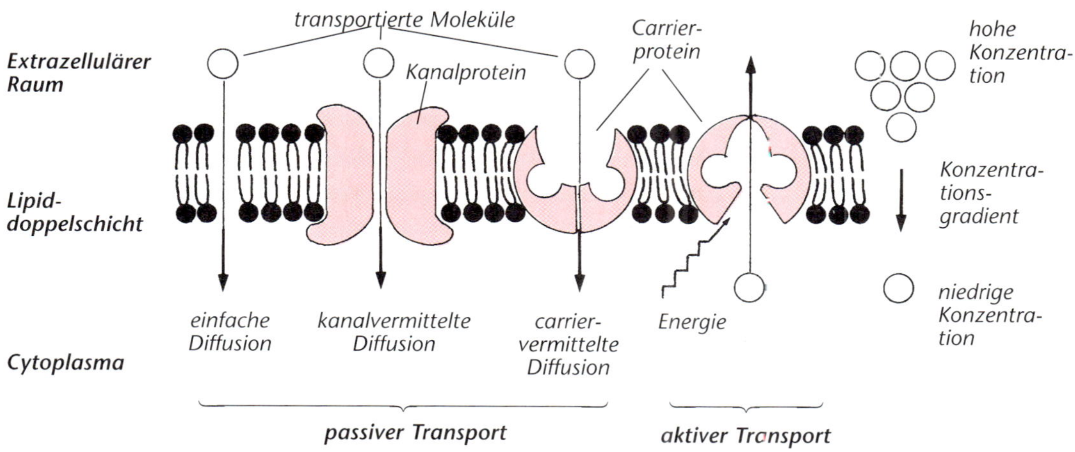

Abb. 92
Transportmechanismen durch biologische Membranen, Erläuterungen im Text

gilt ebenso für **Wasser**! Es wird angenommen, dass auch größere Moleküle mit **hydrophoben** Eigenschaften (z. B. Fettsäuren, Cholesterin, alle Steroidhormone) auf diese Weise die Zellmembran passieren.

Für alle **hydrophilen** Moleküle, die größer sind als Wasser, ist die hydrophobe Lipiddoppelschicht so gut wie undurchlässig. Sogar kleine **Ionen** wie Natrium (Na^+), Kalium (K^+) oder Calcium (Ca^{++}) besitzen relativ große Wasserhüllen, die eine einfache Diffusion behindern. Sie können die Membran nur durch **Kanalproteine** passieren.

Abbildung 93 zeigt, wie ein solches Kanalprotein aufgebaut ist. Fünf gleichartige Untereinheiten sind so zusammengelagert, dass im Inneren eine Art **Tunnel** entsteht. Jede Untereinheit besteht aus einer Polypeptidkette von etwa 500 Aminosäuren. Ein Teil der Abbildung zeigt, dass jede Polypeptidkette vielmal schraubig gewunden durch die Lipiddoppelschicht geflochten ist. Eine der Schrauben (dunkel gezeichnet) enthält viele **hydrophile** Aminosäuren. Diese Schraube bildet zusammen mit den vier der anderen Untereinheiten die Wand eines wassergefüllten Kanals, durch den die hydrophilen Ionen diffundieren können.

Allerdings sind nicht alle Kanäle dauernd geöffnet. Einige sind normalerweise geschlossen und **öffnen sich** nur vorübergehend als

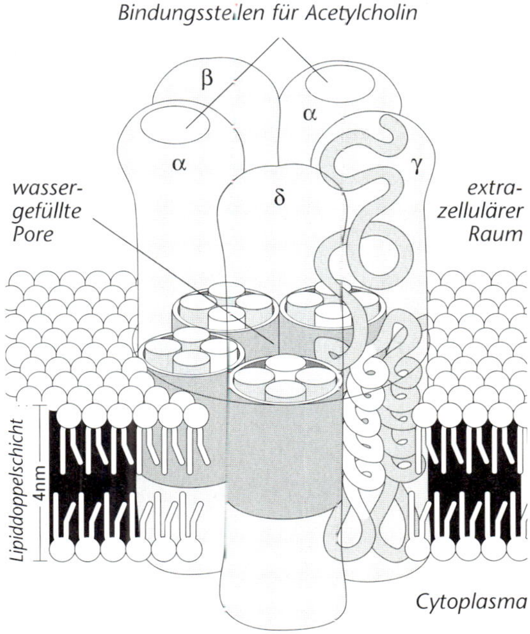

Abb. 93
Modell eines Kanalproteins, Erläuterungen im Text

Reaktion auf ein (meist extrazelluläres) **Signal.**

Chemisch gesteuerte Kanäle reagieren dabei auf einen **Botenstoff** – z. B. ein Hormon –, während **spannungsgesteuerte Kanäle**, wie sie vor allem in der Zellmembran von Nervenfasern vorkommen, auf **Änderungen des Membranpotentials** reagieren.

Anders beim sogenannten **Carrier-Transport**. Carrierproteine **binden** die zu transportierenden Moleküle und **transferieren** sie in diesem Zustand auf die andere Seite der Membran.

Im Unterschied zu den Kanalproteinen sind Carrierproteine **hochspezifisch** für ein bestimmtes Molekül. Sie verhalten sich in dieser Hinsicht wie Enzyme.

Jedes Carrierprotein verfügt über eine spezifisch gestaltete **Bindungsstelle,** in die das zu transportierende Molekül passt wie der Schlüssel zu seinem Schloss (*vgl. Abb. 95*).

Die **Transportgeschwindigkeit** ist deshalb nicht ausschließlich vom Konzentrationsgradienten abhängig; denn je mehr Moleküle transportiert werden, desto mehr Bindungsstellen sind gleichzeitig besetzt.

Wenn alle Bindungsstellen besetzt sind, hat das Carrierprotein seine Maximalgeschwindigkeit erreicht.

Aufgabe E/8

E/8 Bringt man rote Blutzellen (Erythrocyten) in **Glukoselösungen verschiedener Konzentration**, so nehmen sie Glukose bis zum jeweiligen Konzentrationsausgleich auf. Dieser Vorgang kann einige Stunden dauern.

Entnimmt man aber aus jeder der verschieden konzentrierten Glukoselösungen die Zellen schon nach einer Stunde und bestimmt die inzwischen aufgenommene Glukosemenge, so erhält man ganz unterschiedliche Werte.

Trägt man diese Werte für die Glukosekonzentration in den Zellen gegen die Glukosekonzentration in den Lösungen in ein Diagramm ein, erhält man eine so genannte Sättigungskurve:

a) Wie lassen sich die Versuchsergebnisse erklären?

b) Warum liegen die Schnittpunkte nicht auf einer Geraden?

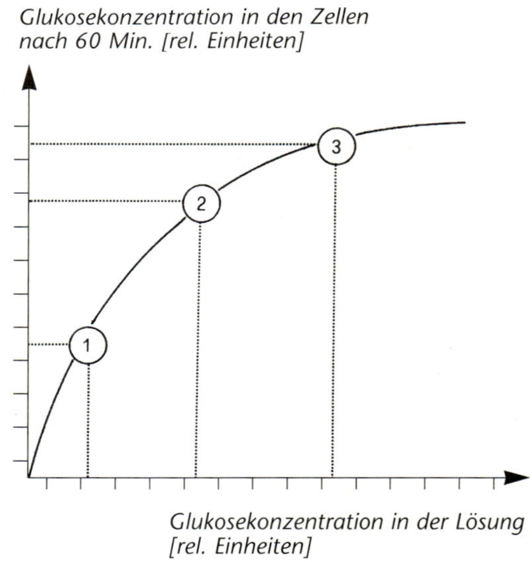

Abb. 94
Glukoseaufnahme in rote Blutzellen (Erythrocyten)

Obwohl diese Besonderheiten des Carrier-Transportes bekannt sind, weiß man noch immer nichts Genaueres über die **Funktionsweise.**

Nach einer mittlerweile überholten Vorstellung bindet das Protein das zu transportierende Molekül auf der einen Seite der Membran, diffundiert dann durch die Membran und gibt das Molekül auf der anderen Seite wieder frei **(Fährboot-Mechanismus)**.

Einem anderen Modell zufolge dreht sich das Protein innerhalb der Membran und bringt seine Bindungsstelle mitsamt dem angehefteten Molekül von der einen Seite auf die andere **(Drehtür-Mechanismus)**.

Beide Erklärungen gehen von der Möglichkeit radikaler Umorientierungen der Carrierproteine in der Membran aus.

Aufgabe E/9

E/9 Aufgrund welcher Eigenschaften der Membranproteine sind die beiden oben beschriebenen Transportmechanismen unwahrscheinlich?

Wahrscheinlicher ist, dass Carrierproteine durch eine **oszillierende* Konformationsänderung** Moleküle durch die Membran schleusen. Abbildung 95 zeigt in stark schematisierter Form, wie ein solcher gleichsam nach dem **Ping-Pong-System** funktionierender Transport vor sich gehen könnte:

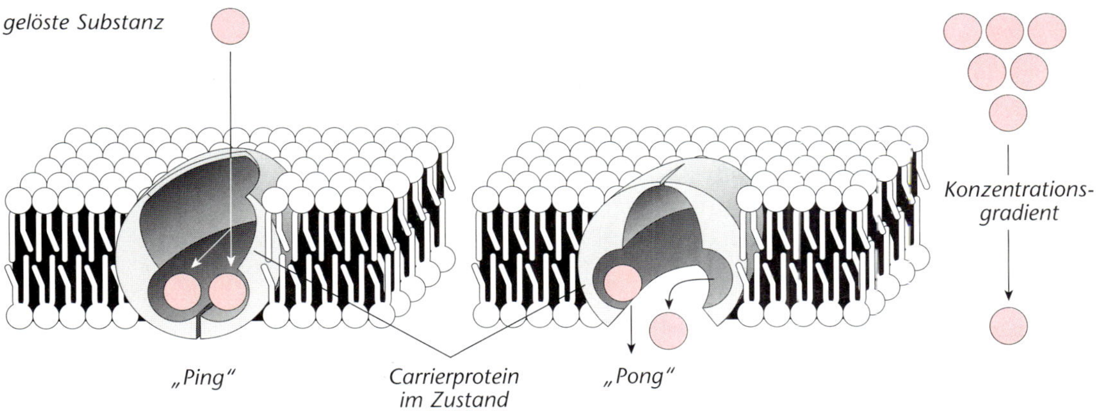

Abb. 95
Carrier-Transport, Erläuterungen im Text

Das Protein kann in zwei Konformationen vorliegen:

– Im Zustand **„Ping“** sind die Bindungsstellen für das zu transportierende Molekül zur **Zellaußenseite** hin geöffnet. Durch Anlagerung des zu transportierenden Moleküls ändert sich die Konformation des Proteins.

– Im Zustand **„Pong“** sind die Bindungsstellen zur **Zellinnenseite** hin geöffnet.

Da die Konzentration des zu transportierenden Moleküls außen höher ist als in der Zelle, wird es sich bevorzugt im „Ping“-Zustand an das Protein anlagern und im „Pong“-Zustand abspringen. Das Molekül wird also **in Richtung seines Konzentrationsgradienten** transportiert.

Carrierproteine können spezielle Moleküle aber auch in Abwesenheit des oder sogar entgegen dem Konzentrationsgradienten durch die Membran transportieren, also einen **aktiven Transport** durchführen.

Anders als der passive Transport, der ja spontan und von sich aus abläuft, muss der aktive Transport immer an eine **Energiequelle** gekoppelt sein.
Das Carrierprotein nutzt dazu entweder in ATP gespeicherte **Stoffwechselenergie**, die die Mitochondrien liefern *(vgl. Mentor Abiturhilfe Stoffwechsel)*, oder den **Co-Transport** von Ionen, die dabei ihrem Konzentrationsgradienten folgen.

Alle Varianten des aktiven und passiven Transports lassen sich am **Beispiel** der **Dünndarm-Epithelzelle** sehr gut demonstrieren. Wie die elektronenmikroskopische Aufnahme zeigt, sind solche Epithelzellen **asymmetrisch** gebaut.

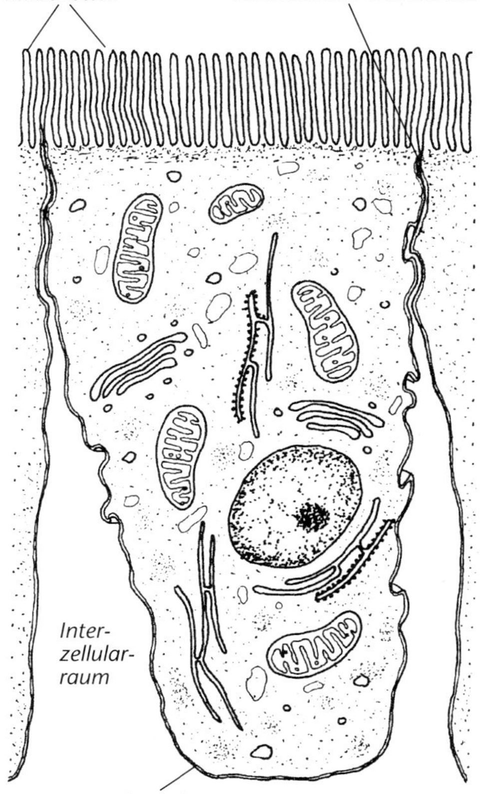

Abb. 96
Dünndarm-Epithelzelle nach elektronenmikroskopischen Aufnahmen

Die dem Darm zugewandte Fläche der Zellmembran ist durch die Ausbildung tausender **fingerförmiger Ausstülpungen,** sogenannter **Mikrozotten**, extrem vergrößert.
Im Sinne des Struktur-Funktions-Zusammenhangs hat diese Oberflächenvergrößerung die Aufgabe, die **Transportkapazität** für Moleküle aus dem Verdauungsprozess bis auf das 25-fache der Grundfläche zu **erweitern**.
Die Asymmetrie reicht aber noch weiter. Eine Darmepithelzelle soll ja für den Körper verwertbare Moleküle vom Darm ins Blut transportieren. Dazu müssen die Moleküle zweimal die Zellmembran der Epithelzelle passieren: zunächst vom Darm ins Cytoplasma und dann vom Cytoplasma ins Blut.
Die Transportrichtung durch die Zellmembran kehrt sich also um. Die Transportproteine müssen dementsprechend in der jeweiligen Membranfläche anders orientiert sein (*vgl. Abb. 97*):

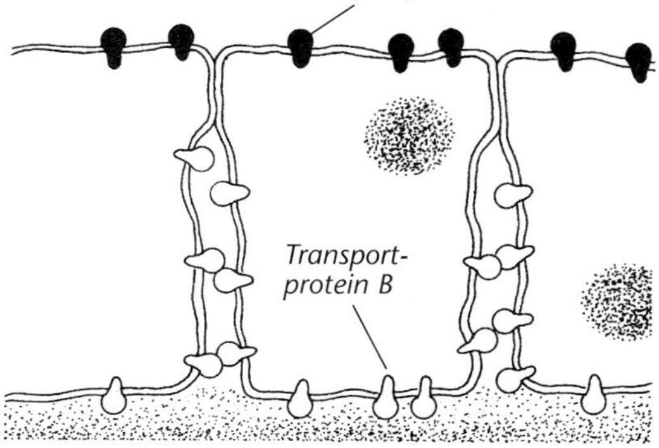

Abb. 97
Die asymmetrische Verteilung der Transportproteine in der Zellmembran einer Dünndarm-Epithelzelle; Erläuterungen im Text

Wie Abbildung 98 zeigt, wird die **Glukose** aus dem Darm durch ein Carrierprotein ins Cytoplasma transportiert, das gleichzeitig **Natriumionen** in die Zelle einschleust. Der Glukosetransport setzt also einen **Natriumgradienten** vom Darm ins Cytoplasma voraus.
Weil Natrium seinem Konzentrationsgradienten folgend in die Zelle einströmt, „schleppt" es auf diese Weise die Glukose automatisch mit durch die Membran.

Für die Glukose muss ein solcher Konzentrationsgradient vom Darm ins Cytoplasma nicht existieren. Im Gegenteil: Die Glukosekonzentration könnte im Cytoplasma sogar höher sein als im Darm. Glukose wird ja durch den gekoppelten Natriumeinstrom mittransportiert.

Die **Geschwindigkeit** der Glukoseaufnahme hängt demnach davon ab, wie groß der Konzentrationsgradient für Natrium ist. Bei geringer Natriumkonzentration im Darm kommt auch der Glukosetransport zum Erliegen.

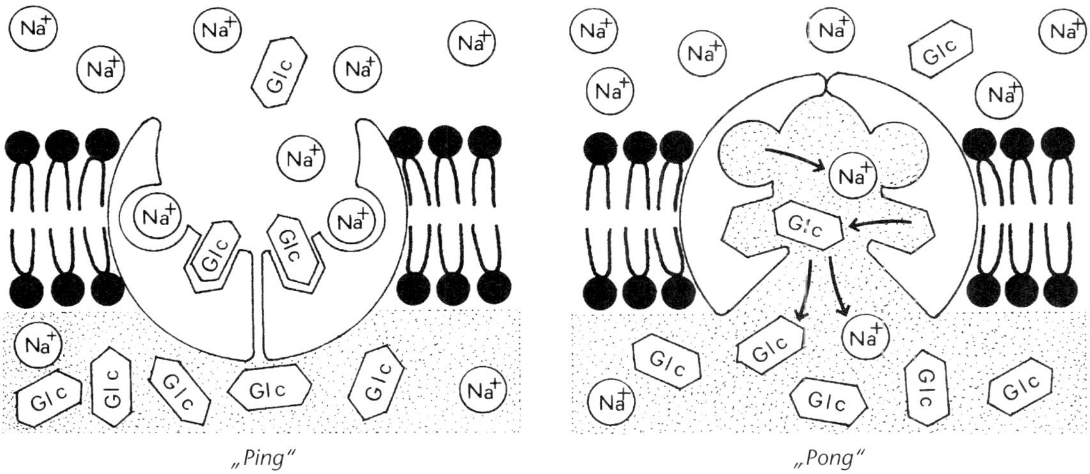

Abb.98
natriumgekoppelte Glukosepumpe, die nach dem Ping-Pong-Prinzip arbeitet

Eine Darmepithelzelle pumpt auf diese Weise ungeheure Mengen an Glukose (und anderen Verdauungsprodukten) aus dem Darm in ihr Zellinneres und gibt den größten Teil davon ans Blut ab.

Dazu wiederum muss die Glukose aus dem Cytoplasma durch die Zellmembran, die an das Blutgefäß angrenzt, geschleust werden.
Das geschieht durch ein anderes Carrierprotein, das die Glukose, ihrem eigenen Konzentrationsgradienten folgend (also natriumunabhängig), aus der Zelle transportiert.

In derselben Membranfläche ist eine **Natrium-Kalium-Pumpe** lokalisiert *(vgl. Abb. 99)*, die **unter Verbrauch von Stoffwechselenergie (ATP)** Natriumionen aktiv, also gegen den Konzentrationsgradienten, aus dem Cytoplasma ins Blut pumpt. Dadurch gewährleistet die Epithelzelle eine niedrige Natriumkonzentration im Cytoplasma, die ja die Voraussetzung für den natriumgekoppelten Glukoseeinstrom aus dem Darm bildet.

Deshalb bezeichnet man den **natriumgekoppelten Glukosetransport** auch als **sekundär aktiven Transport**, weil die Stoffwechselenergie der Zelle nicht unmittelbar, sondern indirekt über den aktiv erzeugten Natriumgradienten genutzt wird.

Solche natriumgekoppelten, **sekundär aktiven Carrierproteine** gibt es nicht nur für Glukose, sondern sind auch für **Aminosäuren** nachgewiesen. Auch sie sind asymmetrisch in der Zellmembran verteilt, allerdings auf die Membranfläche, die der Darmhöhle zugewandt ist, beschränkt.

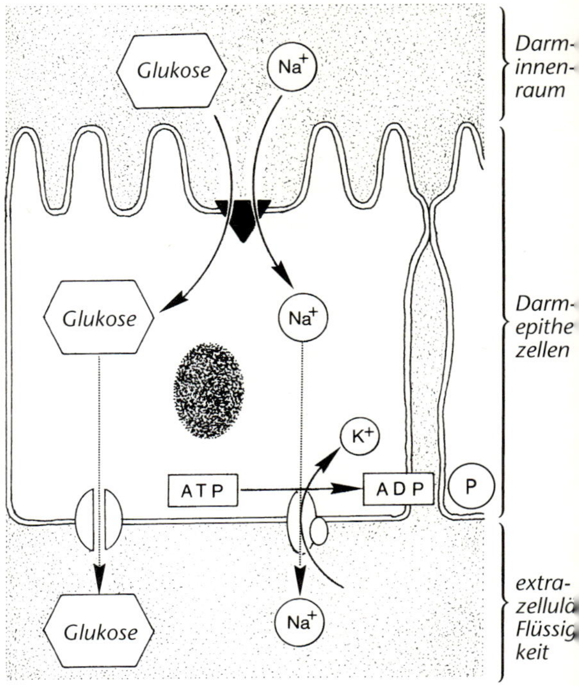

Abb. 99
natriumgekoppelter sekundär aktiver Glukosetransport, Erläuterungen im Text.

Eigentlich widerspricht die asymmetrische Verteilung der Carrierproteine der **Bewegungsmöglichkeit** in der Membranebene.

Tatsächlich hindern **Epithelzellen** die Membranproteine an der Wanderung von einem Membranbereich zum anderen durch einen **geschlossenen Zellkontakt** (engl. **tight junction**) *(vgl. Abb. 96)*. Solche Zellkontakte ziehen sich wie Dichtungsringe zwischen den Zellmembranen um benachbarte Epithelzellen herum und unterteilen deren Zellmembranen somit in zwei Bereiche: einen „oberen" zur Darmseite hin und einen „seitlichen" und „unteren" zum Blutgefäß hin.

Innerhalb ihres Bereiches können sich die Membranproteine frei bewegen, doch sie können nicht in den anderen Bereich gelangen, da die geschlossenen Zellkontakte sie daran hindern.

Die geschlossenen Zellkontakte leisten aber noch mehr. Da die Darmepithelzellen nur verwertbare Moleküle gezielt (**selektiv**) vom Darm ins Blut transportieren sollen, müssen sie ohne Zwischenräume miteinander verbunden sein, damit keine Moleküle zwischen den Zellen (sozusagen an ihnen vorbei) ins Blut diffundieren.

Darmepithelzellen sind aber auch noch durch **offene Zellkontakte** miteinander verbunden (engl. **gap junction**).
Dazu werden zwei **Kanalproteine** benachbarter Zellen so miteinander verzahnt, dass sie einen **durchgehenden Tunnel** von Zelle zu Zelle bilden. Durch diese Öffnung können benachbarte Zellen kleine Moleküle austauschen und ihre Aktivitäten aufeinander abstimmen.

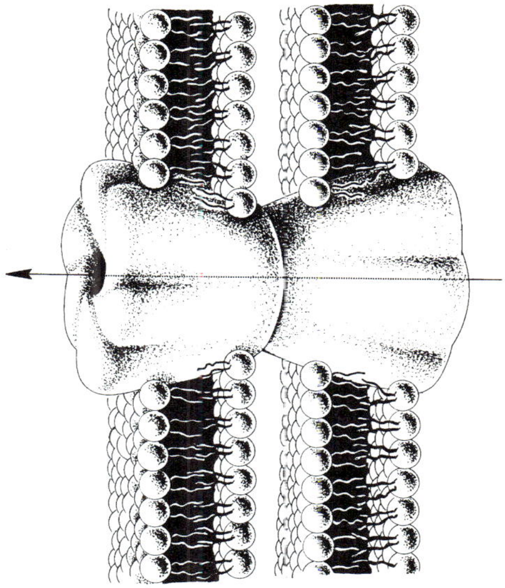

Abb. 100
Offener Zellkontakt zwischen zwei benachbarten Epithelzellen

Lipiddoppelschichten sind für die meisten wasserlöslichen Moleküle **undurchlässig**.

Um dennoch solche Substanzen durch die Zellmembran transportieren zu können, enthält diese spezifische **Transportproteine**; sie sind jeweils für den Transport eines ganz **bestimmten** Stoffes durch die Membran verantwortlich:

- **Kanalproteine** bilden **hydrophile Tunnel**, durch die die Ionen ihrem **Konzentrationsgradienten** folgend diffundieren können; einige Kanalproteine sind normalerweise geschlossen und werden erst auf ein Signal hin geöffnet.
- **Carrierproteine** dagegen binden spezifisch ihren Stoff und geben ihn nach einer **oszillierenden Konformationsänderung** auf der anderen Seite der Zellmembran wieder ab; unter Verwendung von Stoffwechselenergie können solche Carrierproteine eine Substanz auch gegen einen Konzentrationsgradienten, also **aktiv**, transportieren.

Durch **offene Zellkontakte**, bei denen je zwei Kanalproteine miteinander verzahnt werden, können benachbarte Zellen **direkt** untereinander Stoffe austauschen und ihre Aktivitäten aufeinander abstimmen.

5.4 Membrantransport von Makromolekülen und Partikeln

Die globulären Transportproteine ermöglichen kleinen wasserlöslichen Molekülen und Ionen die Durchquerung der Zellmembran und sichern auf diese Weise gezielt die Versorgung der Zellen mit lebensnotwendigen Substanzen.
Es gibt aber eine Reihe von Stoffen, die wegen ihrer Größe nicht auf diesem Weg in die Zellen gelangen können.

Für deren Transport verfügen Zellen über einen Mechanismus, der sich grundlegend von den bisher besprochenen unterscheidet: Die aufzunehmenden Substanzen werden von einem kleinen Teil der Zellmembran **umschlossen;** dieser Bereich stülpt sich weiter nach innen und schnürt sich schließlich als **membranumschlossener Vesikel (Bläschen)** ab.
Dieser Vorgang wird als **Endocytose*** bezeichnet:

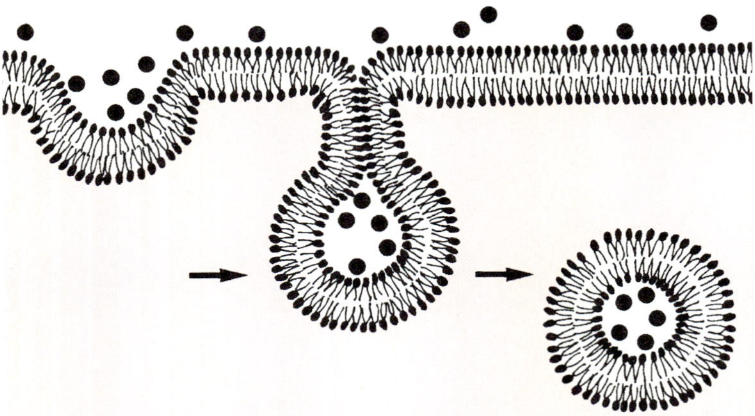

Abb. 101
Endocytose

Je **nach Größe** der aufgenommenen Substanzen unterscheidet man **zwei Typen** der Endocytose:
– Bei der **Pinocytose*** werden **in Flüssigkeit gelöste** größere Moleküle aufgenommen, was dem Vorgang des Trinkens entspricht.
– Bei der **Phagocytose*** werden **große Partikel** wie Viren, Bakterien oder Zelltrümmer durch Ausbildung sehr **großer Vesikel,** die dann als **Vakuolen** bezeichnet werden, verschlungen, also regelrecht gefressen.
Speziell der Vorgang der Phagocytose lässt sich leicht mit Hilfe des Lichtmikroskops beobachten und untersuchen.
Bei **Einzellern** wie beispielsweise dem Pantoffeltierchen dient die Phagocytose der **Nahrungsaufnahme** *(vgl. Kap. F.1).*
Aber auch für viele Zelltypen des mehrzelligen tierischen Organismus ist der Vorgang der Endocytose nachgewiesen.

Allerdings wird die Phagocytose hauptsächlich bei **spezialisierten Zellen** beobachtet, z.B. bei Makrophagen (Riesenfresszellen; *vgl. Mentor Abiturhilfe Nervensystem, Hormonsystem, Immunsystem*) des Abwehrsystems. Die meisten Zellen nehmen Substanzen auf dem Wege der Pinocytose auf. Daher werden die Begriffe Pinocytose und Endocytose oft synonym verwendet.

Nahezu alle eukaryontischen Zellen nehmen **kontinuierlich** extrazelluläre Flüssigkeit mit den darin gelösten Stoffen durch Endocytose in sich auf.
Die dabei gebildeten Endocytose-Vesikel verschmelzen in der Regel in der Zelle mit **Lysosomen**, die abbauende Enzyme enthalten *(vgl. Kap. A.3.2.7)*. Durch die Wirkung dieser Enzyme werden die eingeschleusten Makromoleküle **zerlegt** und die Abbauprodukte durch die Vesikelmembran **ins Cytoplasma transportiert.**
So nimmt z.B. ein **Makrophage*** jede Stunde etwa 25% seines eigenen Volumens durch Endocytose auf. Dazu schleust er pro Minute etwa 3% seiner Zellmembran in Form von Vesikeln ein. Nach einer halben Stunde wäre

seine Zellmembran theoretisch aufgebraucht. Da aber während dieser Zeit die Zelloberfläche und das Zellvolumen unverändert bleiben, muss die durch Endocytose verloren gegangene Membranfläche ersetzt worden sein.

Das kann im Prinzip auf zweierlei Weise geschehen. Die Zelle stellt kontinuierlich neue Membranen am **endoplasmatischen Reticulum** her und integriert sie in die Zellmembran – dies wäre mit einer immensen Syntheseleistung verbunden.

Deshalb wird vermutlich ein anderer Weg eingeschlagen: Die Endocytose-Vesikel werden, nachdem sie ihr brauchbares Inneres ans Cytoplasma abgegeben haben, zurück zur Zellmembran gebracht, wo ihre Membranen mit der Zellmembran **fusionieren** und die unverdauten Reste in die umgebende Flüssigkeit entleert werden.

Dieser Vorgang wird als **Exocytose*** bezeichnet. Er verläuft wie eine Endocytose im „Rückwärtsgang":

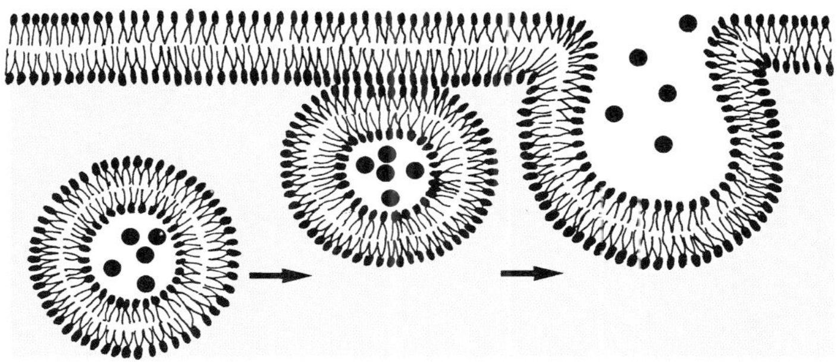

Abb. 102
Exocytose

Durch Exocytose gelangen aber nicht nur Endocytose-Vesikel zur Zellmembran zurück (**Membran-Recycling**).

Auch **neu gebildete Membranbestandteile** werden auf diesem Weg in die Zellmembran integriert.

Ferner werden **von der Zelle hergestellte Makromoleküle,** die ausgeschleust werden sollen, auf diese Weise abgegeben.

Neben der kontinuierlichen Endocytose, über die sehr unspezifisch größere Moleküle ins Zellinnere gelangen, verfügen Zellen über einen ganz ähnlichen Mechanismus, der die Aufnahme größerer Mengen einer ganz bestimmten Substanz erlaubt, ohne das entsprechende Volumen an Flüssigkeit verkraften zu müssen.

Dabei spielen die ebenfalls in der Lipiddoppelschicht der Membran verankerten **helicalen Rezeptorproteine** eine entscheidende Rolle. Der Vorgang wird dementsprechend als **rezeptorvermittelte Endocytose** bezeichnet.

Wie schon beschrieben, befindet sich jeweils der größte Anteil dieser Proteinketten außerhalb der Zelle und ist so gestaltet, dass ein bestimmtes Molekül zu dieser Struktur passt wie der Schlüssel zu seinem Schloss (*vgl. Kap. E.5.2 und Abb. 90*).

Wenn sich nun an ein solches Rezeptor-Protein das passende Molekül angelagert hat, wandert der ganze **Molekül-Rezeptor-Komplex** in eine kleine **Einbuchtung** der Zellmembran, die an dieser Stelle auf der Innenseite **beschichtet** ist. Die elektronenmikroskopische Aufnahme (*vgl. Abb. 103 ①*) zeigt diesen Moment deutlich:

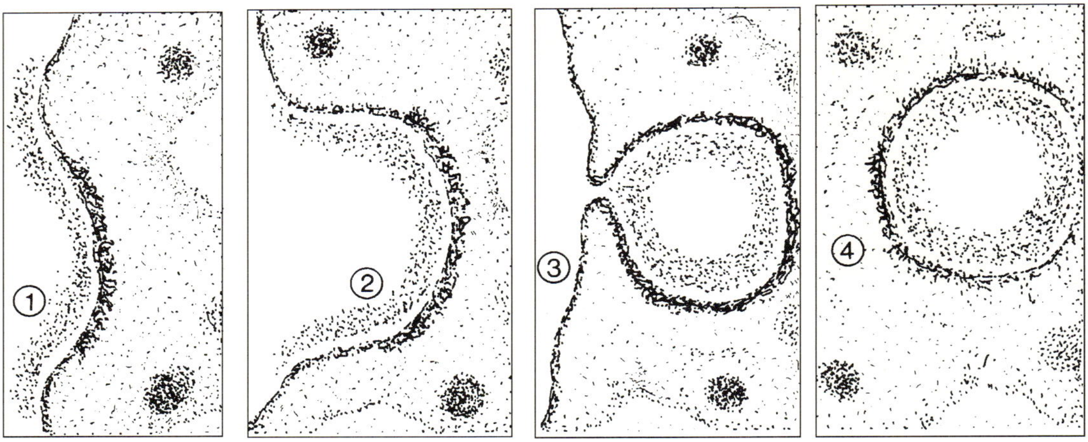

Abb. 103
Rezeptorvermittelte Endocytose von Lipoprotein-Partikeln nach elektronenmikroskopischen Aufnahmen; Erläuterungen im Text

Andere Membranproteine werden aus einem solchen beschichteten Grübchen ferngehalten; es arbeitet demnach wie eine „molekulare Sortiermaschine".

Während sich das Grübchen mit beladenen Rezeptoren füllt *(vgl. Abb. 103 ②)*, senkt es sich tiefer nach innen (aus dem Grübchen wird eine Grube), schnürt sich schließlich von der Zellmembran ab ③ und wandert als beschichteter Vesikel ins Cytoplasma ④.

Dort wird die Beschichtung abgeworfen. Sie hatte offensichtlich eine wichtige Aufgabe bei der **Verankerung** der Rezeptorproteine im sich bildenden Vesikel und ist nun überflüssig.

Abbildung 104 zeigt den gesamten Vorgang noch einmal als dreidimensionales Schema.

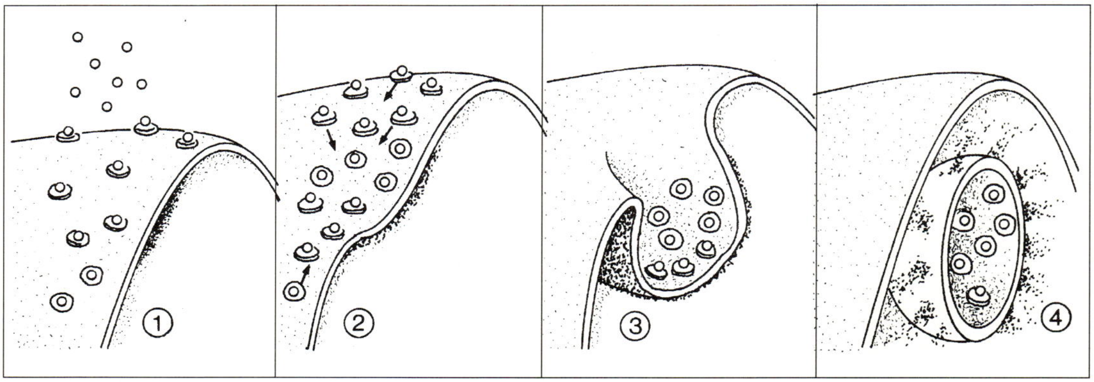

Abb. 104
Dreidimensionales Schema der rezeptorvermittelten Endocytose

Aufgabe E/10

E/10 Abbildung 105 zeigt, wie Viren in eine Zelle eindringen.

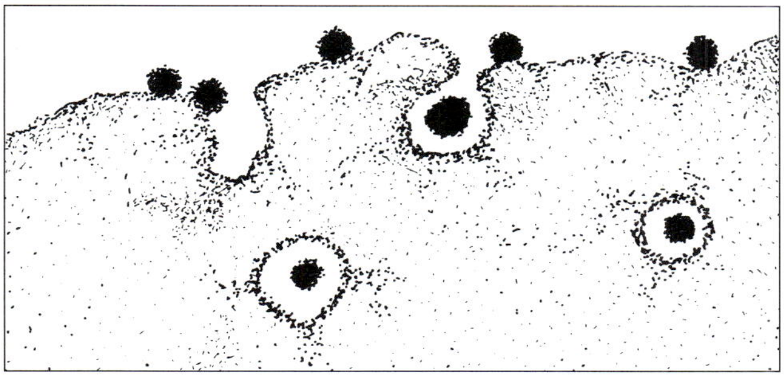

Abb. 105
Viren, die in eine Zelle eindringen, nach elektronenmikroskopischen Aufnahmen

a) Erläutere anhand der Abbildung, welchen **zellulären Transportmechanismus** sich die Viren zunutze machen, und beschreibe, wie dieser normalerweise abläuft.

b) Begründe, über welche **besonderen Voraussetzungen** die Viren verfügen müssen, um diesen Transportweg nutzen zu können.

c) Weshalb ist es so schwierig, **Virus-Infektionen** zu bekämpfen?

Neben kleineren Molekülen und Ionen nehmen die meisten tierischen Zellen auch **Makromoleküle** durch Endocytose auf oder scheiden sie durch Exocytose aus.

Bei der **Endocytose** stülpen sich kleine Abschnitte der Membran nach innen und schnüren sich als **Vesikel** ab.
Bei der **Exocytose** ist die Reihenfolge **umgekehrt**: Beladene Vesikel fusionieren mit der Zellmembran und entleeren ihren Inhalt nach außen.

Die meisten tierischen Zellen endocytieren fortwährend über einen Teil ihrer Zellmembran **unspezifisch** extrazelluläre Flüssigkeit und die in ihr enthaltenen Stoffe.

Daneben existiert noch ein besonderer Mechanismus, mit dessen Hilfe extrazelluläre Makromoleküle, gebunden an Rezeptoren, sehr **gezielt** und **konzentriert** ins Zellinnere befördert werden. Dieser Vorgang heißt **rezeptorvermittelte Endocytose**.

Größere extrazelluläre Partikel wie Mikroorganismen werden hauptsächlich von „professionellen Zelltypen" (z.B. Makrophagen) durch **Phagocytose** einverleibt. Auch dieser Vorgang ist in der Regel rezeptorvermittelt.

F Einzeller – Kriterien des Lebens

1. Einzeller

Die Zelle ist die kleinste noch selbstständig lebensfähige Einheit eines Organismus. Leben lässt sich als zellulär organisiert definieren.
Entweder besteht der gesamte Organismus wie bei den Einzellern aus einer **einzigen Zelle**, oder es sind mehrere bis viele Zellen zu **Zellverbänden** und höheren Organisationsformen zusammengeschlossen. Sie bilden dann in ihrer Gesamtheit den vielzelligen Organismus.
Oft wird im Zusammenhang mit den Einzellern der Begriff „primitiv" verwendet, der in der Umgangssprache einen eher negativen Beigeschmack hat. Dieser Terminus ist jedoch für den einzelligen Organismus unangebracht, da eine alle Funktionen in sich vereinigende Zelle in ihrer Komplexität mit den differenzierten Zellen (mit begrenzter Funktion) der vielzelligen Organismen vergleichbar ist.
Die Einzeller stellen **funktionsfähige Organismen** dar, sie „leben" also, und damit können sie als Modelle für Lebewesen schlechthin angesehen werden. Indem wir die Fähigkeiten der Einzeller beschreiben, entwickeln wir indirekt Kriterien, die für alle Lebewesen zutreffen müssen und damit „Leben" ganz allgemein beschreiben.
Nahezu alle Einzeller sind auf das Leben im **wässrigen Milieu** angewiesen. So findet man z.B. bei der mikroskopischen Analyse von Tümpel- oder Aquarienwasser meist eine große Vielzahl und Formenvielfalt an Einzellern. Bei der Untersuchung von Wasser und der Beurteilung seiner Güte dienen bestimmte Einzellerarten als so genannte **Leitorganismen**, d.h. ihr Vorkommen ist ein Anzeichen für die „ökologische Qualität" der untersuchten Probe *(vgl. Mentor Abiturhilfe Ökologie).*

Bevor wir uns den Leistungen der „Einzeller-Zelle" zuwenden, wollen wir die drei wichtigsten Familien zunächst an Beispielen kennen lernen.

1.1. Die Rhizopoden

Die bekanntesten Vertreter dieser auch als **Wurzelfüßler** oder **Wechseltierchen** bezeichneten Familie sind die **Amöben**, z.B. *Amoeba proteus*. Sie haben eine veränderliche Zellform und bewegen sich über die Ausbildung von **„Scheinfüßchen" (Pseudopodien)** fort. Ihr Zellinneres gliedert sich in ein gelartiges, helles Ektoplasma und ein relativ flüssiges (solartiges), körniges Endoplasma. Häufig finden sich im Zellinneren Nahrungsvakuolen.

Bei mikroskopischen Untersuchungen fällt eine Vakuole auf, die sich rhythmisch ausdehnt und zusammenzieht. Wegen dieses „rhythmischen Schlagens" heißt sie **kontraktile* Vakuole**. Ihre Funktion hängt mit dem Leben im Süßwasser zusammen. Sie ist dafür verantwortlich, dass das durch osmotische Vorgänge eingeströmte Wasser wieder aus der Zelle transportiert wird (*vgl. Abb. 106*).

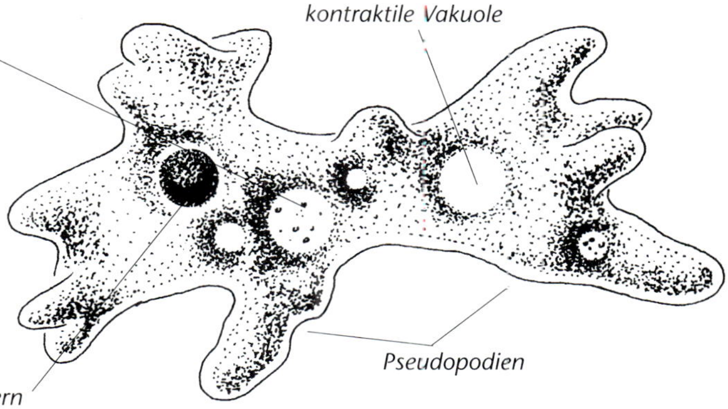

Abb. 106
Amoeba proteus, schematisch

1.2 Die Flagellaten

Der wohl bekannteste Vertreter aus der Familie der **Geißeltierchen** ist das **Augentierchen** (*Euglena viridis*). Die Flagellaten haben eine meist spindelförmige Gestalt und als Bewegungsorganell eine bis vier Geißeln. Diese **Flagellen** können zur Fortbewegung sehr unterschiedliche Schlag- oder Schraubenbewegungen durchführen. Das Innere der Geißeln besteht aus Mikrotubulisträngen (*vgl. Kap. A.3.2.8*). Auch bei den Geißeltierchen findet man eine kontraktile Vakuole und teilweise Chloroplasten.

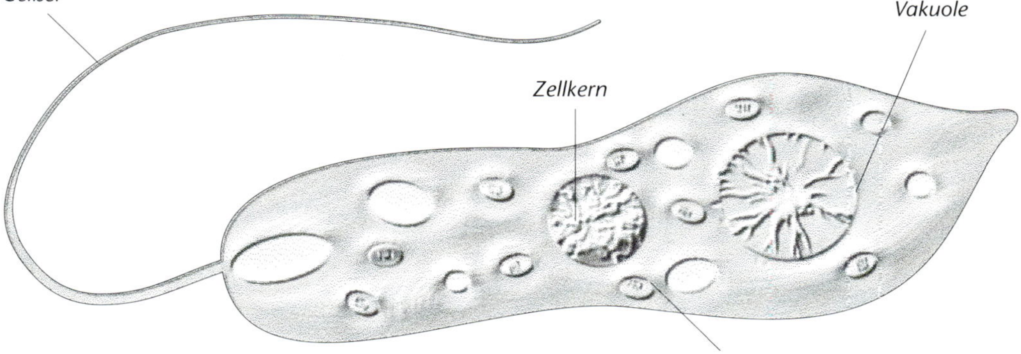

Abb. 107
Euglena viridis, schematisch

1.3 Die Ciliaten

Die bekanntesten Vertreter aus der Familie der **Wimpertierchen** sind die **Pantoffeltierchen**. Die im lichtmikroskopischen Bild pantoffelförmig aussehenden Einzeller sind von einem dichten Kranz aus kleinen Wimpern umgeben. Diese **Cilien** dienen als Fortbewegungsorganelle und zum Einstrudeln von Nahrungspartikeln. Ihr Schlagrhythmus ist exakt koordiniert. Neben den schon bekannten Strukturmerkmalen wie Nahrungsvakuolen und kontraktiler Vakuole verfügen sie über einen spezifischen Bereich der Nahrungsaufnahme (Zellmund) und -abgabe (Zellafter) sowie über einen in Groß- und Kleinkern differenzierten Zellkern.

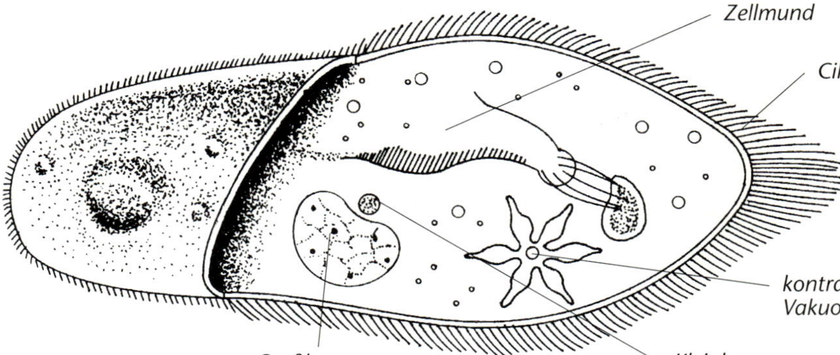

Abb. 108
Pantoffeltierchen, räumlich, teilweise aufgeschnitten

Aufgabe F/1

F/1 Weshalb besitzen im Meer lebende Einzeller keine kontraktile Vakuole?

2. Kriterien des Lebens

Am Beispiel der **Pantoffeltierchen** wollen wir uns nun mit den Fähigkeiten der Zelle auseinander setzen und daraus Kriterien für **„Leben"** schlechthin entwickeln:

Stoffwechsel

Mit Hilfe von Pinocytose und Phagocytose *(vgl. Kap. E.5.4)* nehmen die Pantoffeltierchen hochmolekulare organische Stoffe aus ihrer Umwelt auf, schließen sie in eine Nahrungsvakuole ein, verdauen sie und scheiden die unverdaulichen Reste über Exocytose-Vorgänge wieder aus. Eine Versorgung mit Energie- und Baustoffen ist damit sichergestellt.
Der für die abbauenden Stoffwechselprozesse notwendige Sauerstoff wird durch Diffusion direkt aus dem umgebenden Wasser aufgenommen. Mit Hilfe der kontraktilen Vakuole werden überschüssiges Wasser und lösliche Stoffwechselendprodukte ausgeschieden und damit der Salzgehalt reguliert.

Wachstum und Fortpflanzung

Bei ausreichender Energiezufuhr können Zellen wachsen. Sie nehmen dabei an Volumen zu. Vielzellige Organismen „wachsen" auch durch Vermehrung/Teilung ihrer Zellen.
Befinden sich Pantoffeltierchen in einer für sie optimalen Umgebung, kommt es zu schnellem Wachstum und reger Vermehrung. Die Vermehrung erfolgt größtenteils **vegetativ**, d.h. durch einfache **Zweiteilung**: Die beiden entstehenden Tochterindividuen sind nach der Trennung der Zellen genetisch gleich. Verschlechtern sich die Umweltbedingungen drastisch, kommt es verstärkt zu **generativen** (**geschlechtlichen**) Fortpflanzungsprozessen. Da hierbei genetische Informationen neu „gemischt" werden, erhöht sich die Chance für das Überleben unter den neuen Umweltbedingungen.

Bewegung

Alle einzelligen und vielzelligen Organismen können sich spontan, d.h. aus sich heraus, bewegen (z.B. Ortsbewegungen bei Einzellern und Tieren, Wachstumsbewegungen bei Pflanzen). Die Bewegungsfähigkeit ist dabei nicht nur eine Eigenschaft ganzer Organismen, sondern auch jeder einzelnen Zelle (vgl. Zellteilung).

Reizbarkeit

Mit Reizbarkeit ist die Fähigkeit umschrieben, auf äußere und innere Reize in bestimmter Weise zu reagieren (sich zu verhalten). Dies erfordert die Fähigkeit zur

- Reizaufnahme,
- Reizleitung,
- Reizverarbeitung und
- Reizbeantwortung.

Die Reizaufnahme ist dabei an Wahrnehmungsstrukturen (bei Mehrzellern z.B. Sinnesorgane), die Beantwortung an „reaktive Strukturen" (bei Mehrzellern z.B. Muskeln oder Drüsen) gebunden.

Pantoffeltierchen können beispielsweise sehr gezielt auf chemische Reize reagieren. Die Reizaufnahme erfolgt dabei über die Membran: In einem vorhandenen Konzentrationsgradienten sammeln sich die Tierchen in dem ihnen zuträglichsten Milieu gezielt an. Sie zeigen also eine gerichtete Ortsbewegung; diese wird, da sie durch chemische Reize ausgelöst wird, als **Chemotaxis*** bezeichnet. Werden Pantoffeltierchen hingegen mechanisch gereizt, zeigen sie ungerichtete Reaktionen vom Reiz weg (Schreckreaktionen, **Phobien***).

Individualität und Anpassungsfähigkeit

Stammen Organismen aus einem generativen Prozess, so ist schon allein durch die Unterschiedlichkeit ihrer genetischen Ausstattung die **Einzigartigkeit (Individualität)** gewährleistet. Aber selbst Organismen, die durch vegetative (ungeschlechtliche) Vorgänge, also einfache Zweiteilungen, entstanden sind und damit über weitgehend identische Erbanlagen verfügen, differenzieren sich in **Wechselwirkung** mit den entsprechenden **Umweltbedingungen** unterschiedlich aus.
Die Fähigkeit, sich an bestimmte Umwelten anzupassen, ist eine der wesentlichsten Leistungen von Zellen und Organismen: Ein Zusammen- und Wechselspiel zwischen Reizbarkeit (Erkennen und Bewerten der Umweltbedingungen), Stoffwechsel (Bereitstellung der Energie- und Baustoffe) und Wachstum (als Zelldifferenzierung und gezielte Zellvermehrung) stellt hierfür die Grundlage dar.

Entwicklung und Evolution

Die Ausdifferenziertheit und Individualität ist das Ergebnis eines Entwicklungsvorganges und „Ausgangsmaterial" für die Evolution. Die Evolution wird deutlich in der **Veränderung der Lebewesen hinsichtlich ihrer Strukturmerkmale** und ihrer **genetischen Ausstattung**. Diese Veränderungen finden im Rahmen von erdgeschichtlichen Zeitdimensionen statt *(vgl. Mentor Abiturhilfe Evolutionsbiologie)*.

Altern und Tod

Lebewesen sind in eine Abfolge von Entstehen und Vergehen eingebettet. Da keine permanente Erneuerung stattfinden kann, kommt es zur Alterung, die z.B. im Anhäufen von Stoffwechselschlacken im Innern der Zellen deutlich wird; als letzte Konsequenz hat sie den Tod zur Folge. Das Fortleben findet dann in Individuen der nächsten Generation statt.
Dieser Alterstod trifft für Einzeller nur bedingt zu, da sie im Prinzip in ihren Tochterzellen weiterleben, die im Normalfall durch einfache Zweiteilung aus der Mutterzelle entstanden sind. Einzeller sind damit quasi unsterblich.

G Das Mikroskop als Analyseinstrument

1. Die Lichtmikroskopie: Auge, Lupe und Mikroskop Einfache physikalische Grundlagen

Wenn wir sehr kleine Gegenstände betrachten wollen, stoßen wir je nach Sehkraft unserer Augen schnell an die Grenzen der Leistungsfähigkeit: Wir können einen Gegenstand nur dann erkennen, wenn er ein ausreichend großes **Abbild auf der Netzhaut** unseres Auges entwirft. Dabei ist die Größe des Netzhautbildes einerseits vom Gegenstand selbst, andererseits von der **Entfernung** des Gegenstandes vom Auge abhängig und damit vom **Sehwinkel**. Wir kennen alle das Phänomen, dass wir uns zwecks besseren Erkennens einem Gegenstand nähern bzw. den Gegenstand unserem Auge nähern – hierbei handelt es sich um die so genannte **perspektivische Vergrößerung**.

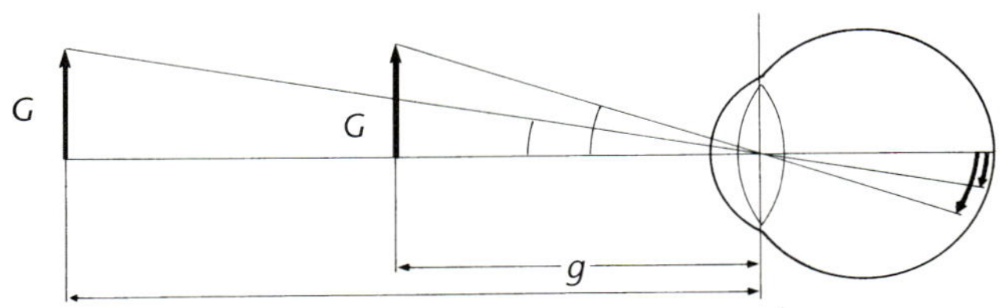

Abb. 109
Perspektivische Vergrößerung: Die Sehwinkelgröße und damit auch die Größe des Netzhautbildes hängen von Gegenstandsgröße (G) und Gegenstandsweite (g) ab. Je näher sich ein Gegenstand vor dem Auge befindet, umso größer wird er auf der Netzhaut abgebildet.

Um eine optimale Abbildung zu bekommen, muss eine bestimmte Entfernung zwischen Gegenstand und Auge eingehalten werden; nähert man sich dem Gegenstand über einen bestimmten Punkt hinaus an, so entsteht nur noch eine unscharfe Abbildung. Wir haben dann den so genannten **Nahpunkt** unterschritten und die **Akkommodationsfähigkeit*** unseres Auges überfordert.

VERSUCH 6

Bestimmung des Nahpunktes
(möglichst mit einer Partnerin, einem Partner durchführen)

Mit der einen Hand hält man sich ein Auge zu und führt mit der anderen Hand einen Bleistift so nahe an das Auge heran, dass die Spitze gerade noch scharf erscheint. Jetzt misst man den Abstand zwischen Auge und Spitze, er ergibt den Nahpunkt des einen Auges. Beim zweiten Auge verfährt man ebenso.

Der Nahpunkt ist stark abhängig von der **Elastizität** der Linse; er beträgt ca. 10 cm bei einem 10-Jährigen, 70-100 cm bei alten Menschen. Die Augenlinse ist beim „In-die-Ferne-Sehen" stark abgeflacht (∞-Stellung), ihre Krümmung infolge ihrer Elastizität nimmt mit Annäherung zu.

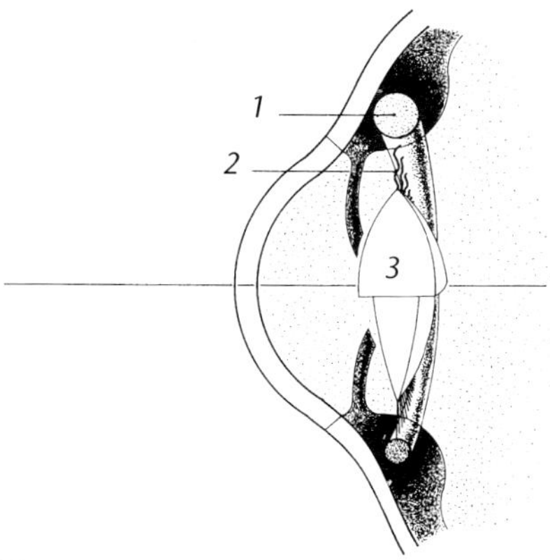

Abb. 110
Akkommodationsvorgang schematisch; bei der Nahakkomodation ist der Ciliarmuskel (1) kontrahiert (gespannt), die Zonulafasern, Aufhängebänder (2) sind dadurch erschlafft, die Krümmung erfolgt entsprechend der Elastizität der Augenlinse (3)

Neben der Fähigkeit zur Nahakkommodation wird die Leistungsfähigkeit des Auges durch einen weiteren Faktor begrenzt, der als **Auflösungsvermögen** bezeichnet wird und bei der Gütebeurteilung eines Mikroskops eine entscheidende Rolle spielt. Will man zwei benachbarte Punkte oder Linien noch getrennt wahrnehmen, so müssen sie einen **Mindestabstand** voneinander haben. Beim Auge wird diese Auflösungsgrenze im Wesentlichen durch die Dichte der Sinnesrezeptoren in der Netzhaut bestimmt (*vgl. Mentor Abiturhilfe Nervensystem, Hormonsystem, Immunsystem*).

Wollen wir die Leistungsfähigkeit unseres Auges verbessern, müssen wir optische Geräte zur Hilfe nehmen. Das einfachste Hilfsmittel, um kleine Dinge genauer, besser und damit im Normalfall auch gleichzeitig größer zu sehen, ist die **Lupe**.

Mit ihr lassen sich Gegenstände näher an das Auge heranführen, ohne dass diese dann unscharf abgebildet werden. Die Brechkraft von Auge und Lupe addieren sich, und der Gegenstand wird auf der Netzhaut größer abgebildet als er in Wirklichkeit ist – oder anders ausgedrückt: Dem Auge wird ein gleich großer Gegenstand in der so genannten „**Bezugsweite**" (ca. 25 cm) suggeriert. Der Sehwinkel wird durch die Lupe vergrößert, und damit entsteht auch ein größeres Bild auf der Netzhaut.

Abb. 111
Lupenvergrößerung

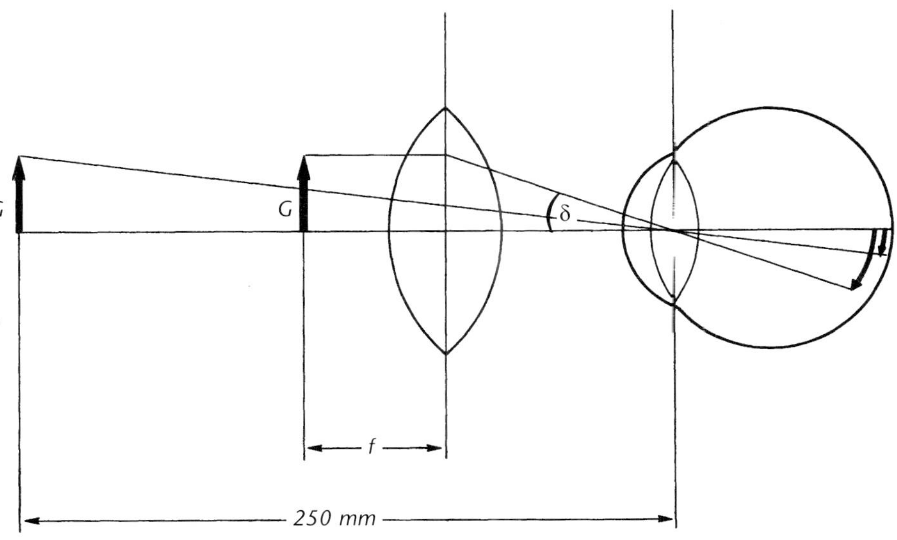

Aufgabe G/1

G/1 Warum liegt bei alten Menschen der Nahpunkt deutlich weiter vor dem Auge als bei jungen Menschen?
Wie lässt sich diese so genannte Altersweitsichtigkeit beheben?

Die Brechkraft einer Lupe steigt mit deren **Krümmung**. Die oberste Grenze wäre also mit dem Erreichen der Kugelgestalt gesetzt. Da es bei allen Linsen jedoch zu charakteristischen Abbildungsfehlern kommt und diese mit steigender Krümmung zunehmen, ist die Krümmung nicht bis zu dieser Extremform zu steigern.

Will man das Auflösungsvermögen weiter heraufsetzen und die Abbildungsfehler gleichzeitig gering halten, kann man mehrere Linsen hintereinander setzen und kommt so zur Konstruktion eines einfachen Mikroskops. **Abbildungsfehler** werden in der Optik **Aberrationen** genannt. Sie entstehen durch die Eigenschaft des Lichtes und die verwendeten Linsen *(vgl. Abb. 112)*. Für die Mikroskopie sind die **sphärische** und die **chromatische Aberration** von Bedeutung *(vgl. Abb. 113 und 114)*.

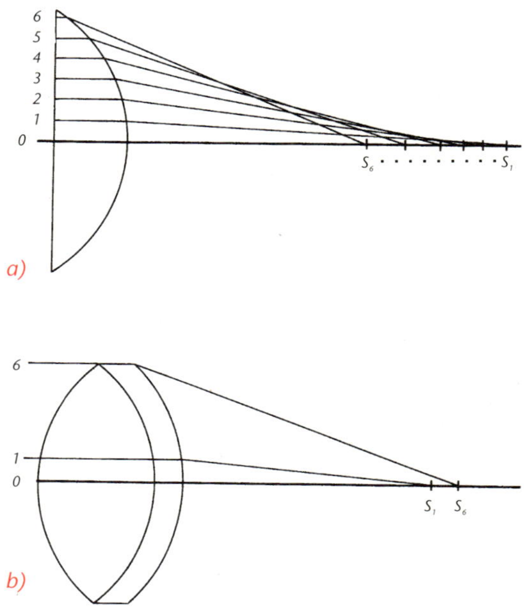

Abb. 113
Sphärische Aberration; Erläuterungen im Text

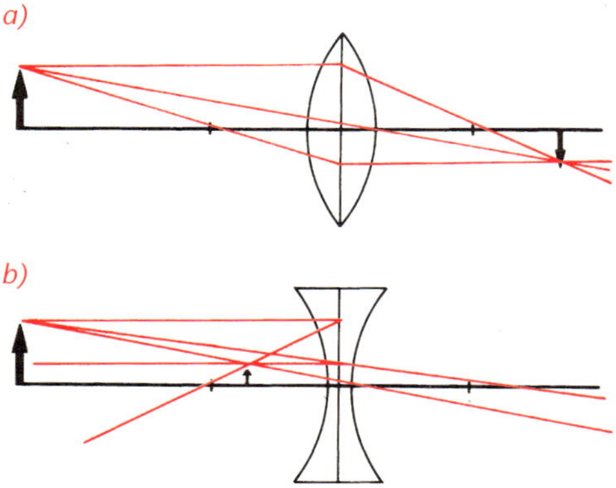

Abb. 112
Linsenformen und Strahlengänge; a) bikonvexe Linse b) bikonkave Linse

Fallen Strahlen parallel auf eine **Sammellinse**, also eine **konvexe*** oder bikonvexe Linse, so werden die Randstrahlen stärker gebrochen als die Zentralstrahlen *(vgl. Abb. 113 a)*. Dadurch entsteht keine scharfe Abbildung in einer Ebene, sondern die optimale Schärfe liegt für die Randstrahlen näher an der Linse als für Zentralstrahlen. Diesen Linsenfehler nennt man **sphärische Aberration**. Eine weitestgehende Korrektur ist durch Kombination von geeigneten Sammellinsen und **konkav*** oder bikonkav geschliffenen **Zerstreuungslinsen** möglich *(vgl. Abb. 113 b)*.

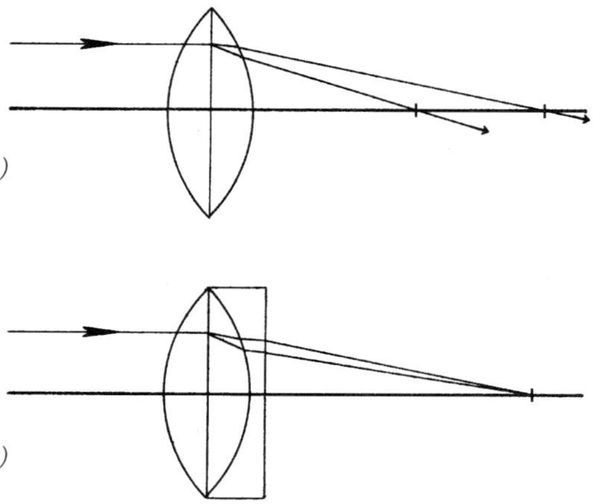

Abb. 114
Chromatische Aberration; Erläuterungen im Text

Bei der **chromatischen Aberration** *(vgl. Abb. 114)* tritt ein weiteres Phänomen auf, das mit der Eigenschaft des weißen Lichtes zusammenhängt: Aus der Physik wissen wir, dass weißes Licht aus einer Mischung der unterschiedlichsten Wellenlängen besteht. Im Ultraviolettbereich ist die Wellenlänge sehr kurz, am anderen Ende des Spektrums, im Infrarotbereich, dagegen lang.
Fällt nun weißes Licht auf eine Sammellinse, werden die kurzwelligen blauen Anteile stärker gebrochen als die langwelligen roten. Ähnlich wie bei der sphärischen Aberration erhalten wir deshalb keinen Abbildungspunkt, sondern einen Abbildungsfleck *(vgl. Abb. 114 a)*. Auch hier eignet sich zur Korrektur die Kombination mit einer Zerstreuungslinse *(vgl. Abb. 114 b)*.
Die Güte eines Mikroskops hängt direkt von der Güte der Korrektur ab.

Ein **modernes Lichtmikroskop** besteht im Prinzip aus drei unterschiedlichen Systemen: einem optischen, einem mechanischen und einem Licht erzeugenden System.
Das **optische System** dient zur Vergrößerung; es besteht aus zwei zusammengesetzten Linsensystemen.
Das dem Auge abgewandte Linsensystem ist das **Objektiv**. Es bewirkt die **Primärvergrößerung**. Vielfach besitzt ein Mikroskop mehrere Objektive mit unterschiedlicher Vergrößerung. Sie sind dann an einem so genannten Revolver befestigt. Das dem Auge zugewandte Linsensystem heißt bezeichnenderweise Okular*. Es liefert die **Sekundärvergrößerung**.
Zwischen diesen beiden Linsensystemen liegt der **Tubus**, der zur Weiterleitung der Strahlen dient und in dem ein **Zwischenbild** entsteht *(vgl. Abb. 115 und 116)*.

Das **mechanische System** dient dazu, den zu betrachtenden Gegenstand möglichst exakt an das Objektiv heranzuführen. Es besteht aus dem festen Ständer oder **Stativ**, dem **Objekttisch**, auf den das zu betrachtende Objekt zu liegen kommt, und dem **Grob-** sowie **Feintrieb**, mit denen sich die Entfernung zwischen Objekttisch und Objektiv verändern lässt.

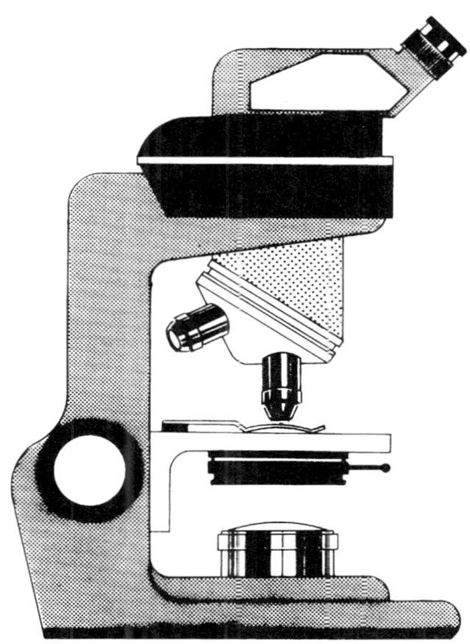

Abb. 115
Schülermikroskop; Erläuterungen im Text

Die **Gesamtvergrößerung** eines Lichtmikroskops berechnet sich aus der Multiplikation der Einzelvergrößerungen, also:

Objektivvergrößerung x Okularvergrößerung = Gesamtvergrößerung

Beispiel:
Objektivvergrößerung 10-fach
Okularvergrößerung 12-fach
Gesamtvergrößerung 10 x 12 = 120-fach

Das **Licht erzeugende System** schließlich liefert die notwendige Helligkeit, um eine Abbildung zu erhalten. Als Lichtquelle kann ein Spiegel, der das Tageslicht reflektiert, oder eine elektrische Ansteckleuchte dienen. Durch ein weiteres Linsensystem, den **Kondensor**, unterhalb des Objekttisches soll eine möglichst gleichmäßige Ausleuchtung erreicht werden. Meist befindet sich an ihm auch eine **Irisblende** (Kondensorblende), mit der sich Helligkeit, Kontrast und Schärfentiefe regulieren lassen.

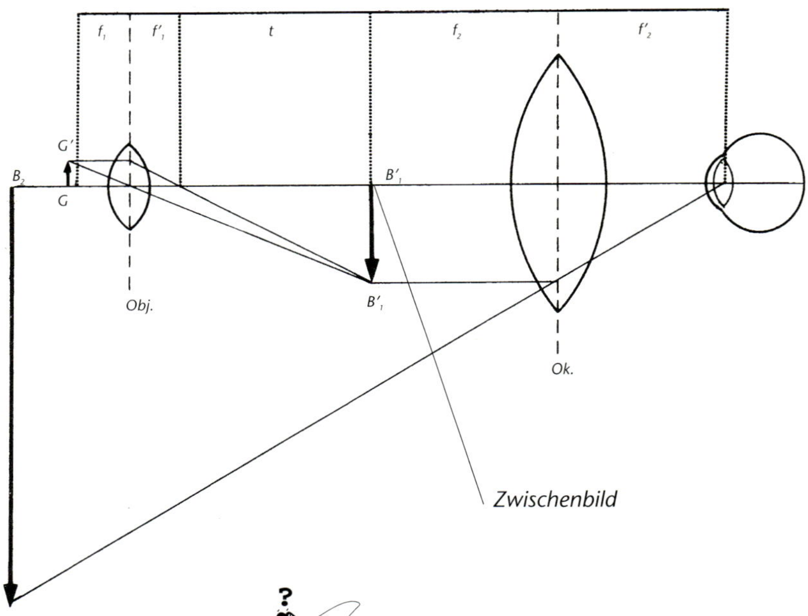

Abb. 116
Strahlengang des Mikroskops, schematisch

Aufgabe G/2

G/2 Mache dich mit dem Aufbau einer Spiegelreflexkamera vertraut — sofern du darüber nicht schon Bescheid weißt.
Erstelle daraufhin eine Tabelle, in der die einzelnen Teile des Mikroskops entsprechenden Teilen einer solchen Kamera zugeordnet werden.

2. Die Elektronenmikroskopie

Mit dem Lichtmikroskop haben wir ein Gerät kennen gelernt, das das Auflösungsvermögen unseres Auges um ein Vielfaches verbessert.
Zu Beginn dieses Jahrhunderts waren allerdings die Möglichkeiten, das Auflösungsvermögen des Lichtmikroskops weiter zu steigern, ausgereizt. Trotz der Verwendung von z.B. kürzerwelligem Licht war eine Grenze allein schon dadurch gesetzt, dass es als optisches Gerät mit Licht und Glaslinsen arbeitete. In dieser Situation brachte nun die Entwicklung des **Elektronenmikroskops** die Cytologen einen großen Schritt voran.
Zunächst ein paar Zahlen, die einen Vergleich zwischen dem Auflösungsvermögen verschiedener optischer Systeme erlauben:

Beobachtungsmittel	noch sichtbare Objekte	Auflösungsgrenze
Auge	Haardurchmesser	0,1 mm = 100 µm
Lupe	Gewebe	5 bis 10 µm
Lichtmikroskop	Zellen	ca. 0,25 µm
Lichtmikroskop mit Immersion, UV-Licht	Bakterien	ca. 0,[illegible] µm
Elektronenmikroskop	Viren, Makromoleküle	0,001 µm = 1 nm
Röntgenstrahlen	Molekülbau	0,1 nm = 1 Å

Tab. 8
Grenzen des Auflösungsvermögens

In Worte übersetzt, besagt diese Gegenüberstellung, dass die heutigen Elektronenmikroskope noch Strukturen auflösen können, die einen minimalen Abstand bzw. eine minimale Stärke/Dicke von 1 Millionstel Millimeter haben – wer kann sich das noch vorstellen?!
Wir wollen wenigstens den Versuch unternehmen und einen **Vergleich** aus unserem Erfahrungsbereich heranziehen:
Ein normales Streichholz ist ca. 2 mm dick und ca. 5 cm = 50 mm lang. Entspräche dieses Streichholz einer Struktur, die wir im Elektronenmikroskop gerade noch auflösen könnten, die also 2 nm dick und 50 nm lang wäre, und wir würden diese in Streichholzgröße abbilden (d.h. wir würden sie auf Streichholzgröße vergrößern), so wäre aus unserem ursprünglichen Streichholz bei gleicher Vergrößerung ein Turm von 200 km Durchmesser und 5000 km Höhe geworden. Es genügt, wenn wir ganz einfach darüber staunen, wirklich

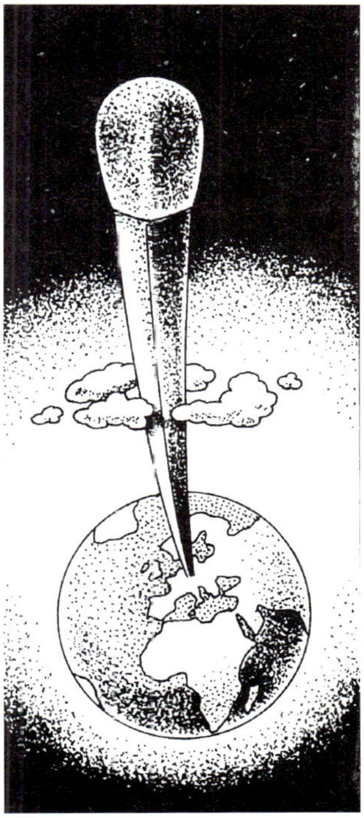

Abb. 117
Cartoon zur Dimensionalität

begreifen können wir diese Dimensionen sicher nicht mehr.

Wie war es möglich, diese im Verhältnis zu einem Lichtmikroskop um das 500-fache gesteigerte Auflösung zu erreichen? Und warum konnte dies nicht mit dem konventionellen System des Lichtmikroskops bewerkstelligt werden?

Physikalisch betrachtet ist dem **Auflösungsvermögen des Lichtmikroskops** dadurch eine Grenze gesetzt, dass es zwei Punkte nur dann noch als getrennt auflösen kann, wenn deren Abstand mindestens der **halben Wellenlänge** des benutzten Lichtes entspricht.

Da die Wellenlänge des sichtbaren Lichtes im Mittel ca. 500 nm beträgt, endet das Auflösungsvermögen mit der Verwendung von weißem Licht bei ca. 250 nm (*vgl. Tab. 8*).

Diese Barriere wird bei der Konstruktion von Elektronenmikroskopen dadurch durchbrochen, dass man anstelle der Lichtstrahlen **Elektronenstrahlen** benutzt.

Als Elektronenquelle dient dabei normalerweise eine Wolfram-Glüh-Kathode. Je **höher** die **Geschwindigkeit** der Elektronen ist, um so **kürzer** ist ihre **Wellenlänge**. Deshalb legt man sehr hohe Spannungen an die Kathode an, um zu hohen Beschleunigungswerten und damit zu extrem kurzwelligen Strahlen zu kommen. Bei einer Spannung von 100 000 Volt ergeben sich Wellenlängen von etwa 0,004 nm.

Da Elektronenstrahlen von Glaslinsen absorbiert werden, dienen zur Ablenkung und Bündelung Elektromagnete. Die von ihnen erzeugten **elektromagnetischen Felder** wirken auf Elektronenstrahlen wie Sammellinsen (*vgl. Abb. 118*).

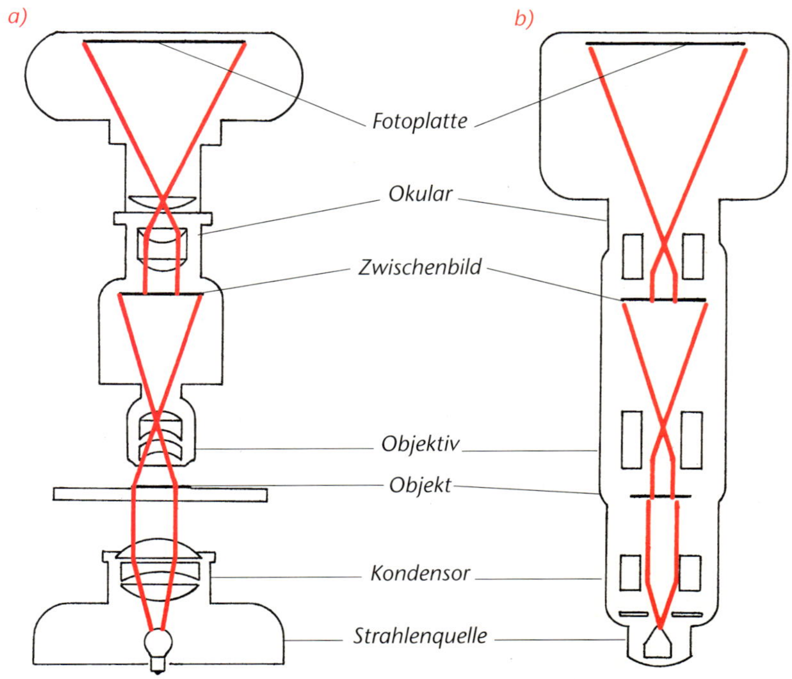

Abb. 118 Strahlengang von Lichtmikroskop und Elektronenmikroskop im Vergleich; a) Lichtmikroskop, b) Elektronenmikroskop

Bei allen Untersuchungen muss im **Hochvakuum** gearbeitet werden, denn die Elektronen würden durch Zusammenstöße mit den Molekülen der Luft abgebremst und abgelenkt. Da Elektronenstrahlen für unser Auge unsichtbar sind, müssen sie entweder auf einem Leuchtschirm betrachtet werden, der im Prinzip wie ein Fernsehschirm arbeitet, oder auf photographisches Material einwirken, das geschwärzt wird und dann wie ein normaler Negativfilm behandelt werden kann.

Ein weiteres Problem galt es zu lösen: Elektronen verlieren sehr leicht ihre Energie. Deshalb sind ganze Zellen und selbst Zellorganellen wie der Zellkern oder die Chloroplasten viel zu dick, um durchstrahlt zu werden und damit eine deutliche Abbildung zu liefern.

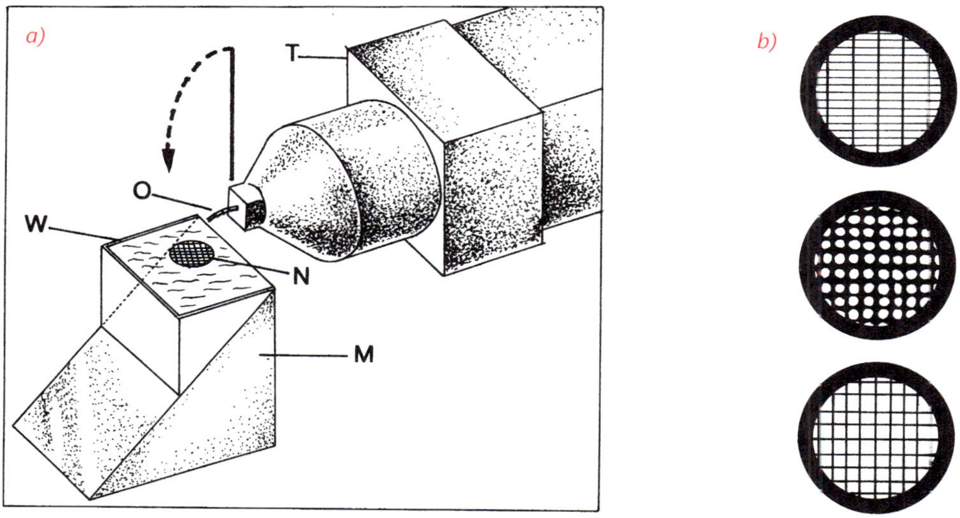

Abb. 119
a) Prinzip der Herstellung eines Ultramikrotomschnittes; Erläuterungen im Text; T = Metallstab, O = Objektblock, W = Wanne, N = Netz, M = Messer; b) verschiedene Trägernetze

Dies führt zur Notwendigkeit von **extrem dünnen Schnitten**, die nur mit ganz speziellen Geräten hergestellt werden können, mit so genannten **Ultramikrotomen** (*vgl. Abb. 119*). Die einzelnen Schnitte dürfen eine maximale Dicke von ca. 100 nm nicht überschreiten – mit anderen Worten: Ein normales Blatt Papier müsste in der Dicke in ca. 200 bis 500 Scheiben aufgeschnitten werden, damit man es unter dem Elektronenmikroskop optimal untersuchen könnte.

Da im Hochvakuum gearbeitet wird, müssen die Objekte vorher stets **fixiert** und total **entwässert** werden; lebende Strukturen können also auch aus diesem Grund nicht untersucht werden. Ein so vorbehandeltes Objekt muss anschließend in ein festes, aber trotzdem nicht brüchiges Material **eingebettet** werden (z.B. Epoxidharz), um mit dem Ultramikrotom geschnitten werden zu können.

Beim **Schneiden** wird ein Objektblock, der an einem Metallstab fixiert ist, in einer meist halbkreisförmigen Bewegung an einer speziellen Glasbruchkante vorbeigeführt. Der Vorschub – und damit die Dicke des Schnittes – wird dadurch eingestellt, dass der Metallstab aufgeheizt wird und sich dadurch ausdehnt.

Die so angefertigten Schnitte gelangen in eine kleine, mit Wasser gefüllte Wanne, die am Glasblock befestigt ist; sie schwimmen dort

auf der Wasseroberfläche. Um sie „herauszufischen" wird mit Hilfe einer Pinzette ein Trägernetz unter ihnen in Position gebracht. Damit können sie dann von der Wasseroberfläche abgehoben werden. Diese winzigen feinmaschigen Trägernetze aus Kupfer sind derart empfindlich, dass sie sich bei ungeschickter Handhabung schon allein durch die Oberflächenspannung des Wassers verbiegen können.
Natürlich können im Elektronenmikroskop dann nur diejenigen Teile der Schnitte untersucht werden, die nicht auf den Maschen des Netzes liegen! Die Trägernetze werden mit Hilfe eines speziellen Schlittens in das Elektronenmikroskop eingebracht, das Hochvakuum wird hergestellt und anschließend kann endlich mikroskopiert werden.
Selbst diese vereinfachte Darstellung der Präparateherstellung zeigt uns, welch enormer Aufwand notwendig ist, um zur ersten Abbildung zu kommen. Da die Objekte meist noch mit **Kontrastmitteln** (z.B. Osmiumtetroxid) behandelt werden müssen, um kontrastreiche und damit auswertbare Abbildungen zu erhalten, sind Veränderungen der ursprünglichen Struktur grundsätzlich nicht auszuschließen. Die gewonnenen Ergebnisse bedürfen deshalb immer einer kritischen Analyse, um der Gefahr zumindest teilweise zu begegnen, „Kunstprodukte" (Artefakte) als reale Strukturen anzusehen.
Bei unserer Beschreibung haben wir uns ausschließlich auf das Durchstrahlungs- oder **Transmissionselektronenmikroskop**, kurz: TEM, bezogen. Auf die Beschreibung der Arbeitsweise des **Rasterelektronenmikroskops** (REM) wird verzichtet; besonders bei der Analyse und Darstellung von Oberflächenstrukturen und der Erzeugung von räumlichen Abbildungen gewinnt es heute allerdings mehr und mehr an Bedeutung.

3. Die Güte von Lichtmikroskopen – Der Kauf eines Lichtmikroskops

Die Leistungsfähigkeit eines Mikroskops hängt im Wesentlichen von seinem **Auflösungsvermögen** ab. Vorschnell könnte man annehmen, dass dies um so besser sein müsse, je stärker die erreichbare Gesamtvergrößerung ist – mit eben diesem Argument wird für viele Billigprodukte geworben. Entsprechend groß ist daher die Enttäuschung, wenn man bei 800- oder gar 1200-facher Vergrößerung dann allerdings absolut keine Abbildung mehr erzielen kann.
Dieser Effekt rührt daher, dass eine **Fehlerkorrektur** der Linsen kaum geschehen ist. Sie aber ist besonders wichtig – und macht die Objektive entsprechend teuer.
Um die **Qualität eines Objektivs** abzuschätzen, ist auf ihm neben dem Vergrößerungsfaktor normalerweise eine zweite Zahl eingraviert, die **numerische Apertur**, abgekürzt n.A. Sie macht indirekt eine Aussage über das zu erreichende Auflösungsvermögen.

Das **Auflösungsvermögen** ist als die Fähigkeit definiert, zwei benachbarte Strukturen (Punkte, Linien, etc.) noch eben sichtbar abzubilden.
Die Distanz zwischen beiden ist der so genannte **Minimalabstand** und wird als **d** bezeichnet.
Dieser Minimalabstand **d** entspricht dem **Quotienten** aus der **Wellenlänge des verwendeten Lichtes** und der **numerischen Apertur** des Objektivs (je kleiner, desto besser).

Da für Tageslicht eine mittlere Wellenlänge von 550 nm oder 0,55 µm angenommen werden kann (1 nm $\triangleq$ 1/1000 µm), errechnet sich **d** beispielsweise für ein Objektiv mit 40-facher Vergrößerung und einer numerischen Apertur von 0,65 als:

$$d = 0{,}55/0{,}65 = 0{,}846\ \mu m$$

Dieses Objektiv würde also noch zwei Linien als getrennt abbilden, die einen minimalen Abstand von 0,846 µm voneinander haben.

Aufgaben G/3-G/4

G/3 Berechne für die folgenden Objektive die Minimalabstände **d**:
Objektiv 1: 3,2x; n.A.: 0,07
Objektiv 2: 4x; n.A.: 0,12
Objektiv 3: 10x; n.A.: 0,2
Objektiv 4: 100x; n.A.: 1,25
Berechne d auch für das Mikroskop, das du selbst verwendest.

G/4 Wenn für das Lichtmikroskop eine minimale Auflösung (d min) von ca. 0,3 µm ~ 286 nm bei Verwendung von Blaulicht (400 nm) erreichbar ist, wie groß muß dann die numerische Apertur des verwendeten Objektivs sein?

Da die numerische Apertur mit steigender Vergrößerung normalerweise ebenfalls größer wird, lösen stärker vergrößernde Objektive in der Regel auch besser auf. Beim Kauf sollte man sich aber auf jeden Fall von relativ großen n.A.-Werten bei relativ kleinen Vergrößerungen leiten lassen! Die in Aufgabe G/3 berechneten Werte können als Richtschnur dienen.

Als **Faustregel** kann man sich zusätzlich merken, dass die Gesamtvergrößerung das 1000-fache der n. A. des Objektivs nicht übersteigen sollte. Setzt man z.B. zu starke Okulare ein, so werden keine zusätzlichen Einzelheiten sichtbar, sondern das Bild wird verschwommen.

Besonders wichtig für die Kaufentscheidung ist die Mechanik: Grob- und Feintrieb müssen ruckfrei und direkt ansprechen sowie leicht gängig sein. Der Objekttisch bzw. das optische System sollten nicht „wandern", sondern nach einmaligem Einstellen fest bleiben. Es ist empfehlenswert, wenn beim Objektivwechsel die Schärfe erhalten bleibt und nicht für jedes Objektiv neu eingestellt werden muss.

von Reiner Kleinert

Mikroskopieren - gewusst wie

Bevor man so richtig loslegen und biologische Objekte unters Mikroskop bringen kann, sollte man sich in aller Ruhe mit dem Vorgang vertraut machen. Hier ein Vorschlag für einige "Fingerübungen":

1. Darstellung des Zwischenbildes

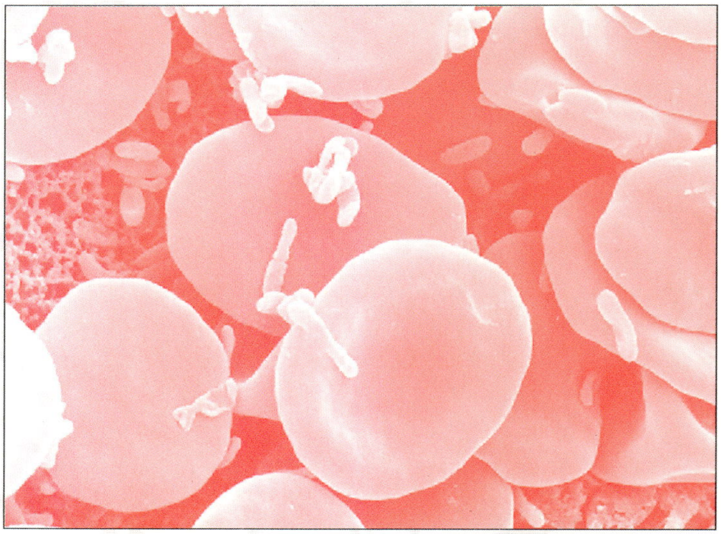

Elektronenmikroskopische Aufnahme: Bakterieninfizierte Blutprobe

Zunächst wird das Okular aus dem Tubus entfernt; das obere Tubusende wird mit einem Stück Pergamentpapier verdeckt, sodass quasi eine "Mattscheibe" entsteht. Nun wird ein ganz normales Kopfhaar so auf den Objekttisch gelegt, dass es mitten über die Lichtöffnung führt.

Man schaltet nun das Licht ein und dreht bei kleinster Vergrößerung so lange am Grobtrieb, bis auf dem Pergamentpapier eine dunkle Linie sichtbar wird. Diese Linie ist das Abbild des Haares und wird Zwischenbild genannt. Das Objektiv alleine entwirft also schon ein vergrößertes Abbild des Gegenstandes, eine Primärvergrößerung. Das Okular vergrößert dieses Zwischenbild nur nochmals.

2. Bestimmen des Gesichtsfelddurchmessers

Unter "Gesichtsfeld" versteht man den kreisrunden, beleuchteten Lichtfleck, den man sieht, wenn man ins Okular schaut.

Indem man den Durchmesser dieses Kreises bestimmt, gewinnt man eine Vorstellung von der tatsächlichen Größe der Objekte, die man gerade mikroskopiert.

Um den Gesichtsfelddurchmesser zu bestimmen, legt man zunächst einen Streifen transparentes Millimeterpapier mittig über die Lichtöffnung auf dem Objekttisch. Mithilfe von Grob- und Feintrieb wird eine scharfe Abbildung eingestellt.

Man zählt nun die Millimeterkästchen aus, die sich an der gedachten Mittellinie des Gesichtsfeldes befinden, und bestimmt damit die Gesichtsfelddurchmesser der vorhandenen Objektiv-/ Okularkombinationen.

Untersucht man ein Kopfhaar, so erhält man als durchschnittliches Ergebnis eine Dicke von ca. 0,15 mm.

Einige typische Größen:

Objektiv	Okular	Gesamtvergrößerung	Gesichtsfelddurchmesser
4x	10x	40x	ca, 4,5 mm
10x	10x	100x	ca. 1,7 mm
40x	10x	400x	ca. 0,3 mm

3. Untersuchung unterschiedlicher Substanzen

Für diese Untersuchungen benötigt man einen Objektträger - ein Glasplättchen, das die Objekte "trägt", die man untersuchen will.

Man streut nun jeweils eine kleine Prise Sand, Salz, Zucker und Kartoffelstärke auf den Objektträger, legt ihn auf den Objekttisch, schaltet die Mikroskopierleuchte ein und stellt ein scharfes Bild mit der kleinsten Vergrößerung ein. Danach kann man sich das Objekt auch in der mittleren und größten Vergrößerung anschauen.

Elektronenmikroskopische Aufnahme: Kronblatt einer Rose

Da Mikroskope nur eine sehr geringe Schärfentiefe besitzen, kann man durch leichtes Drehen am Feintrieb versuchen, sich eine räumliche Vorstellung zu verschaffen. Dieses Drehen wird als Fokussieren bezeichnet. Die maximale Schärfe wird dadurch nach oben bzw. unten verlagert.

Durch Verändern der Kondensorblende - die zunächst immer offen sein sollte - kann man noch versuchen, die Abbildung auch ästhetisch zu optimieren, um die Strukturen möglichst umfassend zu begreifen. Durch Zuziehen der Blende erhöht sich der Kontrast. Die unterschiedlichen Strukturen der Sand-, Salz-, Zucker- und Stärketeilchen sollten in kleinen Skizzen festgehalten und in knapper Weise charakterisiert werden, z.B.: Stärke-"Körnchen" zeigen deutlich organische Formen (Kreise, Ellipsen), sie weisen keine Kristallstruktur auf und beim Fokussieren und Abblenden kann man in ihrem Inneren konzentrische Ringe erkennen. Hat man sich so mit der Handhabung des Mikroskops vertraut gemacht, können auch pflanzliche oder tierische Objekte untersucht werden.

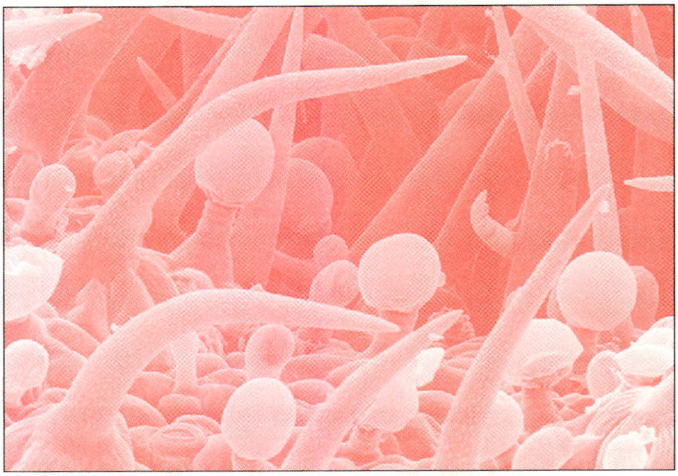

Elektronenmikroskopische Aufnahme: Pflanzenoberfläche

Folgende Regeln sollte man dabei unbedingt beachten:

1. ***Immer sauber arbeiten!***
2. ***Immer mit dem kleinsten Objektiv beginnen.***
   Durch Drehen am Revolver das kleinste Objektiv über die Lichtöffnung drehen; aufs Einrasten achten.
3. ***Vom kleinsten zum größten Objektiv immer über die Zwischeneinstellung gehen und gegebenenfalls die Schärfe nachstellen.***
4. ***Den Kondensor immer in die höchste Position bringen und zunächst mit offener Kondensorblende arbeiten.***
5. ***Beim Scharfstellen den Objekttisch mit dem darauf befindlichen Objekt mit dem Grobtrieb immer vom Objekt wegbewegen (sonst besteht bei "langen" Objektiven die Gefahr von Glasbruch).***
6. ***Mikroskoplampe immer nur während des Mikroskopiervorganges eingeschaltet lassen.***
7. ***Zum Erkennen räumlicher Strukturen den Feintrieb leicht bewegen (fokussieren).***
8. ***Kondensorblende auf optimalen Kontrast einstellen, möglichst nie mehr als halb zuziehen.***
9. ***Um Überanstrengungen zu meiden, sollte auch das nicht-mikroskopierende Auge offen gehalten werden und möglichst auf unendlich akkommodiert sein.***
10. ***Von jedem Objekt Skizzen anfertigen und den jeweiligen Maßstab angeben (mit Bleistift zeichnen und die bekannten Strukturen beschriften).***

Leider ist es in der Schule mit solch praxisbezogenen Tätigkeiten wie dem Mikroskopieren nicht getan. Das Wissen selbst wird unters Mikroskop gelegt – man muss Klausuren oder Prüfungen schreiben. Haben Sie manchmal Prüfungsangst? Dann lesen Sie die Tipps auf den folgenden Seiten.

Der Feind sitzt in mir! –

Der Prüfungsangst durch

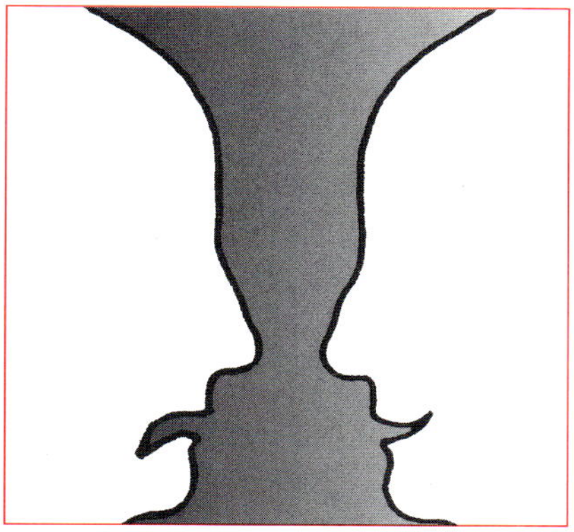

eine andere Sicht der Dinge begegnen

Wenn Sie sich einen Horrorfilm anschauen und es wird Ihnen zu viel, dann schalten Sie ab. Für den Horror der Prüfungsangst gibt es leider keinen solchen Schalter. Aber Sie sind auch nicht machtlos. Denn: Wissen ist Macht. Es geht hier nicht um das Wissen für die Prüfung. Sie müssen etwas über das Wesen der Prüfungsangst wissen, um sie zu besiegen!

Wie entsteht Angst?

Angst entsteht dann, wenn ein Mensch sich einer Situation gegenüber sieht, die er als bedrohlich empfindet und von der er annimmt, dass er sie nicht vermeiden bzw. beherrschen kann. Schüler mit Prüfungsangst denken (teils bewusst, teils unbewusst), sie könnten die Prüfung nicht bewältigen – unabhängig davon, ob das nun der Wahrheit entspricht oder nicht. Die Prüfungsangst entsteht also im eigenen Kopf.

Typische Gedanken prüfungsängstlicher Menschen sind: *"Ich kann das ja eh nicht"*, *"Ich kann überhaupt nichts"*, *"Die Prüfung bestehe ich nur mit Glück!"* (ich misstraue meinen Fähigkeiten), *"Ob ich die Prüfung wohl bestehe?"*, *"Ich muss die Prüfung bestehen!"* (aber eigentlich zweifle ich daran).

Ändern Sie Ihre Einstellung zu sich selbst und die Prüfungsangst vergeht!

Wie geht das – seine Einstellung zu sich ändern?
Auf den nächsten Seiten finden Sie dazu ein paar Möglichkeiten.

Methode I: Von wegen "Selbstlob stinkt" - Selbstlob hilft!

Pluspunkte suchen

Überlegen Sie sich einmal, was Sie alles können, was positiv an Ihnen ist. Beziehen Sie dabei Ihr ganzes Leben ein – nicht nur die Schule. Jeder Mensch findet bei genauem Hinsehen mindestens 15 Pluspunkte an sich – manchmal braucht man nur länger dazu, weil man blind ist gegenüber seinen eigenen Vorzügen bzw. weil man vielleicht dazu erzogen worden ist, nicht zu positiv über sich selbst zu denken. Freuen Sie sich in aller Stille über Ihre Stärken und fühlen Sie die eigene Kraft.

Die Methode kann man dann weiterführen, z.B. in dem Fach, in dem man schon einige Misserfolge hat einstecken müssen. Auch hier findet man Dinge, die man beherrscht, neben denen, die man tatsächlich nicht kann. Denken Sie an all das, was Sie können! Mit der Stärke, die man aus dem Wissen um die eigenen Fähigkeiten zieht, kann man viel besser die vorhandenen Schwächen angehen und beseitigen.

Langfristige Möglichkeiten auftun

Schwächen zu beseitigen mag Ihnen recht schwierig erscheinen. Aber wenn man dieses Problem längerfristig angeht, wird es beherrschbar:

Sie könnten für die nächsten längeren Ferien einen Paukkurs buchen oder jemanden auftreiben, der Ihnen mal etwas erklären kann. Sie könnten sich Gleichgesinnte für eine "Taskforce-Group" suchen, in der Sie sich gemeinsam vorbereiten, miteinander lernen und vielleicht sich gegenseitig auch etwas erklären können. Ein Buch wie dieses arbeitet sich vielleicht zu zweit oder dritt leichter durch. Und wenn wirklich alle Stricke reißen: Wär's denn so schlimm, wenn Sie die Klasse wiederholen müssten? Sicher wäre es furchtbar ärgerlich und im Prinzip eine doofe Zeitverschwendung – aber die Welt ginge doch nicht unter, oder?

Methode II: Wisse, was du tust!

Führen Sie eine Zeit lang ein Tagebuch über alles, was Sie für die Schule getan haben. Vor einer Klassenarbeit können Sie dann die Stunden zusammenzählen. Nicht selten ist die Zahl viel höher, als Sie sich vorgestellt haben. Wenn ein Schwall von Angst kommt, können Sie sich dann selbstbewusst sagen: *"Ich habe ... Stunden gelernt. Ich habe jedes Kapitel gründlich durchgearbeitet. Ich habe alles getan, was ich tun kann."*

Vorsicht: Einmal ist keinmal!

Für beide Methoden gilt, und das ist ganz, ganz wichtig: Sie dürfen sie nicht nur einmal durchführen, sondern müssen es regelmäßig tun – bis Sie von innen heraus Ihre Art verändert haben, die schulischen Herausforderungen zu betrachten.

Methode III: Den Teufel an die Wand malen, um ihn zu vertreiben

Prüfungen sind deshalb oft so angstbesetzt, weil man sich Katastrophen ausmalt, die – nüchtern betrachtet – gar nicht eintreten werden. *"Wenn ich diese Arbeit verhaue, falle ich durch!"* – Das gilt wirklich nur nach einer langen Reihe von Fünfern und Sechsern und am Jahresende, aber sicher nicht bei einer Klassenarbeit am Jahresanfang oder in der Mitte. *"Wenn ich durchfalle, liebt mich keiner mehr, lachen mich alle aus, bringen mich meine Eltern um, habe ich keinerlei Berufsaussichten ..."* – Ist das tatsächlich so?

Nehmen Sie sich einmal in einer ruhigen Stunde (also ja nicht vor der Klassenarbeit!) die Zeit, den Teufel an die Wand zu malen, d.h. Ihre Katastrophenvorstellungen aufzuschreiben. Schreiben Sie wirklich alle Gedanken auf – das ist besser, als nur Ihre Vorstellungskraft zu nutzen. Sie werden feststellen, dass manches schon an Schrecken verliert, wenn man es geschrieben vor sich sieht: Manchmal fällt dann überdeutlich auf, dass einiges schon ein wenig absurd klingt.

Sicher – Ihre Eltern werden nicht gerade glücklich über eine schlechte (Zeugnis-)Note sein, aber umbringen werden sie Sie sicher nicht.

Und Ihre besten Freunde werden Sie auch nicht auslachen oder weniger lieben – tun sie es doch, entpuppen sie sich als schlechte Freunde, und das ist vielleicht eine schmerzlichere Erfahrung.

Die realistische Betrachtung der Katastrophenängste hilft Ihnen, die innere Spannung abzubauen, weil Sie merken, dass Ihnen gar keine wirklichen Katastrophen drohen!

Expertenrat einholen

Und wenn Sie wirklich feststellen, dass Sie mit den möglichen Konsequenzen nicht fertig werden können – suchen Sie den Rat von Experten. Oft gibt es Wege, die Sie nicht kennen oder die Ihnen nicht bewusst sind. Sprechen Sie mit dem Beratungslehrer, dem Schulpsychologen, dem Berufsberater ...

Ein Hilfsmittel gegen die Prüfungsangst sind übrigens auch noch Entspannungsübungen. Eine Möglichkeit ist zum Beispiel diese:

Sich aus dem Stress hinwegträumen ...

Der Kern der Übungen besteht darin, dass man sich auf den Schwingen der Phantasie an einen Ort begibt, der mit Entspannung und Wohlgefühl verbunden ist. Das ist für jeden ein anderer Ort, eine Sommerwiese, ein Garten, am Fluß, auf einem Berg, am Strand, auf einem Boot dahintreibend. Wählen Sie Ihre persönlichen "Wohlfühl-Orte"! Möglich sind im übrigen auch Wanderungen durch eine Landschaft; man sollte aber nicht zu viel auf einmal in eine Übung hineinpacken.

Während dieser Phasen der Entspannung richtet man positive Botschaften an sich selbst. Im Zustand der Entspannung sind wir besonders aufnahmebereit, und die positiven Botschaften können dann um so besser auf das Selbstbewusstsein einwirken. Beispiele für solche positiven Sätze sind: *Ich bin ganz ruhig. - Ich atme gleichmäßig und ruhig. - Mir ist warm. - Ich spüre meine Stärke. - Ich schaffe es. - Klarheit ist da. - Ich stehe da wie ein starker Baum, tief verwurzelt in der Erde.*

Die Sätze dürfen nicht in verneinter Form gebildet werden (z.B. *Ich bin nicht verspannt*), weil dadurch eine negative Situation wieder in Erinnerung gerufen wird.

Gehen Sie folgendermaßen vor:

- **Hinlegen** (aber nicht, wenn man ohnehin schon müde ist!) oder vernünftig sitzen.
- **Augen schließen** (wenn Sie die Augen lieber offen lassen, auf eine Umgebung achten, in der Sie möglichst wenig Ablenkendes sehen können.)
- **Auf den Atem konzentrieren**; gleichmäßig und ruhig atmen; den Atem kommen und gehen lassen wie die Wellen am Meer ...
- Nun in Gedanken den vorher ausgesuchten **Entspannungsort aufsuchen** und diesen der Reihe nach **mit allen Sinnen wahrnehmen**:
  - Schauen Sie herum und betrachten Sie alles, was Sie sehen können!
  - Hören Sie, was Sie an dem Ort alles hören können!
  - Riechen Sie, was hier zu riechen ist!
  - Schmecken Sie auch, wenn Sie an dem Ort etwas zu sich nehmen können.
  - Spüren Sie alles, was Sie fühlen können!
- Jetzt, im Zustand tiefster Entspannung, sagen Sie sich Ihre **positiven Botschaften**. Beschränken Sie sich aber auf eine oder zwei pro Übung!
- **Langsame Rückkehr**: mehrfach kräftig durchatmen, auf die tatsächliche Umgebung hören und die Geräusche wahrnehmen, langsam die Augen öffen, sehr langsam aufstehen (v.a. wenn man einen niedrigen Blutdruck hat).

Für diese Technik gilt wie für alle Entspannungsübungen:

- Man muss sie einige Zeit regelmäßig trainieren (am besten zwei bis drei Monate lang ein- bis zweimal täglich ca. 5 Minuten), denn nur dann kommt man in einen gewissen dauerhaften Ruhezustand.
- Sie hilft nur die Symptome der Angst zu verringern, beseitigt jedoch die eigentlichen Ursachen von Nervosität bzw. Angst nicht.
- Ob Ihnen diese Form von Entspannungsübung liegt, können Sie nur feststellen, wenn Sie sie ein oder zwei Wochen lang regelmäßig ausprobieren. Wenn die Technik Ihnen nichts bringt, sollten Sie eine andere suchen. Es gibt nicht **die** Technik, die allen hilft! Wem die Übung aber liegt und wer sie regelmäßig trainiert, der hat damit ein sehr wirksames Mittel gegen Prüfungsängste in der Hand.

Wenn man die Übungen oft durchgeführt hat, kann man eine **Kurzform** auch in **Prüfungen** (Klausuren) einsetzen; sie dauert höchstens eine Minute – eine Minute, die vielleicht hilft, aus einer Gedankenblockade herauszukommen, die man sicher durch krampfhaftes Grübeln nicht verlassen kann:

Augen schließen – auf den Atem konzentrieren – einen Entspannungsort aufsuchen, der für einen der absolute Inbegriff von Entspannung ist, und bewusst z.B. alles hören oder sehen oder fühlen (hier aber nur einen Sinn einschalten, nicht das ganze Programm durchführen!!) – kräftig durchatmen – Augen öffnen – da sein und erfolgreich weiterarbeiten!

Schöne Beispiele für Phantasiereisen sind in dem folgenden Buch zu finden:
Else Müller: Du spürst unter deinen Füßen das Gras. Autogenes Training in Phantasie- und Märchenreisen. Fischer Taschenbuch 3325.

Adam, H./Czihak, G.	Arbeitsmethoden der makroskopischen und mikroskopischen Anatomie, Stuttgart 1964
Alberts, B. et al.	Molekularbiologie der Zelle, 2. Auflage, Weinheim 1990
Bauer, E./Bossler, A.	Die Zelle, Berlin 1978
Bils, W./Dürr, G.	Übungsaufgaben und Antworten zu Kernthemen des Biologieunterrichts, Heidelberg 1984
Bretscher, M. S.	Die Moleküle der Zellmembran, in: Spektrum der Wissenschaft 12/1985, S. 90-99
Curtis, H.	Biology (2nd Edition), New York 1975
De Duve, C.	Die Zelle. Expedition in die Grundstruktur des Lebens, Heidelberg 1986
Dietle, H.	Das Mikroskop in der Schule, Stuttgart 1975
DIFF (Hrsg.)	Chemie der Zelle, II (Studienbriefe für Biologielehrer), Tübingen 1977
Engelhardt, W.	Was lebt in Tümpel, Bach und Weiher?, Stuttgart 1983
Evans, W. H./ Graham, J. M.	Struktur und Funktion biologischer Membranen, Stuttgart 1991
Fawcett, D. W.	Atlas zur Elektronenmikroskopie der Zelle, München 1973
Gassner, G./ Hohmann, B./ Deutschmann, F.	Mikroskopische Untersuchungen pflanzlicher Lebensmittel, Stuttgart 1989
Jaenicke, J./ Knippenberg, A./ Sobke, J.	Zellen, Einzeller und andere Mikroben, Hannover 1982
Jaenicke, J. (Hrsg.)	Materialien zum Kursunterricht Biologie, Teil 3, Köln 1988
Jaenicke, J.	Unterrichtseinheit: Biomembranen, in: Praxis der Naturwissenschaften Biologie 2/1989, S. 13-19
Kaplan, R. W.	Der Ursprung des Lebens, Stuttgart 1978
Keeton, W. T.	Biological Science (2nd Edition); New York 1972
Kleinig, H./Sitte, P.	Zellbiologie. Ein Lehrbuch, Stuttgart/New York 1984
Leonhardt, H.	Histologie und Zytologie des Menschen, Stuttgart 1971
Linder, H.	Biologie, Stuttgart 1983
Miram, W./Scharf, K.-H.	Biologie heute, S II, Hannover 1988
Novikoff, A. B./ Holtzmann E.	Zellen und Organellen, Berlin 1978
Nultsch, W.	Allgemeine Botanik, Stuttgart 1974
Nultsch, W./Grahle, A.	Mikroskopisch-Botanisches Praktikum für Anfänger, Stuttgart 1983
Prescott, D. M./ Flexer, A. S.	Krebs, Heidelberg 1990
Scharf, K. H.	Physiologie und Feinstruktur der Zelle, Praxis der Naturwissenschaften Biologie Heft 3/34, Juni 1985, Köln
Scharf, K.-H./Weber, W.	Cytologie, Hannover 1984
Schulte, H.	Bau und Funktion der Zelle, Frankfurt 1985
von Sengbusch, P.	Botanik, Hamburg 1989
Strasburger, E.	Lehrbuch der Botanik, Stuttgart 1971
Streble, H./Krauter, D.	Das Leben im Wassertropfen, Stuttgart 1976
Stryer, L.	Biochemie, Heidelberg 1990

Quellen

Aufg. E/2	in Anlehnung an Schulte (1985), S. 124
Aufg. E/6	nach Jaenicke (1988), S. 18
Tab. 4	verändert nach Prescott/Flexer (1990), S. 80
Tab. 6	verändert nach Jaenicke (1989), S. 18
Tab. 7	aus Evans/Graham (1991), S. 12

Abbildung	Fundstelle
30	verändert nach Alberts et al. (1990), S. 869
33	ebda., S. 910
34	ebda., S. 911
40	ebda., S. 915
41	ebda., S. 933
42	ebda., S. 921
43	ebda., S. 925
67	ebda., S. 125
68	ebda., S. 124
70	ebda., S. 130
82	ebda., S. 327
83	verändert nach Kaplan, R. W. (1986), S.128
84	verändert nach Bretscher (1985), S. 93
85	verändert nach Alberts et al. (1990), S. 330
86	ebda., S. 353
90	verändert nach Bretscher (1985), S. 94
91	verändert nach Alberts et al. (1990), S. 358
92	ebda., S. 357
93	ebda., S. 377
94	verändert nach Scharf/ Weber (1984), S. 107
95	verändert nach Alberts et al. (1990), S. 358
97	ebda., S. 350
98	ebda., S. 365
99	ebda., S. 366
100	verändert nach Bretscher (1985), S. 96
101	verändert nach Alberts et al. (1990), S. 381
102	ebda., S. 381
104	verändert nach De Duve (1986), S. 79

MENTOR ABITUR-HILFE

Band 690

Biologie
Oberstufe

Zellbiologie

Struktur und Funktion
zellulärer Systeme

Lösungsteil

Reiner Kleinert
Wolfgang Ruppert
Franz X. Stratil

Mentor Verlag München

A/1 S. 15 Zellwand, Vakuole, Plastiden.

A/2 S. 24 In einem Zentrifugengläschen befindet sich ein Dichtegradient, d.h. es enthält eine Flüssigkeit, deren Dichte von oben nach unten zunimmt. Zentrifugiert man z.B. Zellbestandteile über einen längeren Zeitraum bei sehr hohen Umdrehungszahlen, so setzen sich die einzelnen Bestandteile in denjenigen Bereichen ab, die ihrer eigenen Dichte entsprechen.

A/3 S. 25 Zellkern, Mitochondrien und Plastiden.

A/4 S. 25
a) Wurstförmig, von Doppelmembran umgrenzt, innere Membran als Cristae in den Innenraum eingestülpt.
b) Das granuläre ER ist mit Ribosomen besetzt.
c) Gesamtheit der in der Zelle vorhandenen Dictyosomen (von GOLGI entdeckt).
d) Ribosomen bestehen aus zwei unterscheidbaren Untereinheiten.
e) Kommen in tierischen Zellen vor und sind an der Zellteilung beteiligt (organisieren den Spindelfaserapparat); zeigen eine typische T-Struktur aus jeweils 9 x 3 Mikrotubuli.

A/5 S. 25

Zellorganell	Abb.	Funktion
Zellkern	12	Träger der Erbinformation, Steuerung und Regelung der Zellprozesse
Mitochondrien	13	„Energiefabriken" der Zelle, wichtig im Rahmen des Zellstoffwechsels
Chloroplasten	9, 14	nur bei pflanzlichen Zellen, Orte der Photosynthese
Lysosomen	19	enthalten Enzyme, wichtig bei der intrazellulären Verdauung
Mikrotubuli	20, 21	Röhren aus globulären Eiweißstrukturen; Zellskelett, Bewegungsaufgaben bei der Zellteilung und bei Zellbewegungen
Zellmembran	81, 90	Abgrenzung zur „Außen-, Umwelt", semipermeabel
ER	15	Membran und Kanalsystem (Röhrensystem), Transportsystem; als raues ER an der Eiweißsynthese beteiligt
Dictyosomen	16	dienen der Zellsekretion, an der Zellmembranbildung beteiligt
Ribosomen	15	an der Eiweißsynthese beteiligt
Zellsaftvakuole	9	nur bei pflanzlichen Zellen, Speicher für organische und anorganische Stoffe, wichtig für die osmotischen Eigenschaften der Zelle und ihre Stabilität im Zusammenhang mit der Zellwand
Zellwand	9	nur bei pflanzlichen Zellen; kein Zellorganell im eigentlichen Sinne, „tote" und permeable Grenzschicht außerhalb der Zellmembran; Stabilität, Festigkeit, Abgrenzung

A/6 S. 25 1 = Zellwand; 2 = Zellkern (Nukleus); 3 = Kernhülle; 4 = Kernkörperchen (Nukleolus); 5 = Kernpore; 6 = Centriolenpaar; 7 = Plastid (Chloroplast); 8 = Mitochondrium; 9 = Tonoplast; 10 = Ribosom; 11 = Vakuole; 12 = glattes ER; 13 = raues ER; 14 = Dictyosom; 15 = GOLGI-Vesikel; 16 = Zellmembran

Sie dient dazu, homogene, einheitliche Zellfraktionen zu erhalten, die anschließend biochemisch und/oder elektronenmikroskopisch weiter untersucht werden können und z.B. ausschließlich aus Ribosomen, Zellkernfragmenten etc. bestehen.

A/7
S. 27

Die Flächenanteile sind:

Abbildung	Mitochondrien	raues ER
β-Zelle der Bauchspeicheldrüse	ca. 5,4 %	ca. 38 %
Belegzelle der Magenwand	ca. 31 %	ca. 2,7 %

Auffallend ist die Häufung von rauem ER in der β-Zelle der Bauchspeicheldrüse, dagegen von Mitochondrien in der Belegzelle der Magenwand. Außerdem ist die Oberfläche der Zellmembran der Belegzelle zur Magenseite hin durch zwei große Einstülpungen und viele kleine Ausstülpungen stark vergrößert.

Nimmt man die Informationen über die Aufgaben der Zellorganellen aus Kapitel A. 3. 2. zu Hilfe, so lassen sich die Funktionen der beiden Zelltypen etwa folgendermaßen formulieren:

- Mitochondrien kommen häufig in Zellen mit stoffwechselaktiven Aufgaben vor; Energiebereitstellung.
- Raues ER mit vielen Ribosomen kommt gehäuft in Zellen mit sekretorischen Aufgaben vor; Proteinbiosynthese.
- Die Oberflächenvergrößerung der Zellmembran deutet auf intensiven Stoffaustausch hin.

A/8
S. 32

Eucyte	Protocyte
– Kernmembran, „echter“ Zellkern	– keine Kernmembran, ringförmiger DNA-Strang, als „Kernäquivalent“
– deutlich größer	– deutlich kleiner, etwa so groß wie die Mitochondrien der Eucyten
– Zellorganellen	– außer Ribosomen keine weiteren Organellen

Lösungen Teil B

B/1
S. 33

2% von 60 Billionen Zellen sind 120 Milliarden Zellen; diese müssen pro Tag neu gebildet werden. 86 400 Sekunden entsprechen einem Tag: 120 Milliarden geteilt durch 86 400 ergibt 1, 38 888 Millionen Zellen pro Sekunde.

B/2
S. 35

a) Die Länge des Zellzyklus hängt ausschließlich von der Dauer der G_1-Phase ab. S-, G_2- und M-Phase sind dagegen bei diesen Zelltypen konstant, unabhängig davon, wie lange der Zellzyklus insgesamt dauert.

b) Die Vorgänge in der S-, G_2- und M-Phase scheinen, einmal angeschaltet, nach einem einheitlichen Muster zu verlaufen, das vom jeweiligen Zelltyp unabhängig ist. Dagegen hängt die Länge der G_1-Phase davon ab, wie schnell in diesem Gewebe Zellen erneuert werden müssen.

Lösungen Teil C

C/1 *Vgl. Abbildung 49:* **Obere Epidermis:** Abschluss, Verdunstungsschutz, deshalb oft zu-
S. 50 sätzliche Kutikula;
Palisadenparenchym: Assimilationsgewebe, Orte der Photosynthese, dicht stehende Zellen mit einer Vielzahl von Chloroplasten;
Schwammparenchym: lockerer Zellverband, relativ unterschiedliche Zellen mit großen Intercellularen, Gasaustausch;
Untere Epidermis: Abschluss, mit einzelnen Spaltöffnungen, Wasser- und Gasaustausch.

C/2 Die Zellwände der Pflanzenzellen bestehen aus Mittellamelle, Primär- und Sekundär-
S. 53 wand;
die Grundstruktur dieser Teile sind einzelne Mikrofibrillen, die aus fadenförmigen Makromolekülen, der Cellulose, bestehen. In die Sekundärwand kann der Holzstoff Lignin eingelagert oder Korkstoff aufgelagert sein.

C/3 **Zellwand:** „voll" permeabel, Fibrillenstruktur, Hauptbestandteile Zellulose und Pek-
S. 53 tine;
Zellmembran: semipermeabel, das Zellplasma nach außen hin begrenzend.

C/4 Blätter und Blüten; Sprossachse (Stengel, Stamm); Wurzel.
S. 54 **Blätter:** Orte der Photosynthese und der Wassertranspiration;
Blüte: Fortpflanzungsorgan der Pflanze;
Sprossachse: trägt Blätter und Blüte, leitet Assimilate aus Blättern in Wurzel und Wasser sowie Nährsalze in umgekehrter Richtung;
Wurzel: Aufnahme von Wasser und Nährsalzen, Assimilatespeicherung, Verankerung.

C/5 Die Leitbündel bestehen aus dem Siebteil (Phloem) und dem Gefäßteil (Xylem).
S. 54 Im **Phloem** – bestehend aus dünnen, langgestreckten Zellen mit verdickten Zellwänden – werden die **Assimilate** transportiert, im **Xylem** – bestehend aus großlumigen, langgestreckten, oft abgestorbenen, dickwandigen und verholzten Zellen – wird das **Wasser** mit den darin gelösten Nährsalzen transportiert.
Um die notwendige Biegefestigkeit des oberirdischen Teiles der Pflanze zu erreichen, liegen die Leitbündel auf einem Ring im Außenbereich des Stengels. In der Wurzel, die primär auf Zugfestigkeit hin konstruiert sein muss, liegen sie entsprechend zentral.

Lösungen Teil E

E/1 Die Membran wölbt sich in den Bereich mit dem rei-
S. 73 nen Wasser (*vgl. Erklärung zu Abb. 76*): Da sie permeabel für die kleinen Wassermoleküle ist, treten statistisch gesehen pro Zeiteinheit mehr Wassermoleküle von der (rechten) Seite mit dem reinen Wasser in die (linke) Seite mit der Salzlösung über als umgekehrt.
Dies führt bei einer elastischen Membran zur Ausdehnung (Wölbung) der Membran, da die vermehrt eingetretenen Wassermoleküle einen zusätzlichen „Raumanspruch" haben.

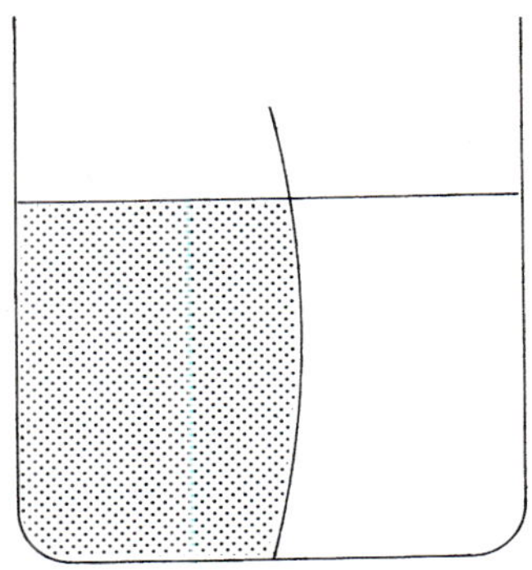

C + E

E

E/2
S. 73

Eine sinnvolle graphische Darstellung ist nur mit **logarithmischem Maßstab** möglich.
Es zeigt sich, dass für den Nahbereich (innerhalb der Zellen und zwischen benachbarten Zellen) die Geschwindigkeit relativ hoch ist und damit als Erklärung für Stoffbewegungen ausreicht. Für den Ferntransport ist die Diffusion jedoch ohne Bedeutung (in einem Tag nur 2,56 cm).

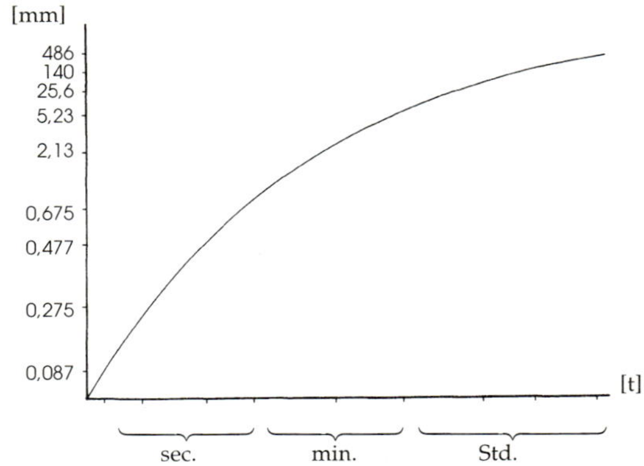

E/3
S. 74

Die Frage lässt sich in Form einer Tabelle lösen:

PFEFFER'sche Zelle	**Pflanzenzelle**
umgebendes Wasser, gefülltes Gefäß	wässriges Milieu außerhalb der Zellmembran
Tonzylinder, Innengefäß	Zellsaftvakuole
Zuckerlösung im Innengefäß	wässrige Lösung in der Vakuole (organische und anorganische gelöste Stoffe)
künstlich hergestellte semipermeable Membran aus Kupfercyanoferrat in der Wand des Tonzylinders	semipermeable Biomembranen, speziell die Zellmembran und die Tonoplastmembran
(hydrostatischer) Druck der Flüssigkeitssäule im Steigrohr	Widerstand der Zellwände

E/4
S. 76

Reife Kirschen enthalten einen hochkonzentrierten Zellsaft: Ihr Fruchtzuckergehalt ist sehr hoch. Sommerregen, also reines H_2O, stellt somit eine extrem hypotonische Lösung dar.
Es findet **Osmose** in Form einer Deplasmolyse statt: Wasser diffundiert vermehrt in die Zellen der Kirschen und führt zu einem hohen Druck (Turgor); dies kann zum Platzen und Reißen führen.

E/5
S. 76

a) Zunächst findet ein Nettofluß an Wasser von außen nach innen statt, daher Größenzunahme der Zellen, was bis zur Lysis führt; das Außenmedium ist hypotonisch.
Die 5%ige Kochsalzlösung ist hypertonisch, deshalb Nettofluß von innen nach außen. Rote Blutkörperchen nehmen Stechapfelform an, die Zellen sind extrem geschrumpft.
b) Eine Konzentrations-/Verdünnungsreihe (z.B. unterschiedliche Kochsalzkonzentrationen) aufstellen und beobachten, bei welcher Konzentration keine Veränderung stattfindet; der Wert entspricht in etwa der Konzentration in den Zellen.

E/6 S. 81

a) $V_Z = \pi \cdot r^2 \cdot h$; $h = \frac{V_Z}{r^2 \cdot \pi}$; davon sind bekannt:

$\pi = 3{,}14$; $r = 30$ mm; $V_Z = 0{,}007$ mm³

$$h = \frac{0{,}007\ \text{mm}^3}{(30\ \text{mm}^2).3{,}14} \cong 2{,}5 \cdot 10^{-6}\ \text{mm} = 2{,}5\ \text{nm}$$

b) $F_{Lipidschicht} = \pi \cdot r^2 = 3{,}14 \cdot 900\ \text{mm}^2 = 2826\ \text{mm}^2 \cong 3000\ \text{mm}^2$

$F_{Membran} = 145\mu\text{m}^2 \cdot 2 \cdot 5{,}2 \cdot 10^6 = 1508\ \text{mm}^2 \cong 1500\ \text{mm}^2$

Verhältnis $F_{Lipidschicht} : F_{Membran} = \frac{3000}{1500} \triangleq 2:1$

c) Da die Fläche der Lipidschicht etwa doppelt so groß ist wie die Fläche der Membranen, muss die Lipidschicht in der Erythrocyten-Membran als **Doppelschicht** vorliegen.

E/7 S. 87

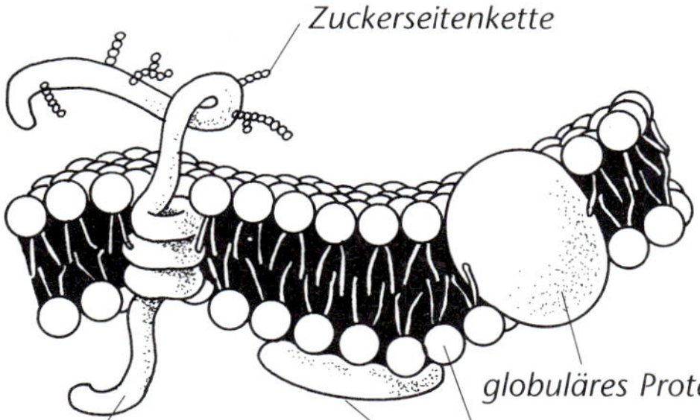

E/8 S. 90

a) Die Kurve steigt bei geringen Lösungskonzentrationen schnell an, erreicht aber bald einen Maximalwert, d.h. auch bei weiter zunehmender Lösungskonzentration wird nicht mehr Glukose in die Zellen aufgenommen.
Die Glukosemoleküle gelangen nicht durch einfache Diffusion in die Erythrocyten, sondern durch **Carrierproteine,** die auf Glukose spezialisiert sind. Wenn alle Carriermoleküle ausgelastet sind, ist die maximale Transportgeschwindigkeit erreicht. Auch eine weitere Steigerung des Konzentrationsunterschiedes kann die Transportgeschwindigkeit nicht erhöhen.
Die Kurve verläuft dann parallel zur Konzentrationsachse.

b) Eine Gerade würde bedeuten, dass die Glukosekonzentration in den Erythrocyten linear zur Umgebungskonzentration zunimmt. Das ist aber bei Carrier-Transport nicht möglich, weil die Transportproteine nicht beliebig schnell Glukose durch die Membran schleusen.

E

E/9 S. 91 Transmembran-Proteine sind durch eine Region hydrophober Aminosäuren in der Lipiddoppelschicht verankert. Dadurch sind Bewegungen nur in der Ebene der Membran möglich.

E/10 S. 99
a) Der Transportmechanismus ist die **rezeptorvermittelte Endocytose**.
b) Da die Endocytose rezeptorvermittelt ist, müssen die Viren auf ihrer Oberfläche ein Gegenstück besitzen, das zum Rezeptorprotein passt wie der Schlüssel zu seinem Schloss.
c) Da die Viren einen ganz normalen zellulären Transportweg benutzen, um in eine Zelle einzudringen, ist es schwierig, sie daran zu hindern. Denn dieser Transportweg dient ja der Zelle zur Versorgung mit lebenswichtigen Stoffen. Würde man ihn blockieren, ginge die Zelle zwar nicht an den Viren, aber vielleicht an Nährstoffmangel zugrunde.

Lösungen Teil F

F/1 S. 102 Der Konzentrationsunterschied zwischen Cytoplasma und dem umgebenden/salzhaltigen Meerwasser ist deutlich geringer als bei Einzellern, die im Süßwasser leben. Es kommt daher kaum zu osmotischen Vorgängen.

Lösungen Teil G

G/1 S. 106 Die Elastizität der Linse nimmt mit dem Alter stark ab, dadurch krümmt sie sich nicht mehr genügend. Mit einer Brille, die im Prinzip konvexe Gläser hat und ähnlich wie eine Lupe wirkt, lässt sich die Fehlsichtigkeit beheben.

G/2 S. 108

Mikroskop	Photoapparat
Objektiv	Objektiv
Okular	Suchereinblick
Tubus und Stativ	Kameragehäuse
Grob- und Feintrieb	Entfernungseinstellung
Kondensorblende	Objektivblende

G/3 S. 113
Objektiv 1: $d_1 = 7{,}857\mu m$;
Objektiv 2: $d_2 = 4{,}583\mu m$;
Objektiv 3: $d_3 = 2{,}75\ \mu m$;
Objektiv 4: $d_4 = 0{,}44\ \mu m$;

G/4 S. 113 $d_{min} = nm/n.A. \longrightarrow n.A. = nm/d_{min} = 400/286 = 1.4$

Akkomodationsfähigkeit
von lat. accomodare = angleichen

Autophagocytose
von gr. autos = selbst; gr. phagein = verzehren; gr. kytos = Höhlung, Wölbung, Gefäß, Zelle

bikonkav
von lat. bis = zweimal; lat. cavus = hohl, nach innen gewölbt; „Eselsbrücke" engl. cave = Höhle

Chemotaxis
von gr. taxis = (An)ordnung; gerichtete Orientierung frei beweglicher Organismen nach chemischen Reizen

Chloroplast
von gr. chloros = gelblichgrün; gr. plassein = formen, bilden

Chromoplast
von gr. chroma = Farbe; gr. plassein = formen, bilden

Chromosomen
von gr. chroma = Farbe; gr. soma = Körper, Gestalt

Cristae
von lat. crista = Helmbusch, (bei Tieren) Kamm

Cytose
von gr. kytos = Höhlung, Bauch, Gefäß

Diffusion
von lat. diffundere, (diffusum) = ausbreiten, auseinanderfließen, sich verbreiten

DNA
international übliche Bezeichnung für Desoxyribonukleinsäure; der Buchstabe A steht für das engl. Wort acid = Säure; *vgl. Band „Genetik"*

Endocytose
von gr. endon = innen, innerhalb; gr. kytos = Höhlung, Wölbung, Gefäß, Zelle

Endoplasmatisches Retikulum
von gr. endon = innen; lat. reticulum = kleines Netz

Enzyme
von gr. en = in; zyme = Sauerteig; organische Verbindungen in lebenden Zellen, die Stoffwechselprozesse steuern und regeln

Eukaryonten
von gr. eu = gut, wohl; karyon = Nuss; alle Lebewesen, deren Zellen Zellkerne besitzen, die von einer Kernmembran umhüllt sind; vgl. Prokaryonten

Exocytose
von gr. exo = außerhalb, außen; gr. kytos = Höhlung, Wölbung, Gefäß

Glykolipide
von gr. glykys = süß; lipos = Fett

homogenisieren
hier: Zellgewebe aus nicht mischbaren Bestandteilen zerkleinern und damit mischen; von gr. homos = gleich, gemeinsam; lat. gignere (genitum) = erzeugen, hervorbringen; gr. gignomai = entstehen; homogen = bildungssprachlich für gleichmäßig, einheitlich

hypertonisch
von gr. hyper = über, oberhalb; gr. tonos = Spannung, Druck; vgl. hypotonisch

hypotonisch
von gr. hypo = unter; gr. tonos = Spannung, Druck; vgl. hypertonisch

integral
von lat. integrare = wieder herstellen, wieder einrenken; „ein Ganzes ausmachend, für sich bestehend"; hier im Sinne von „ als Ganzes eingebettet in ..."

Kompartimentierung
Unterteilung in einzelne Bereiche, Felder; von lat. pars, partis = Teil, Stück; frz. compartiment = Abteilung

konkav
von lat. cavus = hohl, nach innen gewölbt; „Eselsbrücke": engl. cave = Höhle; Gegenteil konvex

kontraktil
von lat. contrahere (contractum) = zusammenziehen

Kutikula
lat. cuticula = Häutchen; dieser Überzug ist wasserundurchlässig und dadurch verdunstungshemmend; er besteht aus der wachsartigen Substanz Cutin

Leukoplast
von gr. leukos = klar, weiß; gr. plassein = formen, bilden

lytisch
von gr. lyein = lösen

Makromoleküle
von gr. makros = groß; Riesenmoleküle; *vgl. Mentor Lern- und Abiturhilfen zur Chemie*

Makrophage
von gr. phagein = essen, fressen, verzehren; gr. makros = groß

Mikrotrabekel
von gr. mikros = klein; lat. trabecula = Bälkchen

Mikrotubulus
von gr. mikros = klein; lat. tubulus = Röhre

Mitochondrium
von gr. mitos = Schnur, Faden; gr. chondros = Korn

Mitose
von gr. mitos = Schnur, Faden

Okular
von lat. ocularis = zu den Augen gehörend

Osmose
von gr. osmos = Stoß

oszillieren
lat. oscillare = schwingen, schwanken, pendeln

peripher
von gr. peripherein = herumtragen, umherschweifen; bildungssprachlich „für am Rande befindlich"

Permeabilität
von lat. permeabilis = durchdringbar, durchlässig, gangbar

Phagocytose
von gr. phagein = verzehren; gr. kytos = Höhlung, Wölbung, Gefäß, Zelle

Phobie
von gr. phobos = Furcht; krankhafte Angst

Pinocytose
von gr. pinein = trinken, (ein-)saugen; gr. kytos = Höhlung, Wölbung, Gefäß

Prokaryonten
von lat. pro = vor, an Stelle von; lat. karyon = Nuss; Organismen, deren Zellkerne nicht von einer Kernmembran umschlossen sind; vgl. Eukaryonten

semipermeabel
von lat. semi = halb; lat. permeabilis = durchlässig, gangbar

Telophase
von gr. telos = Ende, Ziel; gr. phasis = Anzeige

Zelle
von lat. cella = enger Wohnraum; cellula = Kammer

Zygote
von gr. zygoo = zusammenjochen, durch ein Joch verbunden; die Verbindung zweier haploider Chromosomensätze bei der Befruchtung; *vgl. Band „Genetik"*

A

α-Helix 63, 66
Aminosäuren 60f.
Aminosäuresequenz 62, 66
Amöbe 100f.
Anaphase 37, 39f., 43, 48
Äquatorialebene 39, 41, 43
Assimilationsparenchym 46, 49
Atemhöhle 49
Augentierchen 101
Autophagocytose 22

B

β-Faltblatt 64, 66
Bakterien 32
Bildungsgewebe 45
Bindegewebe 47
Biomembran 32, 67ff., 79ff.
- Asymmetrie 83
- Aufbau 79f.
- Eigenschaften 67, 77
- Fluid-mosaic-Modell 86f.
- Membranlipide 80f.
- Membranproteine 84f.
- Recycling 97
- Sandwich-Modell 84
- Transportmechanismen 87ff.
- Viskosität 82
- Zusammensetzung 79, 83
Blatt 49f., 55

C

Cellulose 52, 58
Centriol 23
Centromer 39, 42
Centrosom 23, 38, 42
Chloroplasten 11, 13, 15, 18, 49
Cholesterin 60, 82f.
Chromatiden 39
Chromatin, -gerüst 17, 36, 40
Chromosomen 34ff., 48
Chromosomenbewegung 42
Chromosomentrennung 43
Chromosomenzyklus 34, 48
Ciliaten 101f.
Cisternen 20
Cristae 18
Cyanobakterien 32
Cytokinese 34, 37, 42f., 48
Cytoplasmatischer Zyklus 34, 48

D

Dauergewebe 45
Deckgewebe 46
Deplasmolyse 75, 78
Dichtegradienten-Zentrifugation 21
Dictyosomen 20, 31
differentielle Genaktivität 45
Diffusion 67ff., 74, 78
Disaccharide 58
Disulfidbrücken 65
DNA 17, 32, 34
DNA-Synthese 36
Doppelmembran 18, 19, 30

E

Einchromatidchromosom 40
Einheitsmembran 67, 79
Einzeller 33, 100ff.
Eizelle 33
Elektronenmikroskopie 109ff.
Elektronenmikroskopische Aufnahmen
- ausdifferenzierte Pflanzenzelle 16
- β-Zelle (Bauchspeicheldrüse) 28
- Bakterium 32
- Dünndarm-Epithelzelle 92
- junge Pflanzenzelle 16
- Belegzelle (Magen) 29
- Leberzelle 17
- rezeptorvermittelte Endocytose 98
- Virusinfektion 99

- Zellmembran 79
Endocytose 96f., 99
- rezeptorvermittelt 97f., 99
endoplasmatisches Retikulum (ER) 17, 19
- agranuläres/glattes 19
- granuläres/raues 19, 30, 31
Enzyme 19, 20, 23
Epidermis 10, 45, 49, 51
Epithel, Epithelzelle 46
Eucyte 32
Eukaryonten 18, 32
Exocytose 97, 99

F

Festigungsgewebe 46
Fettsäuren 59f.
Flagellaten 101
Fruktose 57
Furchung 41
Fusionsexperiment 36

G

G_1-Phase 34, 48
G_2-Phase 35, 48
Gasaustausch 50
Gewebetypen 45ff.
Glukose 57f., 92
Glycerin 59
Glykogen 58
Glykolipide 79, 83f.
Glykoproteine 79
GOLGI-Apparat 20, 31
GOLGI-Vesikel 20
Grana 18
Grenzplasmolyse 74

H

Homogenisation 21
hydrophil 80, 84, 89
hydrophob 80, 84, 89
hypertonisch 74f.
hypotonisch 75

I

Interphase 34f.

K

Karyoplasma 17
Kernäquivalent 32
Kernkörperchen 16, 17, 18
Kernmembran 18
Kern-Plasma-Relation 16
Kernporen 18
Kernteilung 41
Kinetochor 39, 42
Kohlenhydrate 57f., 79
Kompartimentierung 19, 24, 30, 67, 71
Konformation 62f., 85
kontraktile Vakuole 100f.
Konzentrationsausgleich 69
Konzentrationsgefälle, -gradient 69, 88f., 93f.
Kriterien des Lebens 102f.
Kutikula 45, 46, 50, 51

L

Laubblatt 49
Leitbündel 51
Lichtmikroskopie 104ff.
Lipiddoppelschicht 80f.
Lipide 60, 79
Lysosomen 20f., 31, 96

M

M-Phase (Mitose-Phase) 34, 36ff., 48
M-Phase-Förderfaktor 36
Makrophage 96
Membranproteine 84ff.
- Beweglichkeit 86, 94
- Carrierprotein 90f., 95

- **Funktionen** 86, 88ff.
- **globuläre** 85
- **helicale** 85
- **integrale** 85
- **Kanalprotein** 89f., 95
- **periphere** 85
- **Rezeptorprotein** 86, 97

Metaphase 37, 39, 43
Mikrofibrillen 52
Mikrotrabekel-Gitter 23
Mikrotubuli 22f., 38, 42, 48
Mikrozotten 92
Mitochondrien 17, 18, 30
Mitose 36ff.
Mitosephasen 37, 48
Mitosespindel 37, 42
Mittellamelle 52
Monosaccharide 57

N

Natrium-Kalium-Pumpe 88, 94
Nukleolus, Nukleoli 16, 18, 40
Nukleus 16

O

Oberflächenvergrößerung 18, 19, 24, 30, 67, 92
Oligosaccharide 58
Osmose 71ff., 74f., 78

P

Palisadenparenchym 46, 49
Pantoffeltierchen 101f.
Parenchym 46, 51
Pektin 52
Peptide 61f.
Permeabilität 67
PFEFFER'sche Zelle 72
Phagocytose 96, 99
Phloem 51
Phospholipide 60, 80
Photosynthese 12, 13, 19, 46, 49
Pinocytose 96
Plasmodesmen 53
Plasmolyse 74ff., 78
Plastiden 11, 13, 18f., 30
Polstrahlung 38
Polysaccharide 58
Polysom 19
Prokaryonten 32
Prometaphase 37, 39, 48
Prophase 37, 38f., 48
Proteine 19, 60f., 79
Proteinstruktur 62f., 66
Protocyte 32
Protoplasma 67, 75
Pseudopodien 100

R

Reaktionsräume 30
Replikation 36
Rhizopoden 100f.
Ribosomen 19, 30, 31, 32
RNA 18, 19

S

S-Phase (Synthesephase) 34, 48
S-Phase-Aktivator 36
Saccharose 58
Schließzellen 49
Schwammparenchym 46, 49
selektive Permeabilität 76, 78
Semipermeabilität 72, 78
Sklerenchym 46
Spaltöffnung 49, 50
Speicherparenchym 46
Spindelfaseransatzstelle 39
Spindelfaserapparat 22, 42, 48
Spindelpol 39
Sprossachse 51f., 55
Stärke 58
Steroide 60
Stroma 18
Struktur-Funktions-Aspekt 24ff., 84ff., 92
Stützgewebe 46, 47

T

Teilungshäufigkeit 33
Telophase 37, 40
Thylakoide 18
Tonoplast 10, 13
Transpiration 50
Transportmechanismen 87ff.
- aktiver Transport 30, 92
- Carrier-Transport 90f.
- Co-Transport 88, 92
- einfache Diffusion 87, 88
- Endocytose 96f.
- Exocytose 97
- Kanal-Transport 89f.
- passiver Transport 88
- Ping-Pong-System 91, 93
- rezeptorvermittelte Endocytose 97f.
- sekundär aktiver Transport 94
Triglyceride 59
Tubulinmoleküle 22, 42
Tüpfel 52
Turgor 13

U

Ultrazentrifugation 21

V

Vakuole 13, 16, 96
Vegetationskegel 54
Vegetationskörper 49
Vegetationspunkt 45
Vermehrung 33, 47
Vesikel 82, 96f.

W

Wachstum 33
Wasserstoffbrücken 62f.
Wurzel 53f., 55
Wurzelhaare 45, 54

X

Xylem 52

Z

Zellalterung 36
Zellbewegung 22
Zelldifferenzierung 44ff.
Zelle 7ff., 30f.
- als osmotisches System 74ff.
- chemische Zusammensetzung 56ff.
- Dreidimensionalität 13f.
- Grundbauplan 10f.
- im Elektronenmikroskop 15ff.
- im Lichtmikroskop 10ff.
- Kompartimentierung 19, 24, 30
- Oberflächenvergrößerung 18, 19, 24, 30
- pflanzliche 10, 16
- tierische 11, 17
Zellformen 44, 47
Zellkern 10, 11, 13, 16, 17f., 30
Zellkontakte 94f.
Zellmembran 11, 12, 30, 32, 67
Zellorganellen 17ff., 30
Zellplasma 10, 11, 12, 15, 16, 19
Zellsaftvakuole 10, 13, 15, 16, 31
Zellskelett 22, 23f.
Zellstoffwechsel 22, 30, 35
Zellteilung 22, 33, 36ff.
Zelltheorie 7
Zellwachstum 33ff.,
Zellwand 10, 12, 16, 31, 41, 52f.
Zellzyklus 33ff., 41, 47
- Dauer 35
- Phasen 34f., 48
- Regelung 36
Zucker 57f.
Zuckermantel 83f.
Zweichromatidchromosom 39
Zygote 33, 44